김회권 | 숭실대학교 기독교학과 교수

이 책은 한국교회의 건강한 신학 교육과 인문학적 이해를 돕기 위해 출판사와 신학 교육 기관을 운영하는 목회자의 기도 간증록이며 기도 안내서다. 이 책의 중심 논지는 기도란 삼위일체 하나님의 페리코레시스적 상호교류, 의탁, 영접, 침투의 틀 안에서 일어나는 일이라는 것이다. 기도는 하나님의 뜻에 공감하고 공명하는 인간이 하나님의 뜻을 자신의 소원으로 삼아 드리는 간청이요 하나님 통치의 확장을 위해 드리는 몸의 봉헌이다. 이 책은 저자와 성도들의 기도 간증과 성경 본문 연구, 그리고 기도의 공적인 효능을 논하는 장들로 구성되어 있다.

저자의 기도 간증은 너무 생생하고 감동적이어서 성경 본문의 장엄과 깊이를 가리는 듯한 아슬아슬한 경계까지 나아가지만, 여타의 신사도 계열의 직통계시주의자들과는 그 결이 달라 보인다. 확실히 이 책은 요즘 유행하는 신사도운동 계열의 직통계시의 위험성을 잘 지적하고 성령의 여러 가지 은사의 바른 사용들을 잘 예시하고 있다.

저자가 공들여 쓴 부분은 기도를 가르치는 성경 본문 해설과 기도의 신학적 차원을 가르치는 교회사적·교리적 논의다. 저자는 이 책이 단지 감동적인 기도응답 간증서로 그치는 것을 막고자 기도에 관한 성경의 가르침과 특히 예수님의 주기도문을 탐구함으로써 기도의 궁극적인 효능이 하나님 나라의 확장임을 잘 드러낸다. 저자는 자신의 모든 언론, 출판, 말씀대언, 기도사역도 하나님 나라와 그 의를 구하는 것이어야 함을 여러 차례 강조한다.

세 부류의 독자들에게 이 책을 추천하고자 한다. 첫째, 기도 냉담자들이다. 기도 자체의 효과를 의심하거나 기도에 무관심한 성도들에게 이 책의 정독을 권한다. 저자의 기도 간증은 기도할 마음을 불러일으키며 그것도 집요하고 정직하게 기도할 의향을 촉발시킨다. 둘째, 기도에 열심이지만 그릇된 기도 이해를 가진 사람들에게 정독을 권한다. 이 책은 기도를 하나님의 직통계시의 채널로 오해하고 자신의 기도응답을 공공연히 확신하는 사람들을 경계한다. 기독교에 대한 곡해를 초래할 수 있는 불건전한 기도 운동에 영향을 받은 사람들은 이 책을 통해 균형 잡힌 기도 이해에 이를 것이다. 마지막으로 개인주의적인 기도 제목과 사사로운 기도 범위에 매몰된 사람들에게 일독을 권한다. 기도를 통해 샤머니즘적인 복만을 추구하는 사람들에게 이 책은 기도가 이 땅에 임하는 하나님 나라 운동에 얼마나 결정적인가를 잘 깨우쳐준다.

차준희 | 한세대학교 구약학 교수

김요한 목사님과는 『열두 예언자의 영성』을 출간하는 일로 처음 만났을 때 시간 가는 줄 모르고 마음을 터놓고 대화를 나눈 적이 있다. 대화를 마무리하고 헤어지려고 할 때 뜻밖에 20여 분 정도 김 대표의 예언기도를 접하고 그의 기도 내공에 엄청난 충격을 받았다. 그날이 첫 만남이었는데 그의 기도는 내 과거를 정확히 꿰뚫고 있었고 나의 미래도 스크린처럼 조목조목 비춰주고 있었다. 마치 신 내린(?) 사람을 만난 기분이었다. 그날의 충격은 기도하라고 가르치기만 하던 신학자를 시간을 정해놓고 매일 기도하는 신학자로 만들었다. 그는 내게 기도 선생이었다.

그의 기도 능력을 개인적으로 익히 체험한 바가 있어서 그의 기도 사례들이 책으로 공개되었으면 하는 바람이 있었다. 그 바람이 현실이 되었다. 그런데 눈앞에 서 있는 현실의 책은 단순한 기도응답의 간증 모음집이 아니다. 기대 이상이다. 이 책은 기도에 관해 성서학적으로 성경을 전문적으로 분석하고, 조직신학적으로 그 개념을 명료화하고, 세계·한국교회사적으로 사례를 훑고, 실천신학적으로 예증하고 있다.

따라서 이 책은 기도와 관련된 영적 세계와 영적 실체에 대한 신뢰할 만한 학술도서인 동시에 개인적 체험을 통한 예증들로 가득 채워진 신앙도서이기도 하다. 이처럼 기도에 관해 탄탄한 신학적 검증과 깊은 영적 체험이 잘 버무려진 작품이 또 있을까. 인문학적·신학적인 지성과 깊이 있는 체험적 영성이 겸비된 이 책은 오랜 기간 동안 기도 관련 서적 고전의 자리를 차지할 것 같다. 당분간 이 책을 능가하는 기도에 관한 책은 찾아보기 힘들 것이다. 이 책은 기도 완전정복이다.

이 책은 무엇보다도 목회자들이 정독하여 기존의 기도관이 바뀌었으면 한다. 성도들의 성경 공부 교재로도 강추한다. 기도가 바른 길로 가야 교회도 바르게 선다. 기도가 바뀌면 교회가 바뀌고, 교회가 바뀌면 나라가 바뀐다. 이 책이 종교개혁 500주년을 맞아 한국교회에 기도의 불을 재점화하는 계기가 되기를 저자와 함께 간절히 기도한다.

정은영 | 도서출판 남해의 봄날 대표

두 해 전, 엄마가 갑작스럽게 폐암 말기 선고를 받고 병원에 입원하셨을 때였다. 입원과 동시에 의사에게 절망적인 이야기를 듣고, 지푸라기라도 잡는 심정으로 페이스북에 기도를 요청하는 글을 올렸다. 폐 중앙부를 막아선 암덩이 때문에 숨쉬기도 힘겨웠던 엄마가 고통스럽게 울부짖던 새벽녘, 병실을 찾아온 이가 바로 김요한 목사님이었다.

"집사님의 기도 때문에 하나님이 지금 어머님의 생명을 붙들고 계십니다. 정확한 때는 모르지만 조금의 시간이 허락될 것이니 그때까지 최선을 다해서 기도해야 합니다."

앞으로 어떤 일이 펼쳐질지 당시에는 아무것도 알 수 없었지만 그날 이후 3주 만에 엄마는 숨을 거두셨고, 하나님은 그 기간에 정말 놀라운 일을 행하셨다.

나는 일가친척 어느 누구도 하나님을 알지 못하고 누구도 내게 하나님을 알려주지 않았지만, 어느 날 홀로 교회 문턱을 밟으며 신앙생활을 시작했다. 그 이후 내 성장 과정은 온갖 미신을 믿던 부모님의 핍박 속에 고통스러운 날들로 이어졌고, 부모님의 구원 문제는 내 오랜 기도 제목이었다. 기도는 계속되었지만, 특히 악화된 아버지와의 관계는 대학에 가고 직장에 들어가도 전혀 개선될 기미가 보이지 않았고 상처는 더 깊어만 갔다. 그간 아버지에게 지속적으로 눌려왔던 상처가 내 안의 두려움과 불안으로 뿌리를 내렸고, 경제적으로 빨리 독립하고 싶었던 마음이 일중독으로 나를 몰아가며 서서히 교회와도 멀어졌다.

그렇게 앞만 보고 달리다 응급실 신세를 여러 번 지면서 나는 "살기 위해" 다시 교회로 향했고, 아픈 몸을 질질 이끌고 새벽기도를 시작했다. 그때 하나님이 우리 부부를 통영으로 내려 보내셨고 이는 그간 나를 옭아매던 내 가정의 영적·육적 굴레에서 벗어나 새로운 삶을 시작하게 하신 하나님의 크신 계획이었다. 통영에서 그간의 삶을 철저히 회개하면서 영육의 건강이 회복되었고, 그 어느 때보다 나는 부모의 구원을 위해 열심히 기도했다. 특히 엄마의 구원을 위한 기도는 절절한 눈물의 기도로 이어졌다.

통영에서 출판을 시작하고 다시 바빠지면서 나의 기도생활은 무뎌졌고, 한동안 엄마를 위한 기도조차 잊고 지냈지만 하나님은 내 기도를 기억하고 계셨다. 그리고 병원에 있던 3주 동안, 평생 묶여 있던 영적 굴레와 눌림, 온갖 미신들로 인해 하나님을 보지 못한 불쌍한 엄마의 영혼을 치유해가시는 하나님의 기적을 목도했다. 하나님은 수많은 사람들의 기도 가운데 역사하셨고, 엄마는 마지막 눈을 감는 순간 기적적으로 예수님을 영접하셨다.

이 이야기를 두서없이 늘어놓은 것은, 김요한 목사님이 쓰신 『지렁이의 기도』를 읽으면서 내 영혼을 뒤흔들던 대목을 이야기하기 위함이다. 늘 내 필요와 요구에서 기도를 시작하면서 전전긍긍하던 내게 하나님은 그 출발점을 바꾸라고 말씀하셨다. 하나님은 기도의 주권자로서 약속을 이루시는 자신의 신실하심을 증명하기 위해서라도 우리의 기도를 반드시 이루신다는 사실을 확언하셨고, 어린 시절부터 내재된 불안과 두려움을 떨쳐내지 못하고 하나님을 온전히 신뢰하지 못하는 내 안의 죄에 더 이상 휘둘리지 말라고 강권하셨다. 엄마를 위한 기도에 잊지 않고 응답하신 하나님의 신실하심은, 기도를 멈추지만 않는다면 더 이상 세상의 두려움이 나를 흔들지 못하리라는 강력한 증거였다.

책을 다 읽고 나서 그간 멀리했던 내 기도의 골방에 다시 가서 무릎을 꿇었다. 겁도 없이 통영에 내려와 출판을 시작하고, 어려움이 있을 때마다 기도보다는 걱정과 염려로 잠 못 이루던 스스로를 돌아보며, 처음으로 하나님께 투정하고 불평하고, 맘껏 소리 지르며 내 안에 쌓인 모든 감정의 배설물을 다 토해내고 싶었다. 두려운 하나님이 아니라 사랑의 하나님, 내 인생을 단 한 순간도 홀로 두지 않고 온전히 지켜주신 하나님의 그 깊은 사랑에 마음껏 내 자신을 맡기고 싶었다. 그렇게 내 영혼을, 내 마음과 인격을 바꿔가길 원하시는 하나님의 사랑이, 벌레만도 못한 내 비루한 영혼을 끝까지 포기하지 않으시는 하나님의 세밀한 사랑 고백이 내겐 바로 『지렁이의 기도』였다.

모두가 사양 산업이라고 노래를 부르는 출판사업, 그것도 신학서적을 출간하면서 오랜 시간을 버텨온 김요한 목사님의 존재는 이 낯선 땅에서 출판을 시작한 내게도 늘 존경과 놀라움의 대상이었다. 새물결플러스를 지켜주시는 하나님이 우리도 지켜주실 것이라 믿으며 힘들 때마다 동지애 비슷한 것을 키워나가곤 했다. 그래서인지 『지렁이의 기도』를 보면서 김요한 목사님이 사업을 통해 느꼈을 그 고통의 과정이 더 절절이 다가왔다. 좁은 길을 가라고 하나님은 말씀하시지만 그 길은 꽃길이 아니요, 돌짝밭으로 가득한 비바람 몰아치는 험로가 대부분이다. 그럼에도 그 안에 하나님의 선하신 계획이 함께하기에 우리는 그 길을 포기할 수 없다. 이 책을 읽는 많은 독자 역시 『지렁이의 기도』를 통해 뼈를 깎는 기도로 새 길을 열어가는 한 영혼의 처절한 몸부림을 만나며 우리의 삶을 되돌아보게 될 것이다. 그래서 결코 우리를 포기하지 않으시는 하나님의 그 세밀한 음성에 따라 겸손히 무릎 꿇고 기도의 자리에 나아갈 수밖에 없는 것, 바로 그것이 이 책이 가진 가장 큰 힘이다.

2013년 11월 26일 SNS에서만 알던 김요한 목사님과 처음 만났다. 그때 나는 공황장애로 목회를 쉬며 1년 가까이 요양을 하고 돌아와 가끔씩 신경안정제를 먹어야만 잠을 잘 수 있을 때였다. 김 목사님은 나를 보자마자 대뜸 기도를 해주고 싶다고 하셨다. 그리고 내 모은 손 위에 한 손을 얹고 나지막한 목소리로 기도하기 시작했다. 순간 김 목사님의 음성을 통해 나를 아시고 나를 위로하시는 주님을 만났다. 의사나 상담사가 만져줄 수 없고, 나도 잘 몰랐던 내면의 고통이 어루만져지는 느낌이었다. 오랜 시간의 기도와 연단을 통해서 나오는 절제된 은사 사용이 아주 인상적이었다. 김 목사님이 기도에 대한 책을 내신다고 하니 대환영이다. 기도에 대한 책들을 읽으면서도, 심지어 오랜 시간 기도를 하면서도 목말라했던 많은 사람들이 해갈될 것이라고 확신한다.　　　　강신욱 | 남서울평촌교회 목사

김요한 목사는 "가장 심오한 공부는 기도 공부요, 기도는 최고의 신학"이라고 고백하고 있다. 그는 신학과 체험이 균형을 이루도록 성경 가르침과 교회 전통, 자신의 기도 체험을 조화시키며 이 책을 썼다. 기도를 가까이하지 않는 사람을 위한 조언뿐 아니라 기도하는 사람에 대한 소중한 충고도 있다. 살아가며 기도할 수 있다는 것이 얼마나 다행이고 감사한 일인지 독자들이 느껴보시길 바란다. 한마디로 김요한 목사는 "기도하는 사람"이다.

　나는 바른 기도의 조건을 이렇게 정의하고 싶다. 1. 역사와 현실을 바로봅시다. 2. 가난한 사람들을 위해 기도합시다. 예수가 가르치신 기도에서 "하나님 나라"와 "가난한 사람들"이 두 핵심 주제이기 때문이다. 하나님 나라와 가난한 사람들에 대한 관심이 가득한 기도라야 진짜 기도다. 앞으로 이 책이 재판을 찍을 때는 가난한 사람을 위한 기도에 대한 장이 추가되길 바란다.　　　　김근수 | 가톨릭 신학자, 해방신학연구소장

지렁이는 하나님 외에는 달리 아무것도 기댈 데 없는 존재를 상징한다(시 22:6; 사 41:14). 기도는 지렁이 같은 존재가 오직 예수 그리스도를 신뢰하며 아뢰는 말이다. 놀랍게도 하나님께서는 강하고 힘 있는 자보다 지렁이와 같은 이들의 기도를 들어서 온 땅의 왕이신 하나님을 드러내고 알리신다. 그래서 우리 주 예수 그리스도의 복음은 오직 지렁이와 같은 자신을 깨닫고 발견한 자들의 것이다. 쉽지 않은 삶을 살며 하나님 한 분 신뢰하며 걸어가고 있는 저자의 기도와 그에 대한 생각을 차근차근 풀어놓은 이 책은 지렁이의 기도이고, 지렁이와 같은 우리의 기도이기도 하다. 저자를 부르시고 사랑하시며 그를 통해 행하시는 하나님을 찬양하고, 이제 우리는 우리 몫의 기도로 하나님께 나아갈 일이다.

　　　　김근주 | 기독연구원 느헤미야 전임연구원

기도해도 삶이 별반 변하지 않는데, 그래도 우리는 여전히 기도해야 할까? 기도한 대로 실행하지 않으니, 차라리 기도하지 않고 믿는 바를 행동으로 옮기는 것이 낫지 않을까? 말씀의 영성이 있으면 되었지 굳이 기도의 영성도 필요한 것인가? 기도만 하는 것은 이성의 기능을 포기하는 것은 아닌가? 본서는 사람들이 기도에 대해서 의문시하는 위와 같은 질문들을 성경적·신학적·체험적으로 다룬다. 이 책은 기도 무용론에 빠진 사람부터, 깊은 기도의 경지에 이르기를 원하는 사람까지 모두 득템할 수 있는 책이다. 기도에 관한 성경 구절의 해설서나 기도 체험서는 넘쳐나지만, 이 모든 것의 기초가 되는 신학적인 질문을 한 책은 많지 않은 상황에서, 본서는 바로 기도에 대한 가장 기초적인 신학적 주제들을 직접 다루고 있다. 이런 종류의 책이 일반적으로 독자들을 따분하게 만들기 쉬운데, 본서는 성경적·신학적·실제적 진리를 체험담 및 적절한 예화와 함께 엮어 놀라운 가독성을 확보한다. 그래서 한번 붙잡으면 책에서 손을 놓을 수 없다. 기도의 이론과 실제를 동시에 알려고 하는 사람에게 필독서로 권한다.

김동수 | 평택대학교 신약학 교수

수년 전 김요한 목사님을 페이스북에서 알게 된 후 얼마 지나지 않아 직접 만나 여러 차례 함께 기도할 수 있는 기회가 있었다. 참으로 감사하게도 우리 가정이 직면한 깊은 고민의 순간들에서 커다란 위로와 격려를 받았다. 하나님께서 우리를 있는 그대로 사랑하신다는 단순하면서도 강력한 메세지가 김 목사님의 기도를 통해 얼마나 아름다운 말들로 전해지던지…. 그때의 감동은 여전히 내 삶에 큰 힘이 된다. 페이스북의 김 목사님은 누구보다도 냉철한 이성의 언어를 가진 사람이지만 함께 손잡고 기도하는 그에겐 더 없이 따뜻한 사랑의 말이 가득하다. 『지렁이의 기도』를 읽으면서 그의 기도가 어떻게 그렇게 강력하면서도 따뜻한 말로 채워지게 되었는지 엿보았다. 이 책을 읽으며 근래에 힘겹게 버티고 있던 문제를 좀 더 버텨보고자 하는 용기를 얻었다. 겸손하고 온유한 자세로 선한 일을 하는 데 낙망하지 말아야 할 것을 또 다짐하게 된다. 김요한 목사님은 지금껏 기도를 통해 수많은 이들에게 선하고 의로운 삶을 격려하셨다. 이 책을 통해서도 더욱 많은 이들에게 그런 유익을 끼치게 되리라 믿는다.

김성래 | 아름다운항외과 원장

여력이 생기는 대로 여러 권씩 사서 주위에 나눠주고 싶은 책이다. 기도의 책은 이미 많이 있지만, 이 책처럼 한 권 안에 신학적으로 튼튼하게 기도를 설명한 책, 사례들이 구체적이고 확실한 책, 사회적인 영성과 개인의 신앙을 통합적으로 설명한 책은 찾기 힘들었다.

이 책은 기도의 힘을 생생하게 펼쳐 보여준다. 앞뒤좌우 아래위를 360도 카메라로 찍은 기도의 버추얼 리얼리티, 아니 그냥 리얼리티 그대로다. 25개 작은 제목 하나하나가 다 절실하게 와닿았다.

김요한 목사님 본인의 놀라운 경험이나 원자료에서 직접 인용한 사례는 다른 유명한 사례들 못지않게 신비하고 기이하지만 이상하게도 거부감이나 신비감보다는 공감과 이해를 가져다준다. 놀랍게 응답받는 기도이든, 수년째 답이 없는 기도이든, 모두 하나님의 주권 아래 있다는 점을 차분하게 알려주면서 낙심하지 않고 더 크고 높은 하나님의 뜻을 바라보며 기도하라고, 열정적인 기도보다 신실한 삶이 더 소중하다고 따뜻하게 권면해주기 때문인 것 같다.

설거지를 하다가 이 책의 한 대목이 생각났다. "우리가 찬양하기 시작할 때 하나님이 역사하시기 시작한다." 그릇을 씻으며 찬송가를 불렀다. 왠지 이 책에 쓰인 대로 악한 생각과 기운이 멀리 달아나는 기분이 들었다. 잠자리에선 쓸데없는 걱정과 지리멸렬한 생각으로 잠을 설지곤 했는데, 이날은 하나님의 이름을 친근하게 부르며 기도했다. 눈을 감았다 다시 책이 생각나 불을 켜고 앉아 또 읽다 새벽이 밝는 줄 몰랐다. 부끄럽지만 참 오랜만에 하나님과 진지하게 이야기를 나누었다.

책을 읽는 것만으로도 좋지만 지렁이가 온몸으로 비를 맞듯이 기도의 놀라운 능력을 있는 그대로 받아들이며 믿고 기도하는 일이 더 중요할 것이다. 목사님들이 제일 싫어하는 얘기가 "기도하겠습니다"라고 한다. 실제로 동역하지는 않고 적당히 말로만 때우고 사양하겠다는 얘기로 받아들이기 때문이다. 우리에게 "기도하겠습니다"라는 말이 가장 든든한 약속이 되면 좋겠다. 나부터 그러겠다.
김지방 | 국민일보 기자

이 책을 손에 들고 읽는 내내 하나님의 섬세하고 장엄하신 일하심에 가슴이 뛰었다. 무모하리만치 하나님의 의에 목마르고 저돌적이며 신실한 저자이기에 우리 교회와 사회를 향한 거룩한 물맷돌을 친히 맡기신 하나님의 절절한 사랑이 느껴졌다. 냉철한 신학적 안목과 뜨거운 성령의 은사를 토대로 일필휘지로 써내려간 일목요연한 기도의 영성, 불같은 성령의 임재와 예언과 기도응답의 기록들은 책에서 눈을 뗄 수 없게 만들었다.

기도에 대한 신학적이고 성경적인 관점들을 꼼꼼히 정리하면서도 어렵거나 딱딱하게 느껴지지 않는 것은 구체적이고 실제적인 기도와 예언의 적확하고 신비로운 성취의 기록들이 책 전면에 흐르고 있기 때문이다.

성령을 통해 소통하시는 하나님의 임재, 예수 그리스도 이름의 권능이 초대교회 때 그친 것이 아니라 지금도 계속되고 있음을 목도하며, 하나님이 근엄하거나 딱딱하고 규격화되신 분이 아니라 각 사람의 상황에 따라 얼마나 유머러스하고 다정다감하고 섬세한 분이신지를 깨닫게 된다. 이 책은 이론과 실제를 겸비한 재미있고 유익한 "기도 공부"의 결정판이라 할 만하다. 만약 기도에 대한 단 한 권의 책을 꼽으라면 단연코 이 책을 권하고 싶다.

은사주의와 지성주의 사이에서 극에서 극으로 치닫는 기독교의 흐름에 많은 안타까움을 느꼈었는데, 이 책은 그 갈증을 시원하게 풀어주었다. 하나님을 아는 견고한 지식 위에 성령의 은사가 더해진 균형 잡히고 전인적인 하나님의 백성을 통해 하나님께서 더욱 견실하게 일하심을 보며, 성경과 신학과 세계관을 더욱 견고히 하며, 무엇보다 하나님께서 친히 일하실 수 있도록 뜨거운 기도의 물결이 일어나길 소망한다.

이 책을 통해 "능히 모든 성도와 함께 지식에 넘치는 그리스도의 사랑을 알고 그 너비와 길이와 높이와 깊이가 어떠함을 깨달아 하나님의 모든 충만하신 것으로"(엡 3:18-19) 충만하게 되며, 하나님의 살아 계심을 삶으로 선포하며 기도하는 물결이 들불처럼 번져가길, 정사와 권세를 대적하여 이 땅에 온전한 하나님 나라가 임하도록 교회와 나라와 민족을 위하여 기도하는 거룩한 기도의 파도가 넘실대어, 오직 정의가 물같이, 공의가 마르지 않는 강같이 흐르는 세상이 단지 꿈이 아니라 현실이 되기를 소망하며, 이 책이 그 일에 주춧돌의 역할을 할 수 있을 것이라 확신한다.

김혜정 | 도서출판 CUP 대표

신학, 인문학, 사회과학, 심지어 자연과학에까지 해박한 지식을 소유한 사람이, 그것도 날카로운 사회비평과 교회개혁에 관한 글을 끊임없이 쏟아놓는 사람이 실제 시간을 정해놓고 날마다 기도할 뿐만 아니라, 심지어 방언과 대언도 자연스럽게 한다는 것이 상상이 되는가? 저자인 김요한 목사가 바로 그런 사람이다. 우리는 이 책을 통해 성경과 한국교회와 한국사회에 대한 그의 놀라운 탁견 내지 통찰과 만나게 될 것이다. 그런데 이보다 더 놀라운 것은 그의 이런 탁견 혹은 통찰이 주님에 대한 깊은 사랑과 철저한 순종과 기도를 통한 신기한 체험들과 융합되어 있다는 점이다. 이래저래 이 책을 읽어봐야 할 이유는 차고 넘친다.

남기업 | 정치학 박사, 토지+자유 연구소 소장

『지렁이의 기도』는 기도의 본질을 삼위일체 하나님께서 서로 사랑의 친교를 나누시는 데서 찾는다. 하나님의 형상으로 창조된 우리 역시 하나님과 사랑의 친교를 나누도록 부름받았고 그 실천이 기도라는 것이다. 기도를 관계성의 문제로 보고 나니, 올바른 기도란 삼위일체 하나님과 올바른 관계를 맺는 것이며, 이를 바탕으로 우리 이웃과도 올바른 관계를 맺는 일에 봉사하는 것이라고 설명한다. 짧지도 길지도 않은 25개 장에 걸쳐, 저자는 삼위일체 하나님이 누구신지 그리고 저자와 그 주변의 인물들과 역사 속에서 그 하나님이 어떻게 상호작용 하셨는지 조화롭게 설명한다.

책 전반에 걸쳐 가장 크게 두드러진 이 책의 특징은 균형과 조화다. 분명 기도와 그제반 주제들에 대한 신학적 요소들이 명징한 언어로 기술되어 있는데, 그 옆에는 수필이나 소설 속에서나 나올 듯한 삶의 이야기들이 등장한다. 머리로만 이해한 신학적 지식 나열이 아니라, 여러 해에 걸쳐 지적 성찰로, 영적 체험으로, 사회적 배경 속에서 경험된 하나님과 저자 혹은 사회와의 관계가 글 여기저기에 묻어난다. 그리고 그들 사이에 절묘한 균형이 있어 독자로 하여금 읽는 데 지치지 않게 한다. 그다음엔 무슨 이야기가 나올까 궁금하게 되는 것이다. 삼위일체 하나님의 페리코레시스적 존재방식에 대한 이해(성부, 성자, 성령께서 상호 침투, 교제, 환대한다는 것), 주기도문의 청원을 통해 본 기도의 모범, 반복된 방언통변과 예언을 통해 자신의 진로를 찾았다는 개인적 이야기, 대한민국의 전 대통령 한 분이 절체절명의 순간에 경험한 하나님의 개입, 한국교회가 국가와 민족을 위해 할 기도의 제목들, "한국의 부림절 사건" 속에 드러난 선교사들을 위한 중보기도의 힘…기도에 대한 신학적 배경, 영적 체험, 한국사회를 전제로 한 공적 책임에 대한 사회의식이 깔끔하고 이해가 쉬운 문체로 쓰인 책. 내 기억으로 나는 기도에 대한 이런 책을 지금까지 본 적이 없다.

책을 읽으며 내가 감동한 요소는 두 가지였다. 하나는, 이런 신학적 지식, 영적 맛봄, 사회 인문적 소양의 균형과 조화를 만들어낼 수 있는 토양이 그렇게 쉽고 빨리 지어지는 것은 아니라는 것이다. 진정 삶에서 몸부림치며 드린 기도와 신실하게 하나님께 반응하려 하는 순종적 행동의 누적 없이는 만들어질 수 없는 요소들의 조합이다. 다른 하나는, 글 곳곳에 나타난 하나님과 저자의 은밀하고 오래된 친밀함이다. 일상에서 만나주시는 하나님, 삶의 복잡다단한 일들 속에서 반응하시고 개입하시는 하나님을 맛보아 아는 것에 대한 마음이 일어난다.

이런 요소들이 읽는 독자들로 하여금, 다시 혹은 더 기도할 시간과 공간을 떼어놓도록 만들기를 기도한다. 하나님과의 친밀함과 그분의 충만하심을 일상에서 매 순간 맛볼 더 많은 "지렁이들"이 태어나고 자라는 데 이 책이 사용되기를 기도한다.

노진숙 | 미국 템플 대학 운동신경과학 교수

신학과 기도는 어떤 함수관계일까? 후자가 전자에 영향을 미칠까 아니면 반대일까? 성경적 기도와 체험적 기도는 같아야 할까 아니면 다를 수도 있을까? 기도에 대해 많이 아는 것과 무릎 꿇고 기도하는 것 사이에는 어떤 방정식이 성립할까? 시중에는 기도신학에 대한 전문서적이나 기도의 방법을 가르치는 경건서적이 꽤나 많다. 한편, 다른 한쪽에는 개인의 기도 체험을 담은 사사로운 간증집도 수두룩하다. 둘 사이의 간극을 메꾸기란 여간 어렵지 않다. 이유인즉, 기도에 관한 굳건한 신학적 기초 위에 서서 신실하신 하나님께 간절한 기도를 드리는 사람은 많지 않기 때문이다. 사실 기도에 관한 이 유별난 책은 특정하기가 참 어렵다. 그럼에도 이 책이 독특하게 내 마음 깊숙이 파고드는 이유는 견고한 성채 같은 기도신학과 그 속에서 실제로 무릎 꿇어 실행하는 기도함을 일상의 삶 속에서 통합하려고 애를 쓰는 저자의 솔직한 진실 말하기 때문이다. 신학자인 나는 기도하는 사람 앞에서는 종종 말을 잃어버린다. 저자가 그중 한 사람이다. 신학자와 목회자, 신학생과 기도에 목말라하는 그리스도인들에게 일독을 권한다.

류호준 | 백석대학교 신학대학원 교수

한 인생을 소개하는 여러 방식이 있다. 자신의 삶을 이야기하면서 인생의 중요한 측면을 말할 수 있다면 그는 복된 사람이다. 이 책은 복 많은 사람 김요한 목사의 자전적 고백이다. 이 책은 하나님께서 그 인생에 어떻게 다가오시고 섬세하게 간섭해오셨는가를 나누는 소중한 기록이다. 저자는 신학적으로 잘 정리되어 있는 분이기도 하다. 자신에게 다가온 하나님을 이성적으로 이해하려는 노력, 혹은 그냥 일방적으로 끌려가지만은 않으려고 몸부림쳤던 삶의 결과로 보인다. 그러나 하나님은 언제나 인간적인 추론을 뛰어넘는 방식으로 그의 삶에 다가오셨다. 최선의 이론도 하나님 앞에서는 조잡한 장난감에 불과하다. 그렇지만 그 조잡한 장난감이 독자들로 하여금 한 사람의 기도 경험을 맹목적으로 신비화하지 않게 하는 안전판 역할을 하며, 의미 있는 용도로 쓰이고 있다는 것이 이 책의 특징이다.

박영호 | 한일장신대학교 신약학 교수

『지렁이의 기도』를 읽고 제일 먼저 든 생각은 기도하고 싶다는 것이다. 김요한 목사의 기도에 대한 생생한 간증을 통해 지금도 성도들과 교회에 강력하게 역사하시며 자신의 백성을 위로하시고 돌보시는 하나님의 사랑과 능력을 필자도 깊이 맛보고 싶다는 생각이 들었기 때문이다. 이 책의 장점은 신학 분야 중 가장 어려운 부분이라고 할 수 있는 삼위일체를 쉽고 명확하게 설명하면서 기도와 연결시킨다는 점이다. 또한 이 책은 성도들의 기도가 개인적인 문제에서 좀 더 확장되어 하나님 나라와 국가와 정의를 위해 기도함으로 기복적 신앙에서 머무르지 않고 기도를 통해 정의와 사랑의 하나님의 능력을 이 땅으로 끌어오도록 요청한다는 것이다. 이 책은 전체적으로 우리의 기도의 대상인 하나님에 대한 설명으로 시작되어 기도하는 방법과 기도의 내용 등 이론적인 부분과 함께 실제적인 경험의 예들이 있어 초보자에게는 기도하는 방법을 잘 안내해주며 오랫동안 기도생활을 한 사람들에게는 좀 더 성숙하고 깊은 기도를 할 수 있는 길을 제시하고 있기에 기도하기를 원하는 모든 성도에게 도움이 되리라고 생각된다. 개인적으로는 이 책을 읽고 하나님과 좀 더 깊은 사랑의 관계가 되길 열망하며 좀 더 많은 시간 기도하게 되었다는 것이 가장 큰 유익이라고 생각한다. 성도들의 간절하고 뜨거운 기도를 통해 새로운 시대가 오길 희망하며 이 책을 추천한다.

박유미 | 구약학 박사, 전 총신대학교 강사

나는 천재들의 경이로운 지적 능력 앞에선 무척 기가 죽는다. 하지만 신자들의 경건한 기도 소리를 들으면 한없이 숙연해진다. 내가 단지 짐승이나 기계가 아니라, 하나님의 거룩한 존재임을 깨닫기 때문이다. 이처럼, 기도는 인간 안에서 하나님의 형상이 작동되는 가장 고귀한 행위요 가장 결정적인 순간이다. 신비의 커튼이 열리고, 성스러움이 현실이 되는 순간이다. 기도를 통해 인간은 육의 한계를 벗어나 영의 세계에 진입하며, 기도를 통해 이 세속의 한복판에서 하늘의 영광을 체험한다. 김요한 목사님의 이 책은 아직까지 기도가 사색의 대상, 의혹의 원인, 혹은 맹목의 동력으로 머물러 있는 사람들에게 기도의 자리, 기도의 방향, 그리고 기도의 신비를 일깨우는 충격과 도전이 될 것이다. 기도하고 싶은 사람, 기도해야 할 사람에게 일독을 권한다.

배덕만 | 기독연구원 느헤미야 전임연구원, 백향나무교회 목사

이 책은 영의 샘물에 목말라하는 신자들을 암반수를 맛보는 길로 인도한다. "서로 안에 내주하고 서로에게 침투하며 서로를 둘러싸고 참으로 아름다운 신적인 춤 속에서 하나를 이루는" 삼위일체적 페리코레시스를 신앙고백하며, 그 역동적 신비에 참여함으로써 경험한 이야기들을 차근차근 펼쳐놓는다. 신비한 이야기들이 넘쳐나나 이것이 이성적·신학적 성찰과 동떨어져 있지 않고, 인간의 간절함이 응답받는 이야기들이 가득하나 하나님의 개입과 더 큰 계획에 대한 성경적·경험적 깨달음이 함께한다. 복음을 전하고 서로를 세우도록 돕는 사람들이 기도로 연결되었을 때, 또한 좌절하고 분노하고 묻고 기다리는 사람들이 기도를 쉬지 않을 때 일어나는 놀라운 역사가 가득 담겨 있다. 저자처럼 "날마다 엎드려 기도하는" 지렁이의 기도를 드리자. 대충 살려 하고 한 번에 대박을 내려 하고 가능하다면 초월적 힘으로 삶의 마디마디를 건너뛰려는 신앙으로 가득한 현실이기에, 그래서 더욱 우리 삶을 매일 끌어안으며 "온몸으로 최선을 다해 꿈틀대며 드리는" 지렁이의 기도가 절실하다.

백소영 | 이화여자대학교 기독교학과 외래교수

『지렁이의 기도』라는 책 제목을 보는 순간 내가 기다리던 책일 거라 찍었다. 일생을 꿈틀 꿈틀 몸부림치며 어두움을 삼킨 뒤 빛을 뱉어냄으로써 지구에 생명의 파문을 불러일으키는 그 지렁이를 기도라 생각했다면 그렇게 살겠노라 다짐했다면 그의 기도 공부는 옳을 것이기에. 솔직히 서점에 널린 숱한 기도 관련 책들은 거북스럽고 답답했다. 허세 가득하고 세상과 삶에 대한 성찰로 이어지지도 않는 얄팍한 책만 그득했다. 그래서 늘 가톨릭의 기도 책들에 의지해 영성을 고민해왔지만 흰 드레스셔츠에 넥타이를 졸라 맨 듯 불편하기도 했다. 이제야 프로테스탄트인 내 몸에 맞는 기도 공부 책을 만난다. 더구나 엄청 인간적이다. 거기다 한국적이다. 땀 내음도 지독하다. 그런 기도 책을 우리는 만난다.

변상욱 | CBS 콘텐츠사업본부 본부장

한국교회는 기도에서만큼은 자부심을 가질 만한 정도로 열심을 다해왔다. 기도원은 크고 작은 산에 거의 대부분 포진해 있고, 새벽기도는 여전히 모든 교회에서 매일 아침 드려진다. 사십 일 금식기도를 했다는 전설 같은 간증들은 기도 사역의 절정을 보여준다.

그런데 다양하고 열정이 가득한 이면에 기도에 대한 정리되지 못한 혼란이 있다. "지성이면 감천" 식의 기도로 인격적인 하나님과 깊은 교제의 기쁨을 누리는 데 어색해한다. 기도한 대로 응답받지 못할 때 하나님과의 관계를 향한 의심이 가슴을 찌른다. 기도의 응답이 늦어질 때, 나의 때에 맞추지 않으시는 분을 향한 침묵의 항의는 영적 침체로 이어지기도 한다.

『지렁이의 기도』는 기도를 신학적으로 성찰하며, 체험적으로 확증하며, 공적인 책임이라는 과제를 받게 한다. 저자 김요한 목사는 주관적인 기도의 체험을 가감 없이 나누며 독자들의 건강한 판단에 이해를 맡긴다. 저자의 의도대로라면, 독자는 기도가 성도의 삶에 뿌리내린 신앙 본질에 관한 문제라는 명제를 마주하게 될 것이다. 본서가 기도의 회복을 갈망하는 독자에게 신선한 도전을 줄 것을 기대한다.

송태근 | 삼일교회 목사

기도는 우리가 배워야 할 새로운 언어다. 배워본 적이 없는 외국어는 귀에 들려도 알아듣지 못하고, 흉내 내어 소리 내어도 언어가 되지 않는다. 문법과 발음을 배운 다음에는 그 언어권의 단어와 개념과 문화를 배워야 외국어로 말할 수 있듯이 바른 기도는 올바른 신앙과 신학 위에서 나오다. 하나님이 누구신지, 내가 누구인지, 그리고 하나님의 나라가 무엇인지 아는 지식은 우리를 바른 기도로 인도한다. 흔히 기도를 기복신앙의 도구로 여기는 이유는 기도의 언어를 제대로 배우지 못했기 때문이며, 은밀하게 드려지는 바른 기도를 별로 목격하지 못해서다. 김요한 목사의 개인적 체험이 담긴 이 책은 우리 안에 기도에 대한 뜨거운 열망을 불러일으킨다. 기도는 하나님의 일하심을 간구하는 바람이며 그분에 맞춰 내가 변하는 과정이다. 그가 풀어내는 이야기는 과학의 언어로는 이해하기 어려운, 그러나 깊은 신앙의 언어로 하나님이 일하시는 방식을 드러낸다. 기도는 개인 영성이라는 오해가 많다. 그러나 나 자신을 위한 기도를 벗어나 자연스레 사회와 국가를 위해 기도하게 될 때, 그리고 하나님이 나의 소소한 간구에 응답하심을 넘어 이 땅에 임하시고 통치하심을 응답 받을 때 우리는 진정으로 기도를 체험하게 된다. 침묵하시는 듯한 그분께 당신이 만든 이 창조세계에서 당신의 영광을 보여달라는 벅찬 기도를 이 책과 함께 다시 시작해보지 않으려는가?

우종학 | 서울대학교 물리천문학부 교수

책을 좋아하고 나름 열심히 읽는 사람으로서 특히 신학과 신앙 서적들을 보며 항상 느끼는 아쉬움은 우리나라 사람들이 읽을 만한 우리 정서에 맞는 책이 많지 않다는 것이었다. 물론 한국에도 많은 저자가 있지만 신학과 체험의 균형, 개인 영성과 공적 영성의 균형을 갖춘 책이 많지 않음이 늘 아쉬웠다. 그런데 김요한 목사님의 『지렁이의 기도』를 읽으며 개인적 체험과 신학적 성찰의 균형, 그리고 기도의 지평이 개인적인 영역을 넘어 공적 영역에까지 펼쳐지는 시원함과 기쁨을 맛볼 수 있었다. 이 책은 기도를 알도록 이끌어준다. 그리고 기도를 하도록 이끌어준다. 책을 읽으며 뜨거워지는 가슴과 시원해지는 머리와 꿇고 싶은 무릎의 움직임을 동시에 경험하게 될 것이다. 기쁨으로 추천한다!

윤은성 | 심플교회 목사, 한국어깨동무사역원 대표

김요한 대표가 『지렁이의 기도』를 냈다. 평소 새물결플러스의 책과 그의 페이스북 글만을 접한 사람들은 의외라고 생각하겠지만 그의 기도생활을 아는 이들에게는 참 반가운 소식이다. 이 책은 단순히 기도에 관한 이론서도 아니요 기도의 체험을 나열한 책도 아니다. 양자의 요소를 모두 함유하면서도 기도의 공적 차원까지 아우른 멋진 책이다. 그동안 나왔던 기도 관련 서적 중 이처럼 통전적인 시각을 담지한 책이 있었던가? 기도에 관한 이론서 중 이토록 강력한 자기 간증을 포함한 책이 있었던가? 기도에 관한 간증서 중 이토록 탄탄한 이론을 바탕으로 하는 책이 있었던가? 그러면서도 기도의 공적 차원을 아우른 책이 있었던가?

저자가 기도를 "삼위일체 하나님과의 친교"라고 말한 것은 매우 중요하다. 기도나 교회나 선교의 본질은 항상 "삼위일체 하나님"이어야 하기 때문이다. 더불어숲동산교회의 비전 또한 삼위일체적인 선교적 교회다. 우리 교회는 진보적이고 복음주의적이며 오순절적인 선교적 교회를 꿈꾸며 지금까지 달려왔다. 그런데 여기서 말하는 오순절적인 교회에 관한 한 나는 김요한 대표에게 큰 빚을 지고 있다.

군목 시절 같은 노회에 있던 김요한 대표는 개인적 대화를 나누는 중 놀라운 간증을 들려주며 내게 큰 도전을 준 일이 있다. 공군 군목으로 섬기던 중 영적 전쟁을 체험한 후 오순절적 영성을 추구하기 시작했으나, 아기 걸음마 같은 수준인 내가 안산동산교회에서 "내적치유수양회"를 맡아 사역하게 되면서 큰 부담을 갖게 되었을 때, 나는 다시 그에게 조언을 구했다. 그는 고린도후서 11장 말씀을 통해 잠을 줄여가면서 기도할 것을 강력히 도전했고, 그때부터 나는 정말 간절히 피를 토하듯이 기도했다. 그렇게 기도하면서 강력한 성령의 기름 부음이 임했고 내적치유수양회에서 놀라운 치유와 갖가지 기적이 일어났다. 목회가 힘들 때마다 그의 기도가 큰 위로를 주었던 것처럼 결정적일 때 그는 항상 이렇게 영적 도전을 주는 사람이었다.

이 책에 나오는 그의 간증 대부분은 그와의 개인적 대화와 우리 교회 신년부흥회 설교를 통해 이미 접한 것들이다. 그런데도 이 책을 읽으면서 다시 접한 그의 간증은 마치 처음 듣는 것처럼 생생하게 느껴질 뿐만 아니라 처음 들었을 때와 같은 도전과 감동, 그리고 기도에 대한 열정을 불러일으킨다. 특히 목회에 회의가 들 때 7장에 나오는 간증을 통해 하나님의 새로운 계획을 듣고 나는 다시 희망을 붙들 수 있었다. 독자 여러분도 이 책을 통해 기도의 열정과 한국교회에 대한 희망을 가지게 되기를 바란다. 아울러 이 책을 통해 한국교회의 영적 생태계가 근본적으로 변화되는 역사가 일어나기를 간절히 바란다.

이도영 | 더불어숲동산교회 목사

기도는 실제이며 그 실제는 우리의 생생한 삶이다. 기도는 학문과 논쟁을 위한 것이 아니라 우리의 생활 속에서 하나님을 만나는 일이며 그분과 대화하며 소통하는 시간이다. 저자는 이런 기도의 생생함을 강조하고 있다. 논리적으로 알고 있는 하나님의 존재가 아닌 살아 계신 하나님을 만난 사람들의 다양한 기도의 예를 소개하면서 기도생활을 하는 모두가 누려야 할 것이 바로 이 생동감이라고 말한다. 저자가 말하는 살아 계신 하나님을 만난 감격을 맛보고 기쁨의 기도를 드리기 원하시는 모든 분들께 이 책을 추천한다.

이찬수 | 분당우리교회 목사

지난 몇 년간의 교제를 통해 저자에게는 두 개의 음조(音調)가 있음을 알게 되었다. 저자의 메시지는 대체로 단조다. 여기에는 예언자적 페이소스와 세상을 향한 비통한 외침이 있다. 한편 저자의 기도를 받아본 사람들은 그의 음조가 따뜻한 장조로 바뀌어 기도를 청한 이들의 아픔과 고통을 부드럽게 어루만진다는 사실을 안다. 바장조와 라단조가 같은 "시" 음을 울려도 느낌이 전혀 다르듯이, 알고 보면 저자는 같은 음을 다른 화음으로 연주한다. 달라진 화음은 듣는 이의 감각기관에 전혀 다른 울림을 일으킨다. 메시지는 차가워진 속사람을 뜨겁게 가열하지만 기도는 냉기 도는 속사람에 따스한 온기를 불어넣는다. 이 책에는 에피소드마다 저자가 하나님을 체험하고 함께 실행하며 걸어온 길이 담겨 있다. 기도를 통해 성삼위 하나님의 "페리코레시스적 교통과 환대"에 우리가 참여할 수 있음을 저자는 알려주려 애쓴다. 예수 그리스도의 형상을 닮아 거룩해지기 위함이 기도의 최종 목표이며 그 핵심에는 "사랑"이 있음을 전한다. "기도의 포레스트 검프가 되자", "신실한 삶이 열정적인 기도보다 더 크고 깊다"는 그의 주장은 하나님 앞에서 벌레요 지렁이라는 비참한 자기 인식에 기반을 두고 있다. 그 심연의 끝이 결국 우리를 건져 올리시는 반석이신 하나님과 맞닿아 있음을 알기 때문이다.

찰스 부코스키의 시집 『위대한 작가가 되는 법』 중 "종이 먹는 흰개미"라는 시에는 이런 구절이 나온다. "내가 아는 시인들은 대부분/ 한 가지 문제를 안고 있다./ 단 한 번도 직장을 다니며/ 하루 여덟 시간의 노동을 한 적이 없다는 것./ 여덟 시간 노동보다/ 더/ 현실과 소통하는 길은 없는데도…/ 그들의 글에는/ 삶도 없고, 알맹이도 없고,/ 진실도 없다./ 무엇보다 아주/ 따분하다." 이 시의 키워드인 "직장"이나 "노동"을 "기도"로, 시인을 "기독교인"이라는 단어로 대치해보면 우리의 현주소가 보인다. 이 가을, 모든 상념을 내려놓고 기도하고 싶다.

이철규 | 이철규이대경치과병원 원장

저자의 기도 체험은 신비스럽다. 누군가의 직장이 앞으로 어떻게 될 것인지?, 딸만 둘인 가정에 셋째는 아들인지 딸일지를 예언하고, 폭우로 단전된 군부대 예배당이 누전차단기가 내려간 채로 다시 전기가 들어와서 환하게 예배드렸던 체험 등은 신비를 넘어 듣는 이들을 적잖이 당황케 한다. 마치 바울이 3차 전도여행을 마치고 예루살렘으로 돌아가려 할 때, 성령께서 이후로 예루살렘에서 어떤 일들이 펼쳐질 것인지를 예언했던 것과 같고(행 20:22, 23), 바울이 다메섹 도상에서 예수님을 만났을 때 하늘의 빛이 환하게 그를 둘러 비췄던 것(행 9:3)과도 같은 체험이다. 왠지 요즘 흔히 하는 말로 엠에스지(MSG)를 친 것 같다 하겠으나, 그렇게 보기엔 당시 정황이 너무 구체적이고 또 결정적으로 하나하나의 체험 당사자들이 있으니 그 진의를 의심할 여지가 없다. 하지만 그렇기에 더 위험할 수도 있었다. 허풍이면 그냥 피식 한번 웃고 지나가겠는데, 이게 전부 사실이다 하니 온통 관심이 거기에 쏠릴 수밖에 없다. 하지만 저자는 이 책에서 자신의 그 신비한 기도 체험들을 철저하게 상대화시키며, 그것들을 지렁이(저자 본인)의 한낱 처절한 몸부림 정도로 치부해버린다.

이 책은 그렇게 많은 이들이 기대하고 또 우려하는 바와 같은 기도에 대한 통속적 간증집이 아니다. 저자는 이 책에서 우리가 왜 기도해야 하고, 어떻게 기도해야 하고, 무엇을 기도해야 하는지를 그동안 쌓아온 깊은 신학적 이론과 성경적 지식으로 살피며 뼈대를 세운다. 그리고 거기에 오랜 목회 경험에서 나온 여러 경험과 신비한 체험들로 살을 붙인다. 그리고 저자가 정의한 대로 "삼위일체 하나님의 존재 방식에 유비적으로 참여하여 하나님과의 사랑의 환대와 친교를 맛봄"으로 거기에 생기를 불어넣도록 한다. 가히 삼위일체의 페리코레시스적인 기도다. 바로 이런 기도가 저자의 숱한 기도 체험들을 만들어왔다.

이 책을 읽는 내내 가슴이 뜨겁다. 과연 이런 기도 한번 드려보고 싶다는 열망이 타오른다. 턱밑까지 차오른 헐떡이는 숨으로 드리는 그런 기도 말고, 저자가 말하는 대로 정중동의 깊이 속에서 삼위일체의 존재 속에 참여함으로 정의와 평화를 길어내고, 사랑과 용서와 화해를 토해내는 그런 기도 한번 드려보고 싶은 마음 간절해진다. 내 안에 갇혀서 마른 잔가지들을 태우는 기도로 영적 갈증을 느끼고 있는 분들께 이 책을 적극 추천한다.

임왕성 | 새벽이슬교회 목사

유한한 우리는 오직 하나님께서 허락하신 계시를 통해서만 무한한 하나님을 알 수 있다. 그 하나님은 우리의 불완전한 언어로 온전히 설명도 이해도 되지 않는 분이며, 그렇기에 하나님과 연결되는 통로인 기도 또한 온전히 규범화될 수 없는 신비 가운데 있다. 그래서 우리는 기도를 어렵게 느끼는지도 모르겠다. 그러나 저자는 다양한 신학적 고찰과 체험을 바탕으로 한 권면을 통해 기도의 걸음마로부터 시작되어 피땀 흐르는 수고와 씨름에 이르는, 하나님과 함께하는 기도로의 탐험에 우리를 초대한다. 책을 읽는 동안 추천사를 쓰는 목적을 잊고 눈물을 흘리는 스스로를 발견하며, 이 책을 읽는 모든 분들이 기도를 통해 임하는 은혜의 너비와 길이와 높이와 깊이가 어떠함을 경험하시기를 간절히 기원한다.

장승순 | 미국 조지아 공과대학교 재료공학과 교수

김요한 목사님으로부터 책의 추천사 부탁받고 원고를 넘겨받은 시간은 금요일 저녁이었다. 지역 교회를 섬기는 사역자이기도 한 나는 일주일간 반복되는 루틴으로 볼 때 어쩌면 몸과 마음이 가장 분요한 시간에 『지렁이의 기도』를 넘겨받은 셈이다. 저자에 대한 애정과 존경이 남다른 까닭에 나는 오랜 시간 지체하지 못하고 그날 밤 원고를 읽어 내려가기 시작했다. 하마터면 설교를 해야 하는 주일 사역에 큰 지장을 받을 뻔했다. 원고를 도저히 내려놓을 수 없었기 때문이다.

돌아보면 주님을 만난 이후 내 기도의 팔 할은 보다 더 깊은 기도를 위한 간구였던 것 같다. 아이를 낳고 학업과 번역, 사역, 육아에 지쳐 있을 때, 목사님을 만나 예전처럼 질과 양 모두에서 기도할 수 없고 그것이 가장 큰 마음의 짐이라는 고백을 했던 기억이 난다. 내가 알고 경험한 김요한 목사님은 깊은 기도의 사람이었고 목사님의 다른 무엇보다 나는 늘 그분의 기도를 배우고 싶어 했다. 그런데 『지렁이의 기도』를 통해 발견한 사실은 나 역시 이제껏 기도를 제대로 배우지 못한 채 "본능적으로" 기도해온 일인에 불과하다는 것이다. 내 안에 있는 기도에 대한 들끓는 열망이 본능에 불과한 구조와 내용에 갇혀 있기를 십수 년, 나의 기도를 방해하는 여우들이 나에게 때때로 감당하기 벅찬 대적이었음은 당연한 일이다.

목사님은 이 책을 쓰신 목적들 중 하나를 프롤로그에서 이렇게 소개하신다. "혹시 지금 이 시간에도 기도하고 싶은 소원에 반해 어떻게 기도해야 할지, 또한 기도해서 뭐가 달라질지에 대해 의심하고 고민하는 분이 있다면 그분들께 작게나마 도움이 되고 싶어서다"라고! 나는 적어도 내 영혼 안에서는 이런 목적이 완벽히 달성되었다고 소리치고 싶다. 책을 읽어가며 여러 번 곧바로 무릎을 꿇고 기도하고 싶은 열망을 경험했고 실제로도 그렇게 했기 때문이다. 쉽게 읽히지만 절대 조급하게 읽을 수 없다. 성령께서 자주 마음을 때려 기도하게 하시기 때문이다. 기도하기 원하는 모든 분들께 간절히 일독을 권한다!

장혜영 | 전문 번역가

추천사를 부탁받고 나는 이 책에 빠져 새벽 다섯 시까지 읽어 내려갔다. 쉽게 풀어가면서도 가볍지 않고, 기도의 핵심과 방법론에 관해서 어느 책보다 잘 정리한 글이었다. 게다가 70년 가까이 분단의 시대를 사는 우리에게 기도의 절박성을, 그리고 살아 계신 하나님의 사랑과 은혜를, 기적을 일궜던 여러 기도 예화들과 적절하게 연결시켜 담아내고 있어서였다. 이 책 초반에 기독교 신학의 심오한 기초이자 뿌리인 삼위일체와 기도를 연결한 부분은 압권이었다. 무엇보다도 부패하고 타락해가는 한국사회와 한국교회에 대해 광야의 세례 요한의 심정으로 외치는 저자의 주장은 우리 민족과 교회에게 주는 소망의 메시지이자, 애끓는 사랑의 중보기도였다. 어려운 재정 상황에도 불구하고 한국교회를 낳은 아버지라 칭함 받는 『마포삼열 자료집』 4권을 출간한 후, 저자가 새물결플러스 대표로서 마포삼열 선교사의 며느리 마애린 여사에게 보낸 편지를 읽으면서 드디어 참아왔던 내 눈물샘이 터졌다. 그것은 실천하는 믿음을 지닌 저자의 너무나도 따뜻한 기도문이었기 때문이다. 기도에 대한 이론과 실제를 조화시킨 이 책은 기도의 안내서이며, 종합백과사전이라 말해도 결코 과하지 않을 것 같다. 이 시대를 사는 모든 그리스도인, 특히 다음 세대를 책임질 청소년들은 이 책을 꼭 읽어볼 것을 권한다.

정구도 | 노근리국제평화재단 이사장

참 특별한 책이다. 에세이라 하기에는 좀 무겁고, 논설이라 하기에는 너무 스스럼없다. 스물일곱 꼭지의 글 중에 그 자체가 기도와 고백인 것도 있고, 성경적이고 역사적인 기도론을 진중하게 설파하는 글도 있다. 하지만 에세이라고 부르기에 이 책은 너무 뜨겁다. 저자자신이 몸소 겪은 생생한 삶이 그 열기와 함께 고스란히 울려 나오기 때문이다. 이 책을 다읽고 나서 독자는 기도를 이해하거나 추구하기보다는 "맛보고" 싶은 마음이 새록새록 솟을 것이다.

조재천 | 횃불트리니티신학대학원대학교 신약학 조교수

그리스도인이라면 누구나 기도를 잘하고 싶어 한다. 그러나 마음은 원이로되 실제로는 잘하지 못하는 까닭에 기도는 무거운 짐이 되어 있다. 기도가 왜 그토록 어렵고 무거운 짐이되었을까? 기도에 대한 올바른 안내가 없기 때문이다. 여기 기도의 사람 김요한 목사가 기도하는 행복으로 안내하는 『지렁이의 기도』를 펴냈다. 오늘 한국교회는 하나님을 만난다면서 이웃을 잃어버렸다. 하나님이 아니라 자기 안에 갇힌 것이다. 떨어진 낙엽을 먹고 땅을 기름지게 하는 지렁이처럼, 이 책은 우리를 하나님과의 더 깊은 만남으로 인도할 뿐만아니라, 병든 한국교회를 건강하게 치유하는 묘약이 될 것이다.

최병성 | 목사, 환경운동가

하나님은 인간에게 "기도"라는 유머를 던지셨다. 말할 수 없는 고통과 참담한 현실을 피할수 없이 만드시곤 기도라는 비밀의 길을 열어두셨다. 그리고 당신 스스로 온갖 모욕과 항변과 원망과 신음을 들으신다. 신자는 죽어야 산다는 비논리에 빠진 사람들이다. 기도의과정과 응답도 지극히 개인적이고 주관적인 것이요, 명쾌한 설명이 어렵다. 그러나 신자는별 수 없이 이런 비논리를 탐구하고 애쓰며 경험하고 즐기는 자들이다.

　　김요한 목사는 거침없고 사심 없이 자신의 "기도길"을 이야기한다. 하늘을 움직이고 사람을 감동케 하는 것은 그 어떤 것보다 순전한 실천이다. 솔직히 우스꽝스런 간증이 다소 섞여 있는 『지렁이의 기도』는 맹렬한 기도의 실천과 그 순전함이 뼈대요 근육이다. 그리하여 사랑을 실천하시려는 그분의 유머가 펼쳐지는 것이다. 루터의 깊은 연민이 종교개혁을 만났듯이 김요한의 씩씩한 기도가 이 시대 나태와 가식을 몰고 기도개혁을 만날 것이다.

　　번잡하고 부박한 시대에 우리의 기도는 그늘 속으로 말없이 들어가는 일이다.

홍순관 | 노래꾼

　　2017년 5월 19일, 자폐성 장애가 있는 아들에 대해 중요한 일을 결정해야 하기에 목사님께 조언을 듣고 기도도 받고 싶어서 새물결플러스에 갔다. 내 쪽에서 구구절절 말 안 해도 되게 목사님은 자폐에 대해 잘 알고 계셨고 목회 하실 때 자폐아를 둔 성도의 가정 이야기도 해주셨다. 목사님의 말씀을 들으면서 일의 가닥을 잡았다. 기도 역시 알아서 딱 해주시니 너무 편하고 좋았다. 어쩜 그리도 자세히, 상세히, 세밀히, 구구절절 기도해주시던지! 어쩜 그리도 정곡을 콕 찌르면서 거듭거듭 강조하며 기도해주시던지!. 그때 목사님의 기도를 받았던 느낌과 기억이 아직도 생생하다. 내 메시지에 답변 주시고, 나를 위해 시간을 내주시고, 나를 위해 말씀하시고, 우리 가족 한 사람 한 사람을 위해 일일이 기도해주신 그 모든 것들! 한 번도 만난 적도 없고 내가 이야기한 적도 없었는데 우리 가족을 위한 정확하고 필요한 기도 내용에 사실 많이 놀랐다. 집으로 돌아오는 길에 이런 느낌이 딱 들었다. "아 사랑이었다." 참으로 감사했다.

황혜경 | 안산안디옥인도네시아교회 사모

지렁이의 기도

지렁이의 기도

삼위일체 하나님과 함께하는 신실한 여정

김요한 지음

새물결플러스

차례

베스트셀러 『팡세』로 유명한 파스칼(1623-1662)은 수학, 물리학, 공학, 음악, 문학 분야에서 발군의 업적을 남긴 세기의 천재였다.

그는 12세에 타일 바닥에다 목탄으로 삼각형과 원을 그려가며 기하학의 원리를 혼자서 터득했고, 유클리드의 제32번 명제를 증명했으며, 숟가락으로 양은 접시를 두드릴 때 나오는 음향이 자신의 손가락을 접시에 대는 순간 멈춘다는 사실을 발견하고는 「음악론」이란 음향 관련 논문을 쓰기도 했다.

16세에는 원추곡선에 관한 논문을 발표하면서, 후대에 "파스칼의 원리" 혹은 "신비의 6변형"이라 불리는 이론을 전개하여 당대 최고의 수학자 중 한 명이 되었다. 또한 주사위 놀이를 하는 놀이꾼들을 관찰하여 근대 확률이론을 창시했으며, 미적분학의 발견에도 상당히 근접

했다.

19세에는 징세관이었던 아버지의 세금 계산을 도와줄 목적으로 2년간의 치열한 작업 끝에 현대 컴퓨터의 조상이라 할 수 있는 계산기를 발명하는 데 성공했고, 이를 무려 50종으로 변형시켰다.

22세에는 진공이 존재한다는 것을 증명했고, 액체평형이론을 정립했으며, 수은기압계를 만들었다. 그리고 이 과정에서 밀폐된 유체에 주어진 압력은 그 압력이 주어진 범위에 관계없이 모든 방향으로 동일하게 전개된다는 원리를 바탕으로 유압 프레스를 개발했다.

말년에는 파리를 운행하는 승합마차 계획을 수립하고 실제로 회사를 설립하여, 마부 한 사람이 모는 마차에 승객마다 5수(sous)의 요금을 내고 다니는 대중교통체계를 현실화시켰는데, 이는 현대 대중교통체계의 모체라 할 수 있다.

한편, 독실한 가톨릭 신자였던 그는 22세 때 아버지가 당한 사고를 계기로 당시 가톨릭교회 안에서 아우구스티누스의 사상(예정과 은총)을 따르던 얀센주의에 깊숙이 발을 들여놓게 된다.

그는 31세인 1654년 11월 23일 월요일 저녁, 마차 사고로 죽음 직전까지 갔었다. 그런데 그는 바로 그날 밤 10시 30분부터 다음날 새벽 0시 30분까지 두 시간 동안 놀라운 신비 체험(전기 작가들은 이 체험을 "불의 밤"[Night of Fire]이라 부른다)을 하게 된다. 파스칼은 이때의 경험을 양피지에 정성스럽게 적어 평소에 자주 입던 코트 안쪽에 실로 꿰매어 소중히 간직한다. 파스칼은 죽을 때까지 아무에게도 그 신비 체험에 대해 말하지 않았던 것으로 보이며, 그의 사후에 하인이 코

트 안감에서 그 메모를 발견함으로써 마침내 세상에 모습을 드러내게
된다. 그 메모에는 이렇게 적혀 있었다.

철학자들과 학자들의 하나님이 아닌

"아브라함의 하나님, 이삭의 하나님, 야곱의 하나님."

가슴 깊이 느껴지는 확신, 확신, 기쁨, 평안.

예수 그리스도의 하나님.

예수 그리스도의 하나님.

나의 하나님이자 너의 하나님.

"너의 하나님은 나의 하나님이 될 것이다."

이 세상은 잊혀지네, 하나님을 제외한 모든 것이.

그분은 오직 복음서에서 가르치는 길로만 발견될 뿐.

인간 영혼의 위대함이여.

"오, 의로우신 아버지, 세상은 당신을 알지 못했어도

나는 당신을 알았나이다."

기쁨, 기쁨, 기쁨, 기쁨의 눈물.

우리는 파스칼이 그날 두 시간 동안 실제로 어떤 종류의 체험을
했는지 자세히 알 길은 없다. 그러나 약 600여 자로 이루어진 기쁨에
찬 감격과 확신에 찬 고백을 통해 대략적으로나마 그날 일어났던 일
들을 짐작해볼 수 있다. 이 메모는 지금도 프랑스 국립도서관에 보관
되어 있다.

내게도 비슷한 경험이 있다.

그날은 1999년 6월 8일 저녁 9시 무렵이었다. 이날이 내가 생에 처음으로 "불의 밤"을 경험한 날이었다. 그때의 체험이 너무 강렬하고 생생하여 18년이 지난 지금도 또렷이 기억하고 있다.

나는 3대째 이어온 개신교 신앙을 가진 사람이다. 우리 집안은 예수를 처음 믿던 순간부터 아주 신기한 방식으로 기독교 신앙에 귀의한 가정이었다. 법률가였던 할아버지는 평소 굿과 술에 취해 살던 사람이었는데, 인생의 말년에 느닷없이 소위 임사체험 비슷한 것을 하고서는 하루아침에 기독교인이 되었다고 한다. 죽은 줄 알았던 할아버지가 깨어나 입 밖에 낸 첫마디가 "이제부터 모든 식구가 다 교회 나가자"여서, 할머니와 자식들이 무척 놀랐다고 한다. 아무튼 그렇게 해서 평생 교회라고는 근처에도 안 가봤던 우리 조상들이 독실한 예수쟁이가 되었다(이 이야기를 어린 시절 명절 때마다 어른들로부터 귀에 못이 박히도록 들었다). 그리고 그 집안에서 2대째 목사가 나왔다.

우리 집안은 시초부터 희한한 방식으로 신앙을 갖게 되어서 그런지 몰라도 부모님을 위시하여 여러 친인척들이 방언, 통변, 환상, 예언, 신유, 축귀 사역 등을 곧잘 행했고 나 역시 그런 분위기 속에서 성장과정을 보냈다. 성령의 은사가 눈앞에서 일상다반사로 펼쳐지는 현상은 내게 있어 마치 공기 속의 산소를 들이마시는 것처럼 자연스러운 일이었다. 하지만 나는, 나만은 결코 그런 식의 신앙 양태에 어떻게든 휘말리고 싶지 않았다. 이유는 두 가지였다. 첫째, 나는 하나님을 이성적으로 믿고 싶었다. 좀 더 고상하게 표현하면 나는 지성을 통해 교회를 섬기고 싶은 마음이 컸다. 둘째, 선천적으로 꽤 내향적인 성향을 가진 나로서는, 괜히 성령의 은사를 체험해서 수많은 사람들을 안수기도해준답시고 하루 종일 사람들과 부대끼면서 살고 싶지 않았다. 그건 생각만 해도 피곤했다. 나의 소원은 사방이 책으로 둘러싸인 서재에 하루 종일 틀어박혀 연구와 집필을 통해 교회를 섬기는 것이었다. 그래서 나는 청소년기 시절부터 혼자 기도하다가 몸에 이상한 현상이 일어나는 듯하면—가령 혀가 꼬이는 듯하면—얼른 자리를 박차고 일어서곤 했다. 심지어 신학생 시절에도 마찬가지였다. 그리고 그때마다 혼자 입버릇처럼 내뱉던 말이 있었다.

"하나님, 왜 이러세요? 됐다니까요, 저는 (그딴 거) 필요 없다니까요."

정말 그랬다. 교만해서가 아니라, 내게는 성령의 은사가 아니어도 얼마든지 하나님 나라를 위해서 봉사할 수 있는 다른 수단이 있다고 나름 확신했기 때문이다. 나는 기도가 아닌, 지성과 학문을 통해 하나님을 섬기고 싶은 마음이 훨씬 더 컸다.

그러나 1999년 6월 8일은 상황이 완전히 달랐다. 그날, 나는 평상시처럼 저녁 기도를 하기 위해 서재에 들어가 무릎을 꿇자마자 곧장 불을 체험했다. 너무나 순식간에 일어난 일이어서 어떻게 손을 써볼 도리가 없었다. 다른 때 같으면, 가령 한참 기도를 하는 중에 가슴이 뜨거워지거나 몸이 떨리는 것 같으면 기도를 중단하고 일어나 나와버렸기 때문에 그런 사고(?)를 미연에 방지할 수 있었는데, 그날은 워낙 급작스럽게 일어난 일이어서 달리 어떻게 저항할 수가 없었다. 그렇게 나의 불 체험은 시작되었다.

실은 1999년 6월 8일에 이런 일이 있었다. 그때가 우리 첫 아이가 아내의 뱃속에서 6개월을 막 넘긴 시점이었으며, 그날이 마침 병원 정기 진료일이었다. 아내를 병원에 데려다주면서 나는 속으로 내심 이런 기대를 잔뜩 했었다.

"오늘 의사 선생님한테 잘 물어봐서 첫 아이가 아들인지, 딸인지 꼭 답을 들어야겠다."

당연히 첫 아이의 성별 그 자체에 대한 관심도 있었지만, 3개월 후에 출산을 앞두고 있는 상황에서 태어날 아이에게 필요한 용품을 장만해놓으려면 딸인지 아들인지를 미리 아는 것이 필요했기 때문이었다. 그래서 아내의 진료가 끝나자마자 의사 선생님께 "아이 신발을 분홍색으로 준비할까요, 파란색으로 준비할까요?"라고 물었다. 다분히 의도된 질문이었다. 나는 의사 선생님이 어떤 식으로든 힌트를 줄 것이라고 확신했다. 그런데 웬걸, 돌아온 대답은 내 기대와는 영 딴판이었다. 당시 첫 아이를 진료했던 E 대학병원 산부인과 주임인 L 선생님은 귀찮다는 듯이 퉁명스럽게 한마디 하고는 이내 상황을 종료해버렸다.

"그런 건 알아서 뭐하게요?"

이게 돌아온 답의 전부였다. 솔직히 황망하고 부끄럽고 분했다.

병원 문을 나선 이후에도 나는 혼자 속상한 감정을 억누르지 못했다.

"아니, 지가 의사면 의사지, 파란색 혹은 분홍색, 그거 하나 알려 주는 게 그렇게 힘들어?" 나는 계속 투덜거렸다. 자존심이 유난히 강한 나로서는, 그런 식으로 면박을 당한 게 못내 분하고 약 올랐던 것이다.

저녁 식사를 마칠 때까지도 나는 속으로 계속 의사를 원망하고 있었다. 그러다가 문득 에베소서 4:26-27 말씀이 떠올랐다.

"분을 내어도 죄를 짓지 말며 해가 지도록 분을 품지 말고 마귀에게 틈을 주지 말라."

마음으로는 여전히 불편했지만, 그럼에도 신앙적으로 생각할 때 하나님 말씀대로 하는 것이 옳다는 생각에, 하루 종일 나를 따라다니며 괴롭히던 불편한 마음을 정리할 목적으로 서재에 들어가 무릎을 꿇었다. 그때 마치 사냥개가 숲속에 웅크리고 숨어 있다가 먹잇감을 발견하고 삽시간에 낚아채듯이, 그렇게 느닷없이 성령님이 내게 찾아오셨다. 서재에 들어가 무릎을 꿇기 직전까지만 해도 전혀 예상치 못했던 일이었다.

무릎을 꿇자마자 기세등등한 산불처럼 어떤 뜨거운 불이 내 온몸을 완전히 사로잡았다. 그리고 곧이어 맑고 분명한 목소리로 이런 음성이 들려왔다.

"아들이다, 됐냐?! 뭐, 그런 것 갖고 하루 종일 화를 내고 그러느냐?"

참으로 우습게도 내가 처음 들었던 성령의 음성은 "아들이다, 됐냐?!"였다. 그렇지만 그 순간에는 웃고 말고 할 계제가 아니었다. 그때 나는 정말 많이 놀랐다.

"아, 정말, 하나님의 음성을 들을 수 있구나!"

정말 신기했다. 그리고 그 신기한 세계로 깊숙이 들어가고 싶은 소망이 밀물처럼 몰려왔다. 나는, 벌써 이전의 내가 아니었다.

그리하여 6월 8일을 시작으로 그 후 100여 일간 매일 평균 7-8시간씩 서재에 틀어박혀 기도하기 시작했다. 그 기간 동안 인간의 언어로 자세히 형언할 수 없는 놀라운 체험들을 했다. 처음에는 방언으로 시작해서, 기도할 때마다 온몸이 심하게 진동하더니, 급기야는 기도하는 순간에 어쩌면 영혼이라고 부를 수도 있는 어떤 실체가 내 몸 밖으로 빠져나가 하늘 여행을 하고 돌아오는 일까지 일어났다. 그 후로도 이런 체험은 몇 번 더 반복되었는데, 나는 하늘 여행을 마친 어떤 모종의 실체가 다시 내 몸으로 돌아오면서 둘이 합체될 때의 그 독특한 느낌—비행기가 활주로에 착륙하는 것 같은 느낌—을 지금도 잊을 수가 없다. 이 글을 쓰기 위해 당시 썼던 일기장을 들춰보니 이런 글귀가 있어 여기 옮겨본다.

엎드리자마자 엄청난 진동이 온몸을 쥐어짜듯 뒤흔들어댐. 지진이 난 것처럼 몸이 요동치며, 손을 내저으며, 감당치 못할 은혜 앞에서 몸 전체가 바닥에 내동댕이쳐진 상태에서 데굴데굴 구름. 온몸을 감싸는 불길에 뜨거워서 견디지 못함. 방언으로 외치기 시작함.
"내가 하나님의 큰 은혜를 받았습니다."
"내 영이 하나님의 영광을 보았습니다."
성령께서 말씀하심.

"하나님의 말씀이 네게 충만하도다. 충만, 충만, 충만…"

"너는 하나님의 말씀만으로 살아라."

"나는 네게 나의 말을 주노라."

"너는 말씀을 받아라."

(1999년 7월 1일)

하루는 퇴근 후 집에 오자마자 여느 때처럼 곧장 안방에 들어가 엎드려 기도를 시작했는데 갑자기 우리 집에 화재가 나서 사방이 온통 불길에 휩싸인 모습이 보이는 것이었다. 그래서 화들짝 놀라 방문을 열고 뛰쳐나가면서 "불이야, 불이야!"를 정신없이 외쳤다. 때마침 저녁 식사 준비를 하고 있던 아내가, 그런 내 모습을 보고 어디 불이 났나 싶어 토끼 눈을 뜨고 쳐다봤던 일도 있었다. 재밌는 것은 그다음 날 아주 가까운 집사 한 사람이 전화를 해서 하는 말이 "자기가 우리 가정을 위해 기도하는데, 목사님 집에 불이 나서 사방이 불로 둘러싸인 모습을 환상 중에 보고는 혹시 무슨 일이 있는가 싶어 안부 전화를 했다"는 것이었다. 그 정도로 성령의 강렬한 불이 우리 가정을 붙들고 있었던 때였다.

이전과는 전혀 다른 기도의 세계에 진입하자 목회에도 많은 변화가 일어났다. 당시 나는 육군 군종목사로 수도권에 위치한 기계화부대에서 근무하고 있었는데, 1999년 6월 8일에 성령의 불을 경험한 이후로는 예배 시간에 성령이 임재하여 수많은 병사들이 방언을 체험하는 일이 곧잘 벌어지곤 했다. 심지어 내가 예배당에 놓인 장의자 사이로 지나가기만 해도 사람들이 방언을 받거나, 안수기도를 할라치면 손을 갖다 대기도 전에 사람들이 바닥에 고꾸라져 데굴데굴 구르는 일도 있었다. 그래서 대체 왜 그러냐고 물어보면 간부 집사들이 하는 말이 "목사님이 근처만 와도 마치 전기로 온몸을 지지는 것처럼 전율이 와서 그렇다"고 답하는 것이었다.

1999년 7월 31일 토요일에는 내가 근무하던 부대가 위치한 송추 지역에 하룻밤사이에 무려 300밀리미터가 넘는 폭우가 쏟아져 부대 전체가 쑥대밭이 되어버렸다. 부대 영내에 위치한 군인교회는 조립식으로 대강 지은 것이어서 평소 습기만 조금 차도 전기가 떨어지곤 했다. 그러니 300밀리미터가 넘는 폭우 앞에 조악한 전기 시설이 당해낼 재간이 없었다. 당연히 주일 아침 예배를 정상적으로 드리는 것은 불가능하였다. 이미 부대 일직사령이 주일(8월 1일) 이른 아침에 우리 집으로 전화를 해서, 오늘 부대 전체가 수해복구 작업을 해야 하니 기왕이면 교회도 예배를 쉬었으면 좋겠다는 의사를 피력해왔다. 아마 지휘관의 심사가 반영된 이야기였으리라. 그 순간, 나는 어떻게 하는 것이 좋을까 싶어 잠시 고개를 숙이고 기도했다. 그랬더니 성령께서 아무것도 걱정하지 말고 딤대하게 예배를 드리라는 말씀을 주셨다. 내 이성으로는 잘 이해가 안 되었지만, 성령께서 주시는 말씀에 순종하기로 하고 부대 일직사령에게 전화를 해서 예정대로 그냥 예배를 드리겠다고 전했다. 오전 11시 예배시간에 맞춰 부대에 도착해보니, 아니나 다를까 누전으로 교회 전기가 전혀 작동이 되지 않았다. 할 수 없이 그냥 어둑한 예배당에서 마이크 없이 육성으로 예배를 인도해야겠다고 마음먹고서 강단에 올랐는데, 그 순간 기적이 일어났다. 갑자기 전기가 일제히 돌아온 것이었다. 예배당 조명이 환하게 켜지고, 마이크가 정상적으로 작동되었다. 지금 생각해도 참으로 의아한 일이 아닐 수 없다. 아무튼 그때는 그런 일들이 곧잘 일어나곤 했다.

● ○

오래전에 있었던 일들을 이제 와서 두서없이 꺼내놓는 이유는 무슨 무용담을 자랑하고자 함이 아니다. 솔직히 나는 18년 전에 그런 기이한 체험을 하면서, 그리고 그 후로도 기도와 관련된 무수히 많은 기적과 은혜들을 경험하면서 언젠가 기회가 되면 "기도"에 관한 책을 한 권 꼭 써봐야겠다는 생각을 마음 한 켠에 갖고 있었다. 그 언젠가란, 내 자신의 기도 체험이 더 깊어지고 신령해지고 고상해지는 시점을 의미했다. 쉽게 말해, 내가 최선을 다해 지극정성으로 기도하면 언젠가는 밧모섬의 요한처럼 열린 하늘로 올라가 다른 사람들이 좀처럼 접근할 수 없는 모종의 신비한 지식을 맛보고 그것을 풀어놓을 수 있는 어떤 시점을 의미했다. 그런 순간이 실제로 오면, 그때 가서 기도에 대한 책을 제대로 써볼 요량이었다. 하지만 유감스럽게도 그리고 다행스럽게도 지난 18년 동안 나름 열심히 기도를 해왔지만 그런 일은 일어나지 않았다. 오히려 그 기간 동안 기도에 대해 더 절망하고 좌절하는 일들이 많았다. 그리고 내가 절망할수록 내 힘은 서서히 빠져 나갔고, 대신 하나님의 힘은 조금씩 강해졌다. 기실 18년 전의 나는 힘이 너무 잔뜩 들어가 있던 상태였다. 그것은 아주 위험하고 옳지 못한 상태를 의미한다. 물론 아직도 나는 내 자아가 너무 강하다. 늘 그게 문제다. 그래서 여전히 기도에 관한 책을 쓸 자격이 없다. 하지만 마냥 그런 식으로 늦추다가는 정작 아무것도 못하겠다는 조급함을 견디지 못해 부끄러움을 무릅쓰고 이 졸작을 세상에 내놓는다. 그렇지만 주님이 주신 "기도할 때에 네 골방에 들어가 문을 닫고 은밀한 중에 계신 네 아버지께 기도하라"는 말씀(마 6:6)을 생각하면, 이렇게 개인적인 기도생활을 까발려도 되는가 싶어 얼굴이 화끈거리고 손발이 오그라든다.

그럼에도 불구하고 다음과 같은 이유에서 용기를 내어 이 책을 세상에 내놓는다.

첫째, 지난 50년간 예수를 믿으면서 내가 지나왔던 기도의 여정을 되돌아보며 거기서 얻은 지혜와 통찰들을 (중간) 정리하고 싶은 마음에서다.

둘째, 혹시 지금 이 시간에도 기도하고 싶은 내적 소원에 반해 막상 어떻게 기도해야 할지, 또한 과연 기도해서 뭐가 달라질지에 대해 의심하고 고민하는 분이 있다면 그분들께 작게나마 도움이 되고 싶어서다.

셋째, 기도의 사점(死點, a dead point)을 통과한 후에 비교적 수월하고 기쁘게 기도의 레이스에 참여하는 손길과 발걸음이 더 많아져 한국교회에 기도의 불길이 재점화되길 소망하는 이유에서다.

이 책은 한편으로 지나치게 신학적이거나 사변적인 형태를 띠지 않으면서도, 다른 한편으로 지나치게 경박하거나 통속적이지 않도록, 신학과 체험이 일정한 균형을 이루도록 신경을 써가며 집필했다. 이 책은 2017년 9월 13일에 쓰기 시작하여 9월 27일에 마쳤다. 여기에 실린 사례들은 모두 사실이며 당사자들과의 팩트 체크 과정을 거친 후 게재된 것이다. 바라기는 보다 많은 독자들이 이 책을 통해 기도의 신비와 영광을 맛볼 수 있기를 바란다. 지난 세월 동안 온갖 어려움에도 불구하고 항상 기도의 무릎을 꿇을 수 있도록 내게 믿음과 은혜를 베푸신 성삼위 하나님께 감사를 올린다.

01

기도할 수 있음에

당신을 부르기 전에는

아무 소리도 들리지 않았습니다.

당신을 부르기 전에는

아무 모습도 보이지 않았습니다.

하지만 이제 아닙니다.

어렴풋이 보이고 멀리에서 들려옵니다.

어둠의 벼랑 앞에서

내 당신을 부르면

기적도 없이 다가서시며

"네가 거기 있었느냐"고

물으시는 목소리가 들립니다.

이어령

세상에 기도하지 않고도 살 수 있는 사람은 없다. 물론 이 말에 동의하지 않는 사람들도 많을 것이다. 어떤 이들은 기도를 미신 혹은 종교 현상의 일종으로 간주한다. 어떤 이들은 기도란 인간 욕망의 투사에 불과하다고 말한다. 또 어떤 이들은 기도란 스스로 삶을 개척할 줄 모르는 의지박약한 인간들이나 하는 어리석은 행동이라고 말한다. 다른 이들은 기도를 진화의 과정에서 우연히 생긴 인간의 습관이나, 뇌신경의 작용일 뿐 큰 의미를 둘 만한 것이 아니라고 말한다. 이런 입장을 가진 사람들에게 기도란 무가치한 행위에 불과할 것이다.

하지만 정말 그럴까? 살면서 단 한 번도 기도하지 않고 살 수 있는 그런 인생이 있을까? 단 한 번도 자신 너머의 초월적인 존재에 의존하지 않은 채 혼자만의 힘으로 해결하거나 돌파할 수 없는 한계상황에 맞닥뜨리지 않을 수 있는 그런 삶이 있을까? 내 존재의 기반이 뿌리째 흔들릴 때 순전히 자기 혼자만의 힘과 의지로 버틸 수 있는 그런 사람이 몇이나 될까? 내가 알기로는 그런 사람은 없다. 그럼에도 본인들 스스로는 그렇게 믿고 사는 사람들이 있는 것 또한 사실이다.

오래전 내가 직접 들은 이야기다. 한국에서 가장 좋은 학교를 졸업하고 미국에 유학하여 박사 학위를 마친 후 현지 대학에서 좋은 조건으로 교수 자리를 얻은 이가 있었다. 그녀는 철저한 무신론자였다. 학위를 취득하고 좋은 직장을 구한 후 얼마 안 되어 아이를 낳았다. 여기까지는 좋았다. 모든 일이 자신의 뜻대로 탄탄대로를 달릴 것만 같았다. 그런데 갓 태어난 아이에게 지독한 아토피 증상이 있었다. 말도 제대로 못하는 어린아이가 가려움을 참지 못해 제 살을 쥐어뜯으며 밤새 우는 모습을 보면서 그녀는 엄마로서 마음이 갈기갈기 찢어졌다. 이런 삶이 몇 년이나 계속되었다. 마침내 그녀는 자신과 가까운 사람들 앞에서 이런 탄식을 토해냈다.

"다른 사람들은 이럴 때 기도할 신이라도 있건만, 나는 지금껏 살면서 기도할 수 있는 신도 못 두었던가!"

백보 양보하여, 살아가면서 단 한 번도 기도하지 않아도 될 만큼 완벽한 조건을 갖춘 사람이 있다고 치자. 그는 너무 똑똑해서 지혜를 구할 필요가 없고, 너무 건강해서 생로병사를 걱정할 필요가 없으며, 충분히 부자여서 돈 때문에 아쉬운 소리를 할 필요가 없다. 그밖에도 모든 완벽한 조건을 두루 갖추고 있다. 만일 이런 사람이 실제로 존재한다면, 이 사람의 삶은 진정으로 행복할까, 혹은 그는 진정으로 의미 있는 인생을 살고 있다고 말할 수 있을까?

과연 삶의 진짜 행복이란 무엇일까? 또 삶의 참의미란 무엇일까? 진정한 행복과 의미는 "관계적"인 것이다. 자기 홀로 모든 조건을 완벽하게 구비하고 있다고 해서 우리의 삶이 행복해지거나 의미심장해질 수 있는 것은 아니다. 오히려 다른 이들과의 관계 속에서 서로 사랑하고 즐거워하고 좋은 것들을 나누며 어려운 일 앞에서 함께 아파하는 가운데 인생의 참행복과 의미를 발견할 수 있다. 그런 점에서 제 스스로 너무 완벽하여 다른 이들의 부족함과 연약함을 이해할 줄 모르는 사람들의 삶이 진정 행복하고 의미있다고 할 수 있을까? 가령 완벽한 권력자가 연약한 국민의 고충을 어찌 이해할 수 있으며, 완벽한 경영자가 불완전한 노동자의 고통을 어찌 알 수 있으며, 완벽한 지휘관이 두려움에 떠는 병사들의 약함을 어찌 긍휼히 여길 수 있겠는 가? 그리고 그런 인생을 가리켜 과연 행복한 삶, 의미 있는 삶이라고 할 수 있겠는가?

물론, 일평생 살면서 실제로 단 한 번도 기도하지 않고 살 수 있는 사람들이 있긴 하다. 눈에 보이는 세상이 전부라고 확고하게 믿는 사람, 삶은 주어진 숙명이므로 거기에 아무런 토를 달거나 불평하지 않고 곧이곧대로 받아들여야 된다고 믿는 사람, 죽음 너머에는 아무것도 없다고 믿는 사람들 말이다.

20세기 후반과 21세기 초반 전 세계적으로 가장 급성장한 종교는 "행복교"와 "신(新)무신론교"다. 오늘날 사람들은 "행복한 삶"을 추구한다. 하지만 "신은 없다"고 믿는다. 그래서 자기 스스로의 힘으로 행복해지려 한다. 특별히 리처드 도킨스, 크리스토퍼 히친스, 짐 해리스 등이 주도한 신(新)무신론 운동은 괄목할 만한 주의를 끌었다. 『신은 위대하지 않다』(알마)를 쓴 히친스는 식도암으로 투병하다 62세에 세상을 떠났다. 그는 혹시나 그가 회심하지 않을까 하는 기대감에, 그를 위해 기도해도 괜찮겠냐는 어떤 그리스도인들의 제안을 일언지하에 거절하고 끝내 무신론자로 최후를 맞이했다. 죽음 앞에서 그는 자신의 심경을 이렇게 표현했다.

개인적으로 나는 죽음에 수동적으로 당하기보다는 적극적으로 "죽기" 원합니다. 죽음의 눈동자를 똑바로 쳐다보고, 그것이 다가올 때 무엇인가를 하려

합니다.[*]

　이런 유의 세계관—눈에 보이는 우주와 현세적 삶이 진리의 전부라고 믿는 것—을 갖고 사는 사람은 기도가 필요 없다. 하지만 눈에 보이는 세상이 전부가 아니고, 죽음 너머에 어떤 미지의 세계가 존재하며, 자신의 삶이 기계적 숙명에 의해서가 아니라 모종의 섭리와 인간 자유의지의 오묘한 조화에 의해 변증법적으로 꾸려져 나감을 어렴풋하게나마 인식하는 사람들은 기도가 한낱 미신이라든지, 진화의 산물이라든지, 신경작용의 결과라고 그리 쉽게 단정하지 못할 것이다.

　나는 후자의 경우에 속한 사람이다. 그리스도인으로서 나는, 보이는 3차원의 세상이 전부가 아니라 우리 우주 안에 훨씬 더 심오하고 복잡한 세계가 존재한다는 것을 믿으며, 우리 우주 저 너머 혹은 위에 혹은 깊이에 더 큰 우주가 존재한다는 것을 믿는다. 그것은 지금 당장에는 우리 눈에 포착되지 않으나, 그러나 때가 이르면 마치 타인의 얼굴을 코앞에서 마주보는 것같이 환하게 드러날 것이다. 그리고 나는 그 모든 세계를 경영하고 보살피는 창조주가 있음을 믿는다. 나뿐만 아니라 무수히 많은 사람들이 동일한 신념과 세계관을 공유하고 있다. 만일 이런 신념과 그 신념에서 비롯되는 기도의 행위가 단지 미신적이거나 진화의 산물이라고 한다면, 어떻게 그토록 오랜 세월 동안, 그렇게 수많은 사람들이 이런 집단 최면에 빠질 수 있었으며, 또한 무

---

[*]　김영봉, 『가장 위험한 기도 주기도』(IVP), 18에서 재인용.

수히 많은 기도응답의 결과가 있을 수 있었으며, 그에 대한 간증과 찬양이 있을 수 있었겠는가? 어떤 이들은 이런 현상을 가리켜 "우연의 일치"라고 비꼰다. 이에 대해 나는 20세기 영국의 그리스도인 지도자 중 한 사람이었던 윌리엄 템플의 다음과 같은 말을 인용하는 것 외에 달리 할 말이 없다.

"사람들이 뭐라 말하든, 분명한 것은 기도했을 때 '우연의 일치'도 일어났고, 기도를 멈췄을 때 '우연의 일치'도 멈췄다."

성서학자인 바트 D. 어만은 한때 촉망받는 젊은 신학자였다. 1980년대 후반, 어만은 작은 침례교회에서 목회를 하면서 동시에 가까운 대학에 출강하고 있었다. 어만이 출강하던 대학은 그에게 "성경적 전통 안에서의 고통의 문제"라는 과목을 맡도록 요구했다. 어만은 고통과 관련한 수업을 준비하다가 그만 그 자신이 신앙을 잃어버리게 된다. 어만은 자신이 신앙을 상실하게 된 과정을 기록한 책인 *God's Problem: How the Bible Fails to Answer Our Most Important Question- Why Suffer*에서 이렇게 말한다.

나는 더 이상 종교적인 주장들과 삶의 현실들을 조화시킬 수 없다는 사실을 깨달았다. 특히 세계의 상황을 볼 때 선하고 전능하신 하나님이 존재하시는지, 그분이 이런 세상에 적극적으로 관여하고 계신지 더 이상 설명할 수가 없었다. 이 세상을 살아가는 수많은 사람들에게 인생은 고통과 괴로움으로 점철되어 있다. 나는 선하고 친절하게 행동하기 원하는 통치자가 계시고, 그가 이 세상을 책임지신다는 사실을 순순히 믿을 수 없는 지경에 이르렀다.*

마침내 어만은 기독교 신앙을 버리고 무신론자가 되었다. 다른 한 편으로 그는 무신론자가 된 후에 겪은 내적 갈등을 이렇게 표현했다.

내 삶이 너무도 환상적이어서 나는 여기에 큰 감사를 드린다. 그 무엇으로도 다 표현할 수 없을 만큼 나는 운이 좋은 사람이다. 하지만 내게는 이 감사를 표현할 대상이 없다. 이것은 내 깊은 내면에 존재하는 공허함, 즉 누군가에게 감사하기를 원하는 공허함이다. 내게는 이것을 채울 마땅한 방법이 없다.**

그리고 바로 이것이 하나님 없이, 따라서 하나님께 기도를 드리지 않고도 잘살 수 있다고 생각하는 사람들이 봉착하는 딜레마다. 칼 바르트는 이를 가리켜 "하나님을 향한 불치의 향수병"이라고 따끔하게 지적했다.

이와 달리, 내가 여러 해 전에 만났던 한 가톨릭 신자가 생각난다. 그는 경기도 분당 지역에 위치한 어느 성당의 평신도 대표 역할을 맡을 정도로 신실하고 모범적인 가톨릭 신자였다. 내가 그분을 알게 된 것은, 당시 그의 아내가 말기 암 투병을 하던 관계로 (나를 잘 알던) 어떤 사람이 혹시 도움이 될까 하여 서로 연결해주었기 때문이다. 그렇

---

*   Bart D. Ehrman, *God's Problem: How the Bible Fails to Answer Our Most Important Question- Why Suffer* (New York, HarperOne), 3.
** 위의 책, 128.

게 해서 종종 그분의 가정을 방문하여 함께 무릎을 꿇고 치유를 위해 간절히 기도를 드리곤 했다. 만남이 반복되면서 어느덧 마음을 터놓고 이야기할 수 있을 만큼 가까워지자 하루는 그분이 자신의 체험 하나를 털어놓았다.

그는 과거 몇몇 친구들과 부부 동반으로 대만의 한 바닷가에 놀러 갔었는데, 바다 쪽으로 길게 뻗은 방파제 위에서 낯선 관광객의 부탁을 받고 사진을 찍어주기 위해 뒷걸음질을 치다 그만 바다 속으로 풍덩 빠졌다고 한다. 워낙 갑자기 벌어진 일인 데다, 수영을 잘 못하는 그로서는 물속에서 허우적거리는 것 외에는 달리 할 수 있는 게 없었다. 하지만 그가 몸부림칠수록 그의 몸은 더욱 인정사정없이 깊은 바다 속으로 빨려 들어갔다. 절체절명의 순간, 그는 자신도 모르게 큰 소리로 "주여!"라고 외쳤다. 그때 갑자기 자기 발이 바위에 닿은 것을 직감하고는, 그 바위에 올라서서 물 밖으로 간신히 고개를 빼꼼 내밀고는 "살려달라"고 외치기 시작했다. 다행히 때마침 사고 신고를 받고 출동한 해안경찰 구조 팀에 발견되어 물 밖으로 안전하게 나올 수 있었다.

그는 자신을 물에서 건져준 대만 경찰에게 고맙다고 인사하면서 "마침 내가 빠진 그 자리에 바위가 있었길래 망정이지, 그렇지 않았으면 벌써 죽었을 것"이라고 말했다. 그러자 그 경찰이 정색을 하면서 말하길, "무슨 말이냐? 이 지역은 바위가 일체 없는 지역이다"라고 반문했다는 것이다.

이야기를 마치면서, 그분은 내게 자신이 위급한 상황에서 "주님"

을 찾았더니, 주님께서 친히 바위가 되어주셔서 자신을 구해주신 것
이라고 웃으며 고백했다. 평소 그분의 인품을 볼 때 없는 이야기를 지
어낼 분은 절대 아니었다.

나 역시 마찬가지다. 지금껏 살면서 무수히 많은 난제와 고난을
만나 깊은 수렁 혹은 바다에 빠질 때마다 "주여!"라고 외치면 그때마
다 늘 어김없이 바로 그 자리에 예수 그리스도께서 큰 바위로 변하여
내 발을 지탱해주셨다.

그러므로 적어도 내게는 살아가며 기도할 수 있다는 것이 얼마나
다행이고 또 감사한 일인지 모른다. 기도할 수 있음이 복이다.

02

기도 공부

오, 주여.

내가 알아야 할 것을 알게 하시고

내가 사랑해야 할 것을 사랑하게 하시며

당신을 가장 기쁘게 하는 일을 찬양하게 하시고

당신이 보시기에 값진 것을 가치 있게 생각하게 하시고

당신께 거슬리는 일을 미워하게 하소서.

내 눈에 보이는 대로 판단하지 말게 하시고

무시한 인간의 귀에 들리는 대로 말하지 말게 하시고

눈에 보이는 것과 영적인 것 사이에서

참된 판단을 분별 있게 내리도록 하시며

무엇보다도 항상 당신의 뜻에

무엇이 정말로 즐거운 것인가 묻게 하소서.

토마스 아 켐피스

고(故) 신영복 선생께서는 생전의 마지막 강의에서 "공부"를 이렇게 정의했다.

공부는 한자로 工夫라고 씁니다. 工은 천(天)과 지(地)를 연결하는 뜻이라고 합니다. 그리고 夫는 천과 지를 연결하는 주체가 사람(人)이라는 뜻입니다. 공부란 천지를 사람이 연결하는 것입니다.*

그런 의미에서 나는 가장 심오한 공부는 "기도 공부"라고 말하고 싶다. 왜냐하면 기도야말로 하늘과 땅을 연결하는 핵심 사건이기 때문이다. 그렇다. 기도는 하늘과 땅, 초월과 내재, 영원과 시간을 연결하는 사다리다. 기도의 사다리를 통하지 않고서는, 우리는 땅에서 하늘로, 내재의 세상에서 영원의 세계로, 시간의 영역에서 초월의 공간으로 들어설 수 없다. 또한 같은 의미에서 기도는 최고의 신학이라고 할 수 있다. 신학이란 본시 하나님을 아는 지식, 곧 하나님에 대한 공부를 뜻한다. 그런데 우리가 하나님을 안다는 것은 (성경적 의미에서) 하나님과 인격적 관계를 맺는 것을 의미한다. 따라서 신학은 단순히 하나님에 대한 어떤 정보나 지식을 취득하는 학습행위가 아니다. 오히려 신학은 하나님과 온전히 연합하여, 하나님을 전적으로 받아들일 뿐 아니라 그 하나님께 자신을 전폭적으로 투신함을 뜻한다. 그리고 우리는 기도를 통해 바로 그 일을 성취한다. 따라서 기도야말로 최선

---

* 신영복, 『담화』(돌베개), 18.

의 그리고 최고의 신학 공부인 셈이다.*

모름지기 어떤 유의 공부든, 그 배움의 행위를 올바로 하려면 애초에 제대로 배우는 것부터 시작해야 한다. 뭐든지 얼렁뚱땅, 대충대충, 소위 야매로 배울 바에야 차라리 안 배우는 게 낫다. 나에게는 운전과 테니스가 그런 경우였다.

나는 1995년에 운전면허를 땄다. 당시 군종장교 임관을 1년 앞둔 상황에서 필히 운전면허를 따놓아야 한다는 주변의 권유에 따라 면허를 취득했다. 그런데 학원에서 강사에게 정식으로 배운 것이 아니라 어깨 너머로 눈치껏 혼자서 운전 요령을 터득했다. 그리고 간신히 운전면허증을 땄다. 물론 운 좋게 한 번에 따기는 했다. 운전면허증을 취득하기는 했지만 차에 대해서 아는 것이 전혀 없었다. 당연했다. 지도해주는 사람 없이 혼자 잔머리 굴려가며 배웠기 때문이다. 면허를 취득하고 나서 (아버지 차를 몰래 끌고) 생애 처음 차를 운전하여 도로로 나간 날을 지금도 잊을 수가 없다. 집에서 1킬로미터쯤 운전해갔을 때 경사가 30도 정도 되는 고가도로가 나왔다. 나는 수동 기어를 3단에 놓고서 고가에 진입했다. 그런데 차가 다리 중간 지점쯤 이르자 갑자기 덜덜거리며 힘이 딸리기 시작했다. 화들짝 놀란 나는 얼른 기어를 4단으로 바꿨다. 그러자 차가 더 심하게 털털거리는 것이었다. "아, 이런 상황에서는 4단 갖고도 안 되는구나"라고 생각한 나는 쏜살

---

* 4세기의 교부 폰투스의 에바그리오스는 이렇게 말했다. "그대가 신학자인가? 그렇다면 그대는 진정으로 기도할 것이다. 그리고 진정으로 기도하는가? 그렇다면 그대는 신학자다."

같이 기어를 5단으로 바꿨다. 그 순간 차의 시동이 덜컥 꺼지더니 고가도로 2/3 지점에서 급기야 멈춰 서버렸다. 차가 경사로를 올라가려면 오히려 기어를 2단이나 1단으로 변속해줘야 한다는 가장 기본적인 원리조차 몰랐기 때문에 벌어진 해프닝이었다.

테니스도 마찬가지였다. 군목 생활을 잘하려면 입대하기 전 테니스를 미리 잘 배워놓는 게 한결 유리하다는 말을 듣고 동네 테니스장을 찾아 레슨을 신청했다. 등록 후 첫 3일 동안 가장 기본적인 폼만 열심히 배웠다. 그런데 교회 집사님 한 분이, 내가 테니스를 배운다는 소식을 전해 듣고는 연락을 해왔다. 용건은? 테니스 시합을 하자는 것이었다. 그 집사님은 테니스 구력이 3년이 넘은 사람이었는데, 겨우 3일 배운 사람한테 시합을 하자는 제안을 던진 것이었다. 결과는 어땠을까? 놀랍게도 내가 이겼다. 그래서 나는 다음날부터 더 이상 테니스 레슨을 받지 않기로 했다. 그까짓 테니스쯤이야, 레슨 없이도 얼마든지 잘 칠 수 있을 것 같았기 때문이다. 그 때문에 군목으로 7년간 사역하는 동안, 나는 테니스장에서만큼은 동네북 신세를 면치 못했다. 교만이 부른 화근이었다. 이렇듯 뭐든지 처음부터 제대로 배우지 못하면 아니 배운 것만 못하다.

유감스럽게도 많은 그리스도인들이 기도를 제대로 배운 적 없이 그냥 무작정 시작한다. 어떤 사람들은 다급한 상황에서 자신도 모르게 신음처럼 몇 마디 내뱉은 기도가 일평생 기도의 교범이 되기도 한다. 평생 본능적으로 기도하는 것이다. 어떤 사람들은 교회 목사님이나 장로님들이 예배 시간에 드리는 기도를 따라 기도를 배운다. 내가 한국교회에서 약간 어처구니없게 생각하는 일 중 하나가, 기도 시간에 일반 신자들이 설교자를 위해 기도하면서 종종 "성령의 두루마기로 입혀주시고"라는 표현을 쓰는 것을 볼 때다. 아니, 요즘 세상에 두루마기를 입는 사람이 어디 있단 말인가? 굳이 성령께서 설교자에게 임하셔서 옷을 입혀주실 것 같으면 "성령의 양복으로 입혀주시고"라고 할 것이지, 무슨 두루마기란 말인가? 그런데도 교회 현장에서는 이런 유의 기도 용어들이 아무런 문제의식 없이 곧잘 통용된다. 그렇다면 이런 표현들은 어디서부터 왔을까? 아마 100년 전 우리 조상들이 두루마기 입고 교회 다니던 시절에 사용하던 표현들이 줄곧 대를 이어 전수되어왔을 것이다. 예배 시간에 대표기도를 맡은 장로님들이 이런 표현을 멋들어지게 쓰는 것을 본 일반 신자들 또한 그게 무슨 대단한 기도 문법인 줄 알고 그대로 외워서 따라 하는 것이다. 이처럼 애초에 누구에게 기도를 배우냐의 문제는 각자의 기도생활에 생각보다 더 큰 영향을 미친다. 한편, 좀 더 열심이 있는 사람들은 기도에 관한 책이나 기도문을 모아놓은 책을 구입하여 기도 공부를 할 것이다.

그럼 어떻게 해야 기도 공부를 잘할 수 있을까? 공부를 잘하는 요령 하나는 질문을 잘하는 것이다. 스탠리 하우어워스의 말처럼, "바른 질문을 하는 것부터가 큰 소득이다."*

누가복음 11:1을 보면 제자들이 예수님께 이렇게 질문하는 장면이 나온다.

---

* 스탠리 하우어워스, 『주여, 기도를 가르쳐주소서』(이종태 역, 복있는사람), 19.

"주여, 요한이 자기 제자들에게 기도를 가르친 것과 같이 우리에게도 가르쳐주옵소서."

제자들은 오직 예수님만이 제대로 된 기도를 가르쳐주실 수 있다는 것을 알았던 것이다.

그렇지만 사실 이 장면은 좀 의아하다. 왜냐하면 유대인이었던 예수님의 제자들이 기도에 대해서 몰랐을 리가 만무하기 때문이다. 유대인들은 나면서부터 기도를 배우는 민족이 아니던가? 실제로 그들에게는 "카디쉬"(회당 예배 때 설교 후 회중이 함께 드리는 기도)*기도나 "18가지 축복기도"(셰모네 에스레, 유대인들이 아침·점심·저녁 세 번에 걸쳐 드린 기도) 같은 대표적 기도문이 있었다. 그럼에도 굳이 제자들이 예수님께 기도를 가르쳐달라고 했던 이유는 무엇인가? 그것은 당시 메시아 대망 사상을 갖고 있던 유대교 내의 제 종파들(바리새파, 에세네파, 세례 요한 운동)이 자신의 신학적·이념적 정체성을 고유한 기도문으로 표현한 것과 관련이 있다. 주지하듯이 예수님은 하나님 나라 운동을 펼치셨다. 따라서 제자들에게는 예수님이 주도하신 하나님 나라 운동을 가장 압축적으로 잘 표현할 기도문이 필요했던 것이다.

어쨌거나 우리는 예수님에게서 기도를 배운다. 구체적으로는 주님께서 가르쳐주신 기도문을 통해 기도를 배운다. 주기도문은 가장

---

* 예수님 당시 유대인들이 드렸던 카디쉬 기도문은 다음과 같다. "그분의 이름이 높여지고 거룩히 여겨지이다/ 그분이 그분의 뜻에 따라 지으신 세상 안에서/ 그분이 자신의 나라[다스리심이] 다스리게 하시길/ 너희들의 생애에 그리고 너희들의 날들에 그리고/ 이스라엘 집안 전체의 생애에, 신속히 그리고 조만간/ 그분의 위대한 이름이 영원부터 영원까지 찬양되소서/ 이에 대해 말하라. 아멘."

위대한 기도의 모범이다. 하지만 그게 전부는 아니다. 우리는 예수님의 생애 전체 및 그분이 가르쳐주신 모든 말씀을 통해서 기도를 배운다. 또한 예수님의 가르침을 액면 그대로 가장 잘 반영한 신약 저자들의 가르침을 통해서도 기도에 대해 배운다. 뿐만 아니라, 장차 오실 예수님을 대망하며 구약성경을 기록한 옛 예언자들을 통해서도 기도에 대해 배운다. 한마디로 우리는 성경 전체를 통해 기도에 대해 배운다. 달리 말하자면, 성경은 기도의 교과서다.

흔히 성경을 가리켜 "계시"라 부른다(특별계시). 계시란 말의 원뜻은 "숨겨진 것이 밝히 드러남"이다. 계시를 의미하는 히브리어 "갈라"(gālâ)는 문자적으로 "벌거벗음"을 뜻한다. 사무엘하 7:27의 "당신은 종에게 이를 계시하셨나이다"는 직역하면 "당신은 종의 귀를 벌거벗기셨나이다"가 된다. 또한 이사야 40:5의 "여호와의 영광이 나타나고 모든 육체가 그것을 함께 보리라"는 "야웨의 영광이 벗겨져 드러나고, 모든 육체가 그것을 함께 볼 것이다"로 번역할 수 있다. 그리스어 "아포칼뤼프토"(apokalyptō)는 주로 종말에 밝히 드러날 하나님의 우주적 구원의 실재가 (육체로 오신 예수 그리스도의 인격과 사역 안에서) 미리 나타남을 의미한다. 이렇듯 계시란 숨겨진 하나님이 나타나신 사건이다. 그럼 왜 계시가 필요할까? 한마디로 창조주 하나님과 피조물인 인간과의 무한한 질적 차이 때문이다. 유한한 (더욱이 죄인인) 인간은 스스로의 힘으로 무한하고 순결한 하나님을 포착하거나 인식할 수 없다. 오직 하나님이 먼저 선제적으로 자신을 알려주셔야만, 인간은 그 하나님을 인식할 수 있다. 이것이 계시의 본질이다. 그리고 우리는 오직 그 계시를 통해서만 인간의 세계에서 하나님의 세계로 넘어갈 수 있다. 그것은 신학자 톰 라이트가 즐겨 말하듯이, 두 세계가 만나는 접점이다. 혹은 윌리엄 에이브러햄이 표현했듯이 계시란 "문지방" 같은 것이다. 마치 C. S. 루이스의 소설 『나니아 연대기』에 나오는, 이 세계에서 나니아 왕국으로 건너가는 옷장과 같이 말이다.

성경은 역사 속에 나타난 하나님의 구원 계시를 성령의 감동을 따라 특별히 취사선택하여 모아놓은, 계시의 모음집이다. 따라서 하나님의 특별계시인 성경을 통해 기도에 대해 배운다는 말은, 하나님께서 당신의 백성의 유익을 위해 숨겨놓았던 가장 좋은 선물들을 기도를 통해 배운다는 말과 같다. 기도는 영원 전부터 숨겨진 신적 보화다.

하지만 이 놀라운 보화를 제대로 알고 활용하는 그리스도인이 얼마나 되는가? 일례로, 우리는 애지중지 사용하는 핸드폰의 기능을 얼마나 잘 알고 있는가? 아마 핸드폰 안에 내장된 다양하고 유용한 기능을 모조리 꿰뚫고 사용하는 사람은 많지 않을 것이다. 대개는 그저 자신에게 필요한 몇 가지 기능만을 선별적으로 사용할 것이다. 왜 이런 현상이 벌어지는가? 우리가 핸드폰의 사용설명서를 제대로 숙지하지 않아서다. 그래서 우리는 핸드폰이 갖고 있는 기능 중 상당수를, 아예 그런 기능이 있는지조차 모르고 산다. 이처럼 인간이 만든 전자제품에도 엄청난 기능이 내재되어 있다면, 온 우주를 직접 창조하신 하나님의 지혜와 능력은 가히 측량할 수 없을 것이다. 하지만 우리는 그 하나님의 무궁무진한 은사와 보화를 거의 누리지 못하고 참으로 빈약한 삶을 힘겹게 살아간다. 왜일까? 하나님에 대한 사용설명서를 제대로 읽고 활용해본 적이 없기 때문이다. 성경은, 바꿔 말하면 하나님에 대한 사용설명서다. 그리고 기도는 성경에 계시된 하나님이 갖고 계신 모든 지혜와 능력을 실제로 맛보는 것이다. 이것이 우리가 성경 계시를 통해 기도를 배우는 이유다.

그런데 하나님이 우리에게 주신 계시는 단순히 신학적 정보를 전달하거나 수여하는 것이 아니다. 하나님께서는 계시를 통해 자기 자신을 통째로 우리에게 주셨다. 계시의 심장인 예수 그리스도는 하나님이 자신을 우리에게 전부 내어주신 사건이다. 따라서 계시는 하나님의 존재 전부가 걸린 우주적 모험 그 이상이다. 그리고 우리는 기도를 통해 하나님의 그 위대한 모험과 마주한다. 그 결과, 하나님께서 예수 그리스도라는 궁극의 계시를 통해 자기 자신을 우리에게 주신 것처럼, 우리 역시 기도를 통해 우리의 전부를 하나님께 바쳐드린다.

앞서, 공부란 하늘과 땅을 잇는 작업이라 하였다. 신인(God-and-Man)이신 예수께서는 하늘과 땅을 잇는 계시적 존재다. 그는 유일무이한 중보자로서, 자신 안에 있는 신성을 통해 하나님을 대표하며, 또한 자신 안에 있는 인성을 통해 인간을 대표하여 두 세계를 연결한다. 그는 시상의 성소에서 하늘의 성소로 들어가는 유일한 입구이다. 마찬가지로 우리 역시 기도를 통해 하늘과 땅을 잇는 작업에 동참한다. 그러므로 기도란 궁극의 공부 곧 계시 체험이라 할 수 있다.

그런데 우주적 계시인 예수 그리스도께서 사람(구체적으로 1세기 중동 사람)의 살과 피를 입고 성육신하신 것처럼, 모든 계시는 우리의 살과 피와 하나가 되어 역사적 독특성을 띤다. 계시가 우주적·초월적·

보편적인 동시에 자연적·역사적·실존적일 수밖에 없는 이유가 여기 있다. 따라서 계시에는 반드시 그 계시가 옷을 입고 활동하는 체험(경험)이 불가피하게 따른다. 그 경험이 오랜 세월 동안 교회 안에서 반복될 때 그것은 전통이 되며, 개인적일 때 간증이 된다. 달리 말해, 교회의 전통과 신자의 간증은 계시의 역사성 혹은 시공간성이라 할 수 있다.

나는 이 책을 써나감에 있어 성경의 가르침과 교회의 전통, 그리고 내 자신의 기도 체험을 적절히 조화시키려고 노력할 것이다.

03

기도— 삼위일체 하나님과의 친교

왜 사람들은 그들이 어디서 왔고, 어디로 가며, 누가 그들의 진정한 가족인가를 알기 위한 근본적으로 옳고 진실한 정보를 부정하려 하는 것일까? 우리는 삼위일체로부터, 성부의 가슴으로부터, 성자의 지성으로부터, 성령의 사랑으로부터 나왔다. 우리는 온전한 연합과 영원한 생명인 삼위일체의 땅을 향해 순례의 길을 떠나고 있다.

레오나르도 보프

기도의 신학적 뿌리는 삼위일체론에 근거한다. 삼위일체라는 말을 듣는 순간 흠칫하실 독자도 있을 것이다. 삼위일체라니, 얼마나 황당하고 난해한 교리란 말인가? "기도에 대해 배우고 싶었지, 누가 재미없는 삼위일체 교리를 듣고 싶다 했단 말인가?" 하고 따지고 싶은 사람도 있을 것이다. 그럼에도 불구하고 할 수 없다. 삼위일체 교리를 논하지 않고는 기도 공부의 첫 장을 열 수 없기 때문이다.

많은 사람들이 삼위일체 교리를 불편해한다. 우선, 이 교리가 이성적·논리적·수학적으로 말이 안 되는 주장이라고 생각한다. 그렇지 않은가? 어떻게 1+1+1=1이 될 수 있단 말인가? 그래서 비그리스도인들의 경우 삼위일체라는 말을 듣는 순간 코웃음을 치곤 한다. 반면, 이 교리가 이성적으로는 이해가 안 되지만 그럼에도 그냥 믿음으로 애써 받아들이는 그리스도인이 제법 많다. 그러고 보면 고대 교부인 테르툴리아누스가 "나는 그것을 믿습니다. 왜냐하면 그것은 불가능하기 때문입니다. 나는 그것을 선포합니다. 왜냐하면 그것은 황당무계하기 때문입니다"라고 말한 것이 충분히 이해가 되고도 남는다.

삼위일체란 성부, 성자, 성령 하나님께서 동일본질 혹은 같은 존재방식으로 실재하신다는 이야기다. 더 쉽게 표현하면 하나님이 한 분이 아니라 성부, 성자, 성령 세 분이시며, 동시에 성부, 성자, 성령 하나님이 서로 다른 하나님이 아니라 동일(등)한 하나님이시라는 뜻이다. 삼위일체 교리는 기독교를 여타의 종교와 확연히 구별해주는 가장 대표적인 표징과 같은 것이다. 가령 유대교나 이슬람교는 완고한 유일신론을, 힌두교 등은 범신론을, 그리스-로마 종교는 다신론을, 불교는 무신론을, 근대 계몽주의 이념은 이신론을 믿는다. 그렇지만 기독교는 하나님이 세 분인 동시에 하나이심을 믿는다. 또는 같은(동일한) 하나님이 세 분으로 존재하심을 믿는다. 이 교리를 고백하면 기독교이고, 그렇지 않으면 기독교가 아니다.

이렇게 말했음에도 불구하고 여전히 삼위일체 교리가 어려운 독자가 대부분일 것이다. 이것은 우리만 그런 것이 아니라 우리 이전에 기독교 신앙에 귀의했던 수많은 사람들도 동일하게 느꼈던 어려움이었다. 그래서 그들은 다양한 철학적 추론과 일상에서 발견할 수 있는 예증을 통해 삼위일체론을 합리적으로 설명하려고 시도했다. 하지만 그런 시도를 할수록 오히려 역효과가 나서 이단에 빠지는 경우가 비일비재했다. 기독교 역사상 삼위일체론과 관련하여 등장한 대표적 이단 두 가지를 꼽으라면 양태론과 삼신론(혹은 종속론)을 들 수 있을 것이다. 양태론이란 한 하나님이 상황에 따라 여러 형태로 모습을 바꾸어 나타난다는 주장이다. 가령 물(액체), 수증기(기체), 얼음(고체)으로 성부와 성자 및 성령의 관계를 설명한다든지, 한 남자가 집에서는 아버지 역할을, 회사에서는 사장 역할을, 교회에서는 장로 역할을 수행한다는 식으로 삼위일체를 풀어내려는 시도가 바로 양태론이란 이단이다. 양태론은 하나님이 세 분이 아니라 한 분이시라고 주장하기에 그릇되었다. 만일 양태론을 받아들인다면, 우리는 마태복음 3장에 나오는 예수님의 세례 장면을 제대로 해석할 수 없게 된다. 예수님이 세례를 받으시고 물에서 올라오실새, 하늘이 열리고 성령께서 비둘기처럼 임하셨으며, 그때 하나님께서 "이는 내 사랑하는 아들이요, 내 기뻐하는 자라"고 말씀하셨다(마 3:16-17). 우리는 여기서 같은 시공간 안에 성부, 성자, 성령이 서로 구별된 존재로서 동시에 등장하고 있음을 보게 된다. 하지만 양태론을 취할 것 같으면 예수님의 세례 장면은 이런 식으로 둔갑할 것이다. 즉 성자께서 세례를 받으시자마자, 삽시간에 성령으로 변하셔서 비둘기 모양으로 임하시는 동시에, 또다시 얼른 성부 하나님으로 변모하셔서 말씀하셔야만 한다. 하지만 이런 하나님의 변신술은 마태복음 3장에서 말하려는 진짜 하나님의 모습이 아니다. 본문에는 분명 구별된 세 인격적 존재가 등장한다. 하나님은 한 분이 아니라 세 분이시다.

이에 반하여 삼신론 혹은 종속론은 하나님이 세 분이시라는 것을 인정한다. 하지만 성부, 성자, 성령 세 분 하나님은 동일(등)한 하나님이 아니라 상호 위계질서가 뚜렷한 존재다. 즉 성부가 가장 높고, 성자가 두 번째이며, 성령이 맨 마지막 존재다. 성자나 성령 역시 하나님이시긴 하지만, 창조의 어느 시점에 성부 하나님으로부터 만들어진 피조물에 불과하다. 따라서 성자와 성령은 성부께 종속된다.

이에 맞서 교회 역사상 가장 중요한 회의 중 하나였던 니케아(325년) 공의회와 콘스탄티노플(381년) 공의회는 하나님을 "하나의 본질과 세 구별된 위격들"로 정의했다. 구체적으로 니케아-콘스탄티노플 신조는 삼위일체 교리를 "성부가 성자를 영원히 낳고, 성령은 성부와 성자로부터 영원히 나오시고(발출하고)"로 묘사하면서, 성부와 성자와 성령은 본질에 있어 하나인 동시에 세 구별된 인격적 존재(위격)임을 분명히 했다.

기실 서방 교회와 동방 교회는 삼위일체 교리를 이해함에 있어 서로 다른 전통을 따른다. 서방 교회의 경우, 한 분 하나님의 본질(*una substantia*)을 먼저 전제한 후 그 한 분 하나님의 본질이 어떻게 성부, 성자, 성령의 세 위격들(*tres personae*)로 존재하는지에 초점을 맞춘다. 반면 동방 교회의 경우, 성부, 성자, 성령의 세 위격들을 먼저 전제한 후 이 세 위격들이 어떻게 하나 됨을 이루는지를 해명하려고 한다. 이 과정에서 동방 교회는 서방 교회의 삼위일체론에서 "양태론"의 위험을, 서방 교회는 동방 교회의 그것에서 "삼신론"(종속론)의 위험을 감지했다. 하지만 궁극적으로 서방과 동방의 삼위일체 이해는 서로 모순되는 것이 아니라 상보적이다. 우리는 이 점에 관해 고대 교회의 위대한 교부였던 나지안조스의 그레고리오스의 다음과 같은 멋진 말을 기억할 필요가 있다. "하나를 생각하는 즉시로 셋의 광채로 둘러싸이며, 셋을 분별하자마자 즉시 하나로 되돌아간다."

그렇다면 왜 기독교 신앙에 있어 삼위일체 교리가 중요한가? 그것은 하나님께서 삼위일체로 존재하지 않는다면 이 세상의 구원을 담보할 수 없기 때문이다. 크게 두 가지 이유에서 그렇다. 첫째, 하나님께서 삼위일체로 존재하지 않는다면 하나님의 자기계시가 완벽하게 일어날 수 없다. 주지하듯이 하나님은 초월적 존재이시기 때문에 유한한 피조물인 인간은 스스로의 힘으로 하나님을 알 수 없다. 오직 하나님께서 자기 자신을 인간에게 먼저 계시해주셔야만 그때야 비로소 인간은 하나님을 알 수 있다. 여기서 "하나님을 안다"는 것은 (성경의 용례를 따라) 하나님과의 하나 됨 곧 하나님과의 연합을 의미한다. 피조물인 인간은 하나님을 앎으로써 하나님과 연합하여 하나님의 신적 생명에 참여하게 된다. 이것이 바로 구원이다. 따라서 피조물인 인간이 구원을 받으려면 하나님을 알아야 한다. 그런데 우리가 하나님을 알려면, 하나님과 100% 똑같으신 분이 이 땅에 오셔서 우리에게 하나님을 알려주셔야 한다. 만일 하나님과 99.999%가 똑같은 존재가 와서 하나님을 알려준다 해도 그것으로 인해 계시의 사건, 즉 하나님을 알게 되는 사건은 일어나지 않는다. 하나님과 매우 유사한 존재는, 하나님 자신이 아니기 때문에 하나님에 대해서 어렴풋하게밖에 못 알려주기 때문이다. 그 결과 우리는 하나님을 제대로 알 수 없음으로써 결국 구원을 받을 수 없다. 이처럼 성부 하나님과 성자(혹은 성령) 하나님이 100% 동일한 하나님이셔야 하는 것은 우리의 구원을 위해서 매우 중요하다.

둘째, 하나님께서 세상을 구원하시려면 세상보다 더 크신 존재여야 한다. 이것을 신학적으로 하나님의 초월성이라고 한다. 동시에 하나님이 세상을 구원하시려면 세상 안으로 들어오셔서 세상의 고난과 참상을 친히 체험하시고 구원의 손을 내미셔야 한다. 이것을 하나님의 내재성이라고 한다. 즉 하나님이 세상을 구원하시기 위해서는 세상을 초월한 동시에 내재하셔야 한다. 이러한 구원의 구도는 오직 삼위일체론을 통해서만 충족된다. 곧 성부 하나님께서는 저 우주 밖에 초월해 계심으로써 우주를 능히 구원하실 수 있는 존재인 동시에, 성자와 성령 하나님께서는 죄와 악과 불행이 가득한 세상에 오셔서(내재하셔서) 세상의 구원을 위해 일하는 존재이시다. 따라서 하나님이 세상 밖에만 존재하는 일신론 혹은 이신론이나, 세상이 곧 하나님이라고 생각하는 범신론적 신관이 제시하는 신들은 실제로는 세상의 구원을 위해서 아무것도 할 수 없는 사변적 존재들일 뿐이다. 오직 삼위일체 하나님만이 세계를 초월한 동시에 내재하심으로써 세상을 구원하신다. 이처럼 삼위일체 교리는 기독교적 구원을 위해 필수불가결한 교리다. 그래서 네덜란드의 위대한 신학자 헤르만 바빙크는 삼위일체 교리야말로 전체 기독교의 "뿌리"이자 "심장"이라 고백했다.

한편, 동방 정교회의 존경받는 신학자인 다마스쿠스의 요한 이후 성부, 성자, 성령 삼위의 관계는 "페리코레시스"(*perichōrēsis*)라는 용어를 통해 설명되어왔다. 명사 페리코레시스는 "회오리"(돌개바람) 혹은 "회전"(빙빙 돌기)을 의미하며, 동사 "페리코레오"는 "빙빙 돌다", "빙빙 돌며 춤추다", "순환하다", "껴안다", "포용하다"의 의미를 지닌다. 성부, 성자, 성령은 각기 구별되는 위격적 존재인 동시에 서로 간에 페리코레시스적 순환을 통해 상호 침투, 내주, 환대를 행하신다. 즉 "삼위일체의 세 위격들은 서로 안에 '내주하고' 서로에게 '침투하며' 서로를 '둘러싸고' 참으로 아름다운 신적인 춤 속에서 하나를 이룬다."* 요한복음의 저자는 이를 다음과 같이 아름답게 묘사한다.

아버지여, 아버지께서 내 안에, 내가 아버지 안에 있는 것같이 요 17:21

---

* 다니엘 L. 밀리오리, 『기독교 조직신학 개론』(백충현·신옥수 역, 새물결플러스), 152-153.

그래서 고대 교부 막시무스는 삼위일체란 "사랑의 영원한 운동"이라고 묘사했다. 그리고 이는 정확히 "하나님은 사랑이시다"(요일 4:8)는 진술과 일치한다. 만일 하나님이 세 분이 아니라 홀로 존재하는 분이라면 어떻게 그분을 가리켜 "사랑"이라고 표현할 수 있겠는가?(곧 사랑은 상대가 있는 법이다) 따라서 하나님이 사랑의 존재라는 말 자체가 벌써 그 안에 삼위일체를 전제하고 있다. 하나님은 삼위일체이시기 때문에 사랑하실 수 있으며, 사랑이시기 때문에 삼위일체로 존재하실 수 있다. 밀리오리의 말대로 "하나님은 절대 권력도, 무한한 이기주의도, 위엄으로 가득한 고독도 아니다. 삼위일체 하나님의 권능은 강제적이 아닌 창조적·희생적 사랑이며, 영감을 불러일으키는 사랑이다. 삼위일체 하나님의 영광은 남을 지배함에 있지 않고, 타자와 함께 삶을 공유하는 데 있다."*

그런데 여기서 반드시 기억해야 할 것이 하나 있다. 그것은 삼위일체 교리가 다름 아닌 기도의 고백 속에서 등장한다는 것이다. 삼위일체 교리는 애당초 딱딱하고 난해한 탁상공론으로 주어진 것이 아니라, 하나님의 백성의 풍성한 기도생활을 위해 주어졌다.

이러므로 내가 하늘과 땅에 있는 각 족속에게 이름을 주신 **아버지** 앞에 무릎을 꿇고 비노니 그의 영광의 풍성함을 따라 그의 **성령**으로 말미암아 **그리스도**께서 너희 마음에 계시게 하시옵고 너희가 사랑 가운데서 뿌리가 박히

---

* 위의 책, 141.

고 터가 굳어져서 능히 모든 성도와 함께 지식에 넘치는 그리스도의 사랑을 알고 그 너비와 높이와 깊이가 어떠함을 깨달아 하나님의 모든 충만하신 것으로 너희에게 충만하게 하시기를 구하노라. 엡 3:14-19

주 **예수 그리스도**의 은혜와 **하나님**의 사랑과 **성령**의 교통하심이 너희 무리와 함께 있을지어다. 고후 13:13

이제도 계시고 전에도 계셨고 장차 오실 이시며 그의 보좌 앞에 있는 **일곱 영**과 또 충성된 증인으로 죽은 자들 가운데에서 먼저 나시고 땅의 임금들의 머리가 되신 **예수 그리스도**로 말미암아 은혜와 평강이 너희에게 있기를 원하노라. 계 1:4-5

● ○

또한 성경은 인간이 삼위일체 하나님의 형상으로 지음 받았다고 분명하게 천명한다.

하나님이 이르시되 "우리의 형상을 따라 우리의 모양대로 우리가 사람을 만들고 그들로 바다의 물고기와 하늘의 새와 가축과 온 땅과 땅에 기는 모든 것을 다스리게 하자" 하시고, 하나님이 자기 형상 곧 하나님의 형상대로 사람을 창조하시되 남자와 여자를 창조하시고 창 1:26-27

그렇다면 하나님의 형상이란 무엇인가? 구약성경이 기록되던 당시 고대 근동의 맥락에서 하나님의 형상이란 하나님을 대리하여 지상 세계를 통치하는 권위를 의미했다. 또는 하나님의 우주적 성전을 관리하고 다스리는 제사장적 존재됨을 의미했다. 고대 교부들 이래 하나님 형상 개념은 인간의 독특한 이성적·언어적 능력이나 주어진 숙명과 필연에 예속되지 않고 더 나은 가능성을 추구하는 자유의 능력 등으로 옮겨갔다. 또한 동물들과 달리 직립보행을 하며 손을 자유롭게 사용함으로써 문명을 건설하는 능력을 의미했다. 한마디로 인간 존재 전부가 하나님의 형상인 셈이다. 덧붙여 바르트를 위시한 현대 신학자들은 인간이 남자와 여자로 창조되었다는 사실에 주목하여, 하나님의 형상을 관계성에서 찾았다. 즉 삼위일체 하나님께서 페리코레시스적 침투와 내재 속에서 참된 "나와 너"의 관계로 존재하듯이, 인간 역시 "나-너"의 관계성 안에 있는 존재라는 것이다. 하나님을 닮은 관계적 존재로서 인간은 첫째로 하나님을 사랑하며, 둘째로 동료 인간과 자연을 사랑할 자로 부름 받았다. 교회는 이 부르심을 받은 사람들이 모인 관계적·공동체적 자아다.

한편, 스탠리 그렌츠에 따르면, 성부는 성령에 의해 "그리스도 안에서" 새로운 공동체에 참여하는 자들에게 자신이 성자에게 아낌없이 영원히 주는 것을 나누어 준다. 또한 성령에 의해 "그리스도 안"에 있다는 것은 그리스도 안에서 그들이 성부에 대한 성자의 영원한 응답에 참여한다는 것을 의미한다. 이러한 방식으로, 성령에 의해 아들에 참여하는 자들은 하나님의 영원한 페리코레시스적 삶의 역동성에 참여한다.*

특별히 우리는 기도를 통해 하나님의 페리코레시스적 삶에 참여하여, 하나님을 사랑하고 동료 인간을 사랑하는 삶을 추구할 수 있다. 곧 우리는 기도를 통해 하나님의 존재를 기뻐하고 송축하며, 하나님의 뜻에 순종하며, 하나님의 뜻을 이루어드리며, 또한 타자를 사랑하고 섬길 수 있다. 우리는 이 모든 일을 성령 안에서, 성자를 힘입어 성부 하나님께 나아감으로써 실행한다. 따라서 기도야말로 삼위일체적 삶에 참여하는 가장 훌륭한 방정식이다.

● ○

요한복음 13:1-20은 흔히 예수님의 세족식으로 잘 알려진 본문이다. 예수님은 십자가에서의 죽음을 앞두고 제자들과 함께 마지막 유월절 식사(요한 판 성만찬)를 하신 후 직접 제자들의 발을 씻겨주신다. 요한복음 13:1-20은 마가복음 10:41-45(마 20:24-28; 눅 22:24-27)에서 예수님이 하셨던 말씀을 자신이 직접 시연하신 것이다. 왜냐하면 예수님은 공관복음시 말씀에서 진정으로 높고 큰 사람은 "앉아서 먹는 자"가 아니라 "서서 섬기는 자"라고 말씀하셨으며, 실제로 요한복음 13:1-20에서는 유월절 식사를 하는 도중 자리에서 "일어나"(아직 한참 "앉아서 식사 중"인) 제자들의 발을 씻겼기 때문이다. 유대교의 관

---

*   윤철호, 『인간』(새물결플러스), 501.

습에 비춰볼 때 스승인 예수가 제자들의 발을 씻겼다는 것은 실로 엄청난 사건이다. 기원후 1세기 팔레스타인 사회에서 다른 사람의 발을 씻기는 것은 오직 종(노예)에게만 한정된 역할이었다. 당시 사람과 가축이 서로 뒤섞여 돌아다니는 길은 동물의 오물로 가득했다. 따라서 사람들이 외출했다가 돌아오면 발이 오물로 엉망진창이 되는 것이 예사였다. 그러므로 자유인들은 절대로 다른 사람의 발을 씻기는 법이 없었다. 그것은 종이나 하는 일이었다(참조. 삼상 25:41; 막 1:7; 행 13:25). 세례 요한이 예수님을 가리켜 "나는 그의 신발끈을 풀기도 감당하지 못한다"고 했을 때 그의 마음속에 있었던 심상은 바로 이런 문화를 배경으로 하고 있는 것이다.* 문자 그대로 해석하면 세례 요한은 예수님의 종노릇하기도 벅차다. 이런 상황에서 메시아적 존재인 예수께서 제자들의 발을 씻기는 것이 얼마나 황당하고 충격적인 사건이었겠는가!

한편, 교회 전통에서 이 예식은 곧잘 지도자들이 사람들을 섬겨야 하는 가장 훌륭한 모범으로 이해되어왔다. 실제로 우리는 종종 예수님의 모범을 따라 사람들의 발을 씻기는 이벤트를 거행하곤 한다. 하지만 요한복음 13장에서 예수님이 제자들의 발을 씻겨주시는 장면은 단순히 다른 사람들을 그들의 발밑에서 섬기는 도덕적·윤리적 의미 이상을 담고 있다. 그것은 예수님의 고결한 인격과 정신의 발현 그 이

---

* 2001년 2월 카이로의 마단 알-타리르에 모인 이집트인들은 당시 대통령이던 무바라크를 철저히 거부한다는 표시로 자기의 신발을 높이 들어 올렸다.

상이 담겨 있는 말씀이다. 실상 본문은 하나님의 아들로서 예수님의 존재론적 방식(=신적 본질)에 대한 근본적 성찰이 담긴 말씀이다. 이 점은 요한복음 13장과 소위 그리스도 찬송시로 널리 알려진 빌립보서 2:6-11 말씀을 서로 비교해보면 분명히 드러난다.

요한복음 13:1-20	빌립보서 2:6-11
예수께서 식탁에서 일어나 그의 겉옷을 벗으셨다. 4절	자기를 비워, 즉 자기의 신성의 옷을 벗어 7절
예수께서 수건을 가져다가 허리에 두르시고 대야에 물을 담아 제자들의 발을 씻기기 시작했다. 5절	종의 형체를 가져 사람들과 같이 되었고 사람의 모양으로 나타나셨으며, 자기를 낮추시고 7절
예수께서 제자들의 발을 씻기신 후에 겉옷을 다시 입으시고 (이전에) 앉으셨던 자리에 다시 앉으셨다. 12절	이러므로 하나님이 그를 지극히 높여 모든 이름 위에 뛰어난 이름을 주사(곧 원래의 지위와 이름을 회복함) 9절
마지막으로 예수께서 이렇게 말씀하셨다. "너희가 나를 선생이라 또는 주라 하니 너희 말이 옳도다. 내가 그러하다." 13절	모든 입으로 예수 그리스도를 주라 시인하여 11절

이처럼 요한복음 13:1-20은 단순히 윤리적 교훈을 위해서 주어진 말씀이 아니라 하나님의 존재론적 속성, 곧 하나님의 사랑과 그로 인한 자기비움의 속성을 알려주는 말씀으로 보는 것이 더 타당하다. 영

원 전부터 성부와 성자와 성령 하나님께서 나누시던 사랑의 페리코레 시스적 환대와 섬김을, 이제는 성육신하신 성자께서 제자들 앞에 무릎을 꿇고서 몸소 시연하신다. 그리고 예수님의 십자가 사건은 그 환대와 섬김의 절정이다.

세족식을 마친 후 요한복음 13:21 이하에서, 예수님은 느닷없이 폭탄선언을 하신다. 곧 자신의 제자 중 하나가 자기를 배신할 것이라고 말씀하신 것이다. "내가 진실로 진실로 너희에게 이르노니 너희 중 하나가 나를 팔리라"(21절). 느닷없이 터진 폭탄 앞에서 제자들은 난리가 났다. 그들은 당혹해하며 어쩔 줄 몰라한다. 그때 수제자격인 베드로가 예수님이 사랑하시던 제자에게 "과연 누가 스승을 배신할지" 알아보라고 넌지시 지시한다. 그러자 예수님의 품 안에 누워 있던 제자가, 예수님께 누가 배신할지 여쭤본다(25절). 그리고 예수님은 가룟 유다가 그 범인이라고 가르쳐준다.

이곳 요한복음 13:21-30에 나오는 말씀을 더 깊이 이해하려면 요한복음 1:1로 되돌아가야 한다. 요한복음 1:1은 이렇게 되어 있다. "태초에 말씀이 계시니라. 이 말씀이 하나님과 함께 계셨으니 이 말씀은 곧 하나님이시니라." 여기서 "말씀"(로고스)은 성자 예수를 가리킨다. 즉 태초에 성부와 성자께서 함께 계셨다. "함께"로 번역된 전치사 "프로스"(πρός)는 "~에게" 혹은 "~를 향하여"라는 의미를 내포한다. 곧 영원 전부터 성부와 성자(그리고 성령)는 마치 연인이 얼굴을 마주하고 사랑의 친교를 나누는 것처럼, 독특한 페리코레시스적 친교 속에서 상호 침투, 내주, 환대의 행위를 반복해오셨다. 이것이 영원의 세계에서 일어나는 삼위일체 하나님의 사랑의 존재방식이다. 그리고 이를 조직신학적으로 표현하면, 그때 삼위일체 하나님께서는 세계의 구원을 위한 영원한 의논을 함께 나누셨을 것이다. 이것은 하나님의 의논과 작정 속에서는 이미 결정되었지만, 세계의 역사 속에서는 아직 펼쳐지지 않았음으로 영원한 비밀(소드, 뮈스테리온) 혹은 계시가 된다. 성자 예수님은 그 신적 비밀 혹은 계시를 알려주러 오신 하나님의 말씀이다.

그런데 요한복음 1:1에서 영원 전에 성부와 성자가 서로 얼굴을 마주보고 사랑의 대화를 나누듯이, 13:21 이하에서는 예수님과 사랑하는 제자가 서로 얼굴을 마주보고 (다른 제자들에게는 알려지지 않은) 비밀을 나누는 것을 볼 수 있다. 나는 이 장면이야말로 교회의 참된 정체성이며, 신자가 누려야 할 기도의 영광이라고 생각한다. 교회란 무엇인가? 삼위일체 하나님과 서로 얼굴을 마주하는 사랑의 친교 속에 하나님이 세속 세계에는 알려주시지 않는 신적 비밀을 배우는 곳이다. 하나님의 백성의 특권과 영광이 여기 있다. 그렇다면 그것이 어떻게 가능한가? 바로 삼위일체 하나님과의 사귐의 기도에 달려 있는 것이다. 우리는 기도를 통해 삼위일체 하나님의 존재 방식에 유비적으로 참여하여, 하나님과의 사랑의 환대와 친교를 맛보는 가운데, 하나님이 주시는 신적 비밀을 배울 수 있다.

04

하나님 아버지께 기도함

내 인생의 첫 번째 자동차는 "엘란트라"였다. 아버지가 타시던 중고차를 1995년에 넘겨받았다. 아버지가 내게 차를 건네주실 때는 67,000킬로미터 정도 운행한 차량이었는데 그 이듬해 군목으로 입대하여 첫해에만 무려 130,000킬로미터 이상을 주행했다. 1년 만에 주행거리가 도합 200,000킬로미터에 육박한 것이다. 그렇게 2년을 타고 나니툭하면 고장이 나서 급기야는 운행 중에 도로 한복판에 멈춰서는 일이 반복되었다. 돈을 들여 기껏 수리를 해도 얼마 못 가 다시 말썽을 피웠다. 전방의 험한 산길이며 들길을 각종 훈련 위문과 정신교육, 지도방문 등으로 정신없이 돌아다니다 보니 어느새 차가 망가져버린 것이다. 그래서 고민 끝에 서울 장안평에 있는 중고차 가게에 10만원을 받기로 하고 팔았다. 그런데 차를 넘기는 날 하필 동부간선도로에서 또다시 차가 멈춰서는 바람에 결국 견인차를 불러 5만원을 주고 나니, 자동차 판매 대금으로 달랑 5만원 남았었다. 내게 첫 차인 엘란트라는 여러 모로 잊을 수 없는 차였다.

사실 엘란트라는 1990년 초중반 한국사회에서 꽤 인기가 높았던 준중형승용차였다. 심지어 중동의 이스라엘에서도 엘란트라를 수입해갔다. 그런데 이스라엘 현지에서는 엘란트라의 이름이 "란트라"로 바뀌어버리고 말았다. 왜 그랬을까? 벌써 눈치챘겠지만, 히브리어로 "엘"(ēl)은 하나님을 뜻하는 이름이기 때문이다. 하나님의 이름을 입에 담는 것을 대표적인 불경죄로 간주하는 이스라엘 사람들 입장에서는 "엘란트라"라는 발음을 사용할 수 없는 것이 당연했다.

구약성경에서 하나님을 가리키는 대표적 명칭은 세 가지다. 첫째,

야웨(YHWH)다. 야웨는 출애굽기 3:14에서 하나님이 모세에게 자신의 이름을 "나는 스스로 있는 자"로 가르쳐주신 데서 비롯되었다. 야웨는 "있다"를 뜻하는 히브리어 동사 "하야"에서 파생된 이름이다. 둘째, 엘로힘(*elōhîm*)이 있다. 그리고 세 번째가 엘(*ēl*)이다. 사실 엘로힘과 엘은 고대 근동 지역에서 보편적으로 사용된 신의 이름이었으나 구약성경에서도 아무런 제한 없이 하나님에 대해 사용되고 있다. 그런데 구약의 역사가 뒤로 갈수록 이스라엘 사람들은 하나님의 이름을 직접 거명하는 것을 부담스러워하기 시작했다. 이스라엘 사람들은 혹시 하나님의 이름을 부르다가 부지불식간에 십계명의 제3계명("네 하나님 야웨의 이름을 망령되게 부르지 말라")을 위반할까 두려워했다. 그래서 그들은 성경을 읽다가 하나님의 이름이 나오면 "나의 주님"이란 뜻의 "아도나이"(*adonay*)로 고쳐 읽거나 또는 아예 발음을 하지 않고 묵음 처리한 채 넘어가기 시작했다. 더 나아가 하나님을 직접 거명하는 대신 하나님에 대한 완곡어법을 개발하여 사용하기 시작했다. 가령 시편에 무수히 나오는 하나님은 나/우리의 "반석", "요새", "성루", "방패", "피난처"이시다 등과 같은 표현이 그것이다. 또한 18가지 축복기도에 나타나듯이 하나님을 "복되신 이", "거룩하신 이", "예루살렘을 세우신 이", "능력 있으신 이", "이스라엘을 구속하신 이", "은혜로우신 이" 등으로 불렀다. 이런 현상은 이스라엘 사람들이 하나님을 경외하는 독특하고 고유한 방식이었다.

이에 반하여, 예수님은 하나님을 단도직입적으로 "아빠"(*abba*)로 불렀다. 이는 가히 혁명적 사건이었다.* 본시 아빠(*abba*)란 아람어는 가정에서 아이가 자기 아버지를 친근하게 부르는 사적인 표현이다. 그것은 중동에서 아이가 가정에서 제일 먼저 배우는 단어다.

구약성경에서 하나님을 아버지라고 부르는 경우는 총 12회 나타난다. 하지만 구약성경에서 하나님을 아버지로 부를 때는 항상 칭호가 아닌 직유나 은유의 방식으로 사용된다. 예컨대 "당신은 우리를 아버지처럼 보살펴주십니다"(직유)나 "당신은 우리 아버지십니다"(은유)와 같은 방식으로 사용된다.** 구약성경에서 하나님을 칭호로 부른 경우는 단 한 번도 없다. 한편, 제2성전기 문헌 가운데서는 대여섯 번 정도 하나님을 칭호로 부르는 경우가 등장한다(가령, 솔로몬의 지혜 14:3). 하지만 이 역시 일상적인 용례는 아니다.

그러나 예수님의 경우는 완전히 다르다. 예수님은 곧잘 하나님을 자신의 개인적 아버지로 부르길 주저하지 않았다. 대표적으로 주기도문의 첫 구절이 그렇고(마 6:9), 또 겟세마네 동산에서 드린 간절한 기도에서도 그 증거를 찾아볼 수 있다(마 26:39). 예수님이 하나님을 아버지로 부른 것의 독특함을 잘 인식한 바울은 자신의 서신에서 아람어 아빠(*abba*) 형태를 고스란히 보존한다(롬 8:15-16; 갈 4:6).

반면, 이슬람교에서는 하나님을 호칭할 때 어떤 인간적 모델을 사

---

* 신약신학자들은 역사적 예수가 하신 말씀의 진정성을 판별하기 위한 방편으로 여러 가지 기준을 사용한다. 가령 "다중 증거", "다중 양식", "아람어적 언어 현상", "비유사성", "당혹성", "편집경향과 모순되는 현상", "종말론적 성향의 말씀", "비유와 시" 등이 그것이다. 예수가 하나님을 아빠라고 부른 것은 "비유사성"의 원리, 즉 당대 유대교에서 찾아보기 어려운 현상에 해당한다.

** 케네스 E. 베일리,『중동의 눈으로 본 예수』(박규태 역, 새물결플러스), 155.

용해서는 안 된다는 철칙이 있다. 이슬람교의 시각에서 볼 때 인간 모델을 사용하여 하나님의 이름을 부르는 것은 일종의 우상숭배다. 하나님은 하나님이시지, 사람의 말로 묘사되어서는 안 되는 분이시다. 그래서 하나님은 형용사를 사용해서 부를 수는 있지만(가령 자비로우시고 전능하시고 전지하신 분), 은유를 사용해서 부를 수는 없다. 이슬람교에서는 하나님께 99개의 유명한 이름을 붙이는데 그중 최소한 96개가 형용사다.*

그렇지만 예수님은 분명 하나님을 아빠라는 호칭으로 부르셨다. 여기에는 예수님이 하나님에 대해 가졌던 존경심과 함께 두 분 사이에 존재하는 깊고 친밀한 관계성이 여과 없이 잘 드러난다. 하나님은 예수님의 개인적 아버지시며, 그리고 예수님은 하나님의 독특한 종류의 아들이시다. 예수님이 세례 요한에게 세례를 받고 물에서 나오셨을 때 하늘에서 들려온 첫마디가 "이는 내 사랑하는 아들이다"였다. 성경에서 하나님의 아들 됨에는 크게 세 종류의 존재가 있다. 첫째는 천사들이다. 둘째는 하나님의 백성으로서 이스라엘이다. 셋째는 예수님이다. 이들 모두 성경에서 하나님의 아들로 불린다. 그런데 예수님은 천사나 이스라엘과는 확연히 구분되는, 유일하고 독특한 의미에서 하나님의 아들이시다. 곧 유일무이한 하나님의 아들로서 예수님은 하나님을 자신의 아버지로 부르신 것이다.

예수님이 하나님의 아들이시라는 것에는 다음과 같은 내용이 담

---

* 위의 책, 157.

겨 있다. 첫째, 예수님이 하나님을 "계시"하시는 분이시라는 뜻이 담겨 있다. 앞에서 말한 것처럼 계시가 발생하려면, 계시되는 존재와 계시하는 존재가 100% 일치해야 한다. 그런 면에서 영원 전부터 성부 하나님과 페리코레시스적 사랑의 관계 속에 있는 성자 예수님이야말로 하나님과 동일본질이시기 때문에, 즉 하나님과 100% 똑같은 분이시기 때문에 하나님을 우리에게 계시하실 수 있다. 여기서 계시란 비밀의 커튼 뒤에 숨어 계신 하나님이 외부로 드러남, 그래서 하나님을 알게 됨을 뜻한다. 하나님을 아는 것, 즉 하나님과 인격적 관계를 맺는 것이 구원의 첩경이다. 이렇듯 하나님과 100% 똑같으신, 유일하고 독특한 하나님의 아들이신 예수님은 우리에게 하나님을 계시하셔서 하나님을 알게 함으로써 하나님과의 연합을 통해 하나님의 구원을 선물로 가져다주시는 분이시다.

둘째, 하나님의 구원의 "상속자"라는 의미가 담겨 있다. 고대 세계에서 아들은(더욱이 유일한 아들은) 아버지의 재산을 상속받을 정당한 자격을 갖고 있었다. 마찬가지로 하나님의 독특한 종류의 유일한 아들이신 예수님은 하나님이 주시는 구원의 모든 선물을 상속받아 우리에게 나눠주시는 분이시다.

셋째, "성전"을 건축하는 자라는 의미가 담겨 있다. 구약성경 사무엘하 7:12-16에 보면 하나님께서 예언자 나단을 보내 다윗에게 그의 후손이 하나님을 위하여 성전을 짓게 될 것이라고 말하는 장면이 나온다. 다윗의 후손이 성전을 건축하게 되면 하나님께서 그의 아버지가 되시고 그는 하나님의 아들이 될 것이다(삼하 7:13-14). 이 예언은 일차적으로는 다윗의 아들 솔로몬에게서(제1성전), 그리고 바빌론 포로기 이후에는 스룹바벨에게서 성취되었으나(제2성전), 최종적으로는 다윗의 참된 후손이신 예수님에게서 성취가 된다. 참된 성전으로서 세상에 오신 예수님은 스스로 제사장이 되어 십자가에서 자신을 제물로 바쳐 인류의 죄를 대속하는 성전의 기능을 궁극적으로 성취하실 뿐더러, 부활 및 승천하시어 성령을 교회에 파송하심으로써 하나님의 백성을 살아 있는 성전으로 건축하시는 일을 수행하신다. 이것이 예수님을 가리켜 하나님의 아들이라고 부르는 것에 담긴 신학적 의미들이다. 따라서 예수님이 하나님을 자신의 "아빠"로 고백한 일은 자신의 인격과 사역 안에서 출범한 하나님 나라 사역을 통해 하나님의 구원을 이 세상에 가져올 존재로서 자신의 정체성과 사명을 인식하셨다는 것을 의미한다.

더 나아가 예수님은 스스로 하나님을 아빠로 고백할 뿐만 아니라, 우리에게도 하나님을 아빠라고 부르도록 가르쳐주셨다. 그래서 예수님은 주기도문 첫마디에서 우리에게 하나님을 "하늘에 계신 아빠"라고 부르도록 하셨다. 우리는 전에는 하나님을 아빠라고 부를 수 없던 존재였다. 마치 허균이 쓴 『홍길동전』에 나오는 길동이처럼, 아버지가 있어도 아버지라고 부를 수 없는 서자와 같은 존재였던 것이다. 그러나 이제는 예수님 덕분에 하나님을 아빠라고 부를 수 있게 되었다. 하나님의 친자녀가 된 것이다. 우리가 하나님을 아빠라고 부름으로써 하나님의 자녀가 된다는 것은 하나님과 "언약관계"를 맺음을 뜻한다. 곧 하나님이 우리의 하나님이 되시고, 우리는 하나님의 자녀 혹은 백성이 되는 것이다. 이 언약관계를 통해서 하나님은 우리의 아빠로서 우리의 복지와 안전을 위해 최선을 다하실 의무를 짊어지시는 것이고, 우리는 하나님의 자녀 혹은 백성으로서 아빠 되신 하나님께 순종하고 그분을 영원토록 즐거워할 책무를 부여받게 된다. 이렇듯 우리는 하나님과 맺은 새로운 언약관계를 통해 아빠 되신 하나님의 모든 부요함과 충만함을 상속받게 된다.

한편, 어떤 사람들은 성경이 하나님을 아버지라고 부르는 데서 남성위주 혹은 가부장적인 인상을 받는 것 때문에 불편함을 느낀다. 물론 하나님을 아버지라고 부른다고 해서 하나님이 진짜로 남성인 것은 결코 아니다. 하나님은 남성도 여성도 중성도 아닌, 인간의 성(性)을 초월하는 분이신 동시에 모든 성을 껴안으시는 존재시다. 그럼에도 성경이 하나님을 굳이 아버지(혹은 왕, 목자)로 묘사하는 것은, 성경이 기록되던 고대의 인간 인식 및 문화적 한계를 인정하여 계시가 별 무리 없이 문화 속에 착근되도록 하기 위함이다. 이를 가리켜 하나님이 일종의 "문화적 양보"를 하셨다고 말할 수 있다.

동시에 성경은 하나님을 여성적인 정서와 기능을 가진 분으로 묘사하는 것을 주저하지 않는다. 구약성경은 하나님을 자녀를 출산하고 양육하고 위로하는 어머니로 묘사하며(사 49:15; 66:12-13), 예수님은 자신이 새끼를 모으는 암탉같이 하나님의 백성을 모으기를 간절히 바란다고 말씀하셨다(마 23:37). 또한 예수님은 스스로를 잃어버린 주화를 찾은 여인에 비유했고(눅 15:8-10), 성령의 사역을 가리켜 아이를 출산하는 어머니의 노고와 같다고 말씀하셨다(요 3:5-6). 따라서 우리는 삼위일체 하나님께서 아버지 같은 어머니 또는 어머니 같은 아버지로서 우리와 관계를 맺으신다고 말할 수 있을 것이다. 이에 대해서는 노리치의 율리아나가 쓴 『하나님의 사랑의 계시』(이 책은 노리치의 율리아나[약 1342-1416]가 1373년 5월에 체험한 16가지 환상을 기록한 책이다)에 나오는 다음의 말이 가장 적절할 듯하다.

> 내가 보니 하나님께서는 우리의 아버지 되심을 기뻐하셨습니다. 또 우리의 어머니 되심을 기뻐하셨습니다. 또한 주님은 우리의 참 남편이 되셔서 우리의 영혼을 사랑하는 신부로 맞으심을 기뻐하셨습니다.…주님은 근원이시고 실체이시며, 본래 존재하는 것 그 자체이십니다. 주님은 본래 존재하는 것들의 참 아버지이며 어머니이십니다.[*]

오래전 어느 책에서 읽었던 이야기 한 토막이 생각난다. 한 아이가 무거운 짐을 옮기기 위해 안간힘을 쓰고 있었다. 하지만 짐이 너무 크고 무거워 연약한 아이의 힘으로는 도저히 역부족이었다. 그 옆에서 아이의 아빠가 아무 말 없이 물끄러미 그 장면을 지켜보고 있었다. 아이가 식은땀을 뻘뻘 흘리면서도 좀처럼 짐을 못 옮기는 것을 바라보던 아빠가 이윽고 한마디 꺼냈다.

"얘야, 너 지금 최선을 다하고 있는 거니?"

아이는 그렇다고 답했다.

---

[*]　알리스터 맥그래스, 『신학이란 무엇인가』(김기철 역, 복있는사람), 473에서 재인용.

그러자 아빠가 아이의 얼굴을 사랑스러운 눈빛으로 바라보며 이렇게 말했다.

"사랑하는 나의 아이야, 너는 지금 최선을 다하고 있지 않단다. 왜 너는 아빠에게 그 짐을 옆으로 옮겨달라고 부탁하지 않는 거니?"

그렇다. 그 아이가 할 수 있는 최선이란 다름 아닌 자신의 아빠에게 도움을 요청하는 것이어야만 했던 것이다. 곧 자녀의 최선은 부모에게 부탁하는 것이다.

이처럼 기도란 피조물인 우리가 창조주이시자 우리의 어머니 같은 아버지, 아버지 같은 어머니이신 하나님으로부터 무한한 지혜와 능력을 마음껏 빌려다 쓸 수 있는 권리를 부여받은 것을 의미한다.

끝으로 100주년기념교회를 담임하는 이재철 목사님의 『사도행전 속으로 1』에 나오는 일화 하나를 소개하고 이 장을 마치려 한다.

최근에 한 주부로부터 감동적인 간증을 들었습니다. 그녀의 시댁은 소문난 기독교 가문이었습니다. 시부모가 아들을 위해 하나님께 독실한 신앙의 며느리를 주실 것을 줄곧 기도했음은 물론입니다. 그러나 아들이 그녀와 결혼하겠다며 시부모에게 소개할 때, 그녀는 교회의 문턱을 넘어본 적도 없는 불신자였습니다. 하필이면 믿지 않는 여자를 배우자로 선택한 아들에 대해 시부모의 실망은 이루 말할 수 없었습니다. 그러나 시부모는 이내 마음을 추스르고 그녀에게 말했습니다.

"믿지 않는 너를 내 아들이 배우자로 선택한 것은 천만 뜻밖의 일이구나. 믿지 않는 며느리가 들어온다는 것이 우리 가문에 얼마나 실망스러운 일인지

너는 아직 모를 거다. 하지만 내 아들이 믿음으로 너를 선택한 이상, 네가 우리 기도의 응답임을 믿는다. 부디 우리와 더불어 좋은 신앙인이 되었으면 좋겠구나."

결혼 후 시댁에서 신혼살림을 시작했습니다. 그러나 주일이 되어도 교회에 가지 않고 집에서 쉬는 며느리를 시부모는 한 번도 꾸짖지 않았고, 교회에 가자고 다그치지도 않았습니다. 언제나 그녀를 친딸처럼 사랑으로 따뜻하게 대해주었습니다. 그러다 보니 며느리는 시부모에게 미안한 마음이 들었습니다. 어느 날 외출했다가 귀가하는 길에 보니, 마침 동네 교회에 특별 새벽기도회를 알리는 현수막이 걸려 있었습니다. 그녀는 이튿날 새벽에 자발적으로 그 새벽기도회에 참석하였습니다. 예배당으로 들어서는 순간, 하나님의 음성이 그녀를 사로잡았습니다.

"얘야, 왜 이제야 오니?"

자신을 기다리고 계시는 하나님의 음성에 그녀는 뜨거운 눈물을 흘렸고, 그 순간부터 그리스도인이 되었습니다. 그리고 자신을 끝까지 믿어준 시부모의 사랑에 신앙의 자부(子婦)가 되는 것으로 보답하였습니다.*

혹시 지금 이 순간에도 하늘 아버지께서 당신이 기도의 자리로 나아오길 간절히 기다리고 계시지는 않을까?

---

*   이재철, 『사도행전 속으로 1』(홍성사), 134-135.

05

하나님의 명예

한없이 크신 능력을
나 찬송합니다.
참되고 미쁘신 그 언약
나 찬송합니다.
영원한 놋쇠에 새겨진
그 굳센 언약은 빛나니
어둠의 권세까지도
그 힘을 잃으리.

온 천지 창조하시던
그 말씀 힘 있어
영원히 변치 않는 줄
나 믿사옵니다.

아이작 왓츠

지금부터 16년 전에 함께 신앙생활을 하던 집사님께 들은 이야기다. 재수하는 딸을 둔 집사님이 아이가 열심히 공부를 안 하자 하도 속상하고 답답해서 이렇게 푸념했다고 한다.

"내가 너를 위해서 새벽마다 정말 '간절히' 기도한단다. 너, 간절히 기도한다는 게 무슨 말인지 아니? '간이 저리도록 기도한다는 뜻'이야. 그럼 너도 엄마를 생각해서 열심히 공부해야 할 것 아니니?"

나는 그 말을 듣고 순진하게도 "간절히"가 진짜 간이 저리도록이란 뜻인 줄 알았다. 하지만 사전을 찾아보니 그건 아니었다.

어쨌거나 우리는 그냥 기도하는 것보다는 간절히 기도하는 것이 기도응답의 효과가 더욱 클 것이라고 믿는 경향이 강하다. 오죽하면 "지성이면 감천"이란 말까지 있을까. 실제로 성경도 그냥 기도하는 것보다는 더욱 뜨겁게 열심히 기도하라는 가르침을 준다. 예컨대 빌립보서 4:6에는 이런 말씀이 있다. "아무것도 염려하지 말고 다만 모든 일에 기도와 간구로, 너희 구할 것을 감사함으로 하나님께 아뢰라." 여기서 "기도"(프로슈케), "간구"(데에시스), "아뢰다"(아이테마타)로 각기 번역된 그리스어는 기도의 강도를 점점 더 높여가는 것을 의미한다. 어떤 일 앞에서 기도의 응답이 없으면, 그렇다고 해서 지레 포기하지 말고 오히려 더욱 간곡하게 기도하라는 것이다.

하지만 분명히 알아야 할 것이 있다. 기도응답의 비결은 우리 자신의 노력이나 성실함에 달린 것이 아니라 근본적으로 하나님의 자비로우시고 신실하신 성품에 뿌리를 두고 있다는 사실이다. 만일 기도응답의 비결이나 효력이 인간의 노력과 집중력에 달린 문제라면 최소한 두 가지 문제가 발생한다. 첫째, 기도응답이 인간의 자랑거리 혹은 간증거리가 된다. 실제로 우리는 주변에서 이런 이야기를 얼마나 자주, 또 많이 듣고 사는지 모른다. 무슨 어려움이 있었는데 열심히 새벽기도 했더니, 철야기도 했더니, 금식했더니, 심지어 산기도를 했더니, 혹은 용한 기도원 원장을 찾아갔더니 해결되었다는 식의 간증 말이다. 이것은 인간 본성 안에 깊숙이 자리하고 있는 행위구원의 또 다른 모습에 불과하다. 우리는 어떤 식으로든 우리 자신을 뽐내고 싶어 한다. 그리고 이런 자랑거리가 많은 사람일수록 공동체 안에서 영적인 헤게모니를 취득할 가능성이 높아진다. 둘째, 사실상 기도를 끈질기게 집중해서 할 수 있느냐 없느냐의 문제는 믿음의 문제라기보다 기질의 문제일 때가 더 많다. 어떤 이는 타고난 성향이나 기질 자체가 끈질기다. 반대로 우유부단하고 쉽게 지치는 사람도 있다. 이런 선천적인 기질은 신앙생활에도 큰 영향을 미치며 자연히 기도생활에도 영향을 끼친다. 간절히 오랫동안 기도할 수 있는 사람이 있는가 하면, 그렇지 못한 사람도 있다. 당연히 어떤 문제 앞에서 전자의 기질을 가진 사람이 좋은 결과를 낼 가능성이 높다. 하지만 어떤 경우가 되었든, 여기서의 문제는 기도응답에 있어 하나님의 자리가 없다는 것이다. 곧 기도응답이 하나님께 달린 문제가 아니라 인간의 노력이나 성실함, 혹은 인간의 불성실함이나 나태함에 기인한다. 이것은 기독교적 사고가 아니라 이교적 사유의 한 모습일 뿐이다.

이런 이교적 사유는 누가복음 11:5-13에 나온 말씀을 오독하는데서도 비롯된다. 중동의 어느 마을에 오밤중에 갑자기 손님이 찾아왔다. 집집마다 이미 불이 꺼졌고 사람들은 잠자리에 든 지 오래다. 한참 꿈나라를 신나게 여행하고 있는데 느닷없이 불청객이 나타나 문을 두들기며 현실의 세계로 소환한다. 누구든 곤하게 자고 있는데 깨우면 기분이 좋을 리가 없다. 그러나 어쨌든 오랜만에 친구가 찾아왔다. 행색을 보니 먼 여행에 지친 기색이 역력하다. 물어보니 식사도 못했다고 한다. 하필이면 그날따라 집에 음식이 떨어졌다. 속으로는 마뜩잖았지만 그래도 옷을 주섬주섬 챙겨 입고 일어나 이웃집에 가서 빵을 달라고 부탁한다. 하지만 이웃집 사람은 좀처럼 얼른 일어날 기미가 보이지 않는다. 할 수 없이 더욱 거세게 문을 두드리며, 손님이 왔으니 저녁에 먹고 남은 빵을 조금 나눠달라고 간절히 부탁한다. 이웃집 사람도 못마땅하기는 매한가지다. 아니, 교양과 상식이 있는 사람들이라면, 지금 이 시각에 남의 집 문을 두들겨 잠을 깨우는 것이 가당키나 한 일인가! 그래도 옆집 아저씨가 하도 간절히 사정을 해대니, 들리지 않게끔 작은 목소리로 투덜거리면서 일어나 부엌으로 걸어가 저녁에 먹고 남은 빵을 찾아 건네준다. 이처럼 간절한 기도는 상대의 마음을 움직이는 힘을 갖고 있다. 마찬가지로 우리가 간절히 기도하기만 하면 하나님께서도 못내 들어주실 수밖에 없다. 숨넘어가듯 드리는 간절한 기도는 하나님의 마음을 바꾸는 힘이 있다. 혹은 간절한 기도는 잠자는 하나님조차도 깨울 수 있다. 구하는 것을 얻고 싶은가? 그러면 애절하게 구하라. 찾고 싶은가? 그러면 눈에 불을 켜고 찾으라. 문을 열고 싶은가? 그러면 힘껏 두들기라. 중간에 절대 포기하지 말고 기도가 응답될 때까지 말이다. 이것이 우리가 본문에 대해 갖고 있는 일반적 생각이다.

하지만 누가복음 11:5-13은 그런 이야기를 하려는 것이 아니다. 한밤중에 예고 없이 나타나 음식을 요구한 사람이, 그 음식을 얻을 수 있었던 것은 염치를 무릅쓰고 간절히 구했기 때문이 아니다. 이것은 인간의 애절함이나 불굴의 정신과 관련한 말씀이 아니라, 중동 지역 특유의 수치와 명예의 문화에 관한 이야기다. 중동의 시골문화에서 한밤중에 여행을 하는 것은 흔치 않은 일이었음에 분명하다. 그러나 어쨌든 그 일은 실제로 일어났다. 그리고 한밤중에 찾아온 손님에게 해야 할 첫 번째 의무는 신선하고 따뜻한 음식을 대접하는 것이었다. 만일 찾아온 손님에게 좋은 음식을 대접하지 못한다면 그것은 손님을 맞은 사람의 명예가 땅바닥으로 실추되는 것을 의미한다. 그것은 아주 수치스러운 일이다. 적어도 중동 지역의 사람들에게는 그렇다. 더군다나 중동의 마을은 주로 씨족 중심 사회였기 때문에, 그 마을에 속한 누군가가 손님을 제대로 접대하지 못해 수치를 당했다는 것은 그 마을 전체의 명예가 걸린 문제였다. 바로 이런 문화적 배경 위에서 우리는 본문을 제대로 이해할 수 있다. 한밤중에 찾아온 손님을 위해 그토록 신속하고 성실하게 음식을 장만하는 이유는, 그것이 다름 아닌 마을 전체의 명예가 달린 문제였기 때문이다. 누가복음 11:8은 이렇게 말한다.

내가 너희에게 말하노니, 비록 그가 벗됨으로 인하여서는 일어나서 주지 아니할지라도 "그" "간청함"을 인하여 일어나 그 요구대로 주리라.

여기서 두 가지가 관건이 된다. 첫째, 11:8에서 말하는 "그"는 누구인가? 전통적으로 이곳의 "그"는 한밤중에 찾아온 여행객을 맞은 최초의 마을 사람이라고 생각되었다. 이 경우 그 마을 사람은 자신을 찾아온 손님을 위하여 이웃집을 찾아가 간곡하게 음식을 부탁한 것이 된다. 그러나 현대의 해석자들은 이곳의 "그"가 이웃집 사람의 부탁을 받고 잠자리에서 일어나 자신의 집에 있는 빵을 나눠준 (두 번째) 마을 사람이라고 간주한다.

둘째, "간청함"으로 번역된 그리스어 "아나이데이아"(*anaideia*)의 뜻은 무엇인가? 전통적으로 이 단어의 뜻은 "끈질긴" 혹은 "용기 있는" 등으로 이해되었다. 이것이야말로 빵을 구하기 위해 이웃집 문을 두들긴 사람이 가지고 있는 위대한 덕목이었다. 그는 용기를 내어 이웃집을 찾아가 끈질기게 빵을 구했고 그 결과 한밤중에 찾아온 손님에게 줄 수 있는 빵을 구했다. 그러나 현대의 해석자들은 이 단어의 뜻을 달리 이해한다. 그리스어 "아나이데이아"(*anaideia*)는 부정하다, 무효로 하다란 뜻을 가진 접두어 "안"(*an*)과 "수치"를 의미하는 "아이데이아"(*aideia*) 혹은 형용사 형태인 "아이도스"(*aidos*)가 합쳐진 것이다. 따라서 "안-아이데이아" 곧 "아나이데이아"는 "수치가 없는" 또는 "수치를 당하지 않는"의 의미를 지닌다. 바꿔 말하면, "명예로운"이란 뜻이다.

중동 문화에서 사람들이 가장 두려워하는 것 중 하나가 수치를 당하는 것이다. 중동 사람들은 수치를 당하는 것을 죽음보다 더 못 견뎌한다. 그들은 자신이 명예로운 사람으로 알려지길 원한다. 한밤중에 찾아온 손님을 위해 이웃집 사람이 찾아와 빵을 요구하는데 이를 거절하는 것은 명예롭지 못한 일이다. 그것은 본인뿐 아니라 마을 전체에 수치가 되는 일이었다. 그래서 잠자리에 들었던 이웃집 사람은 자신과 마을의 명예를 지키기 위해 곤하게 누워 있던 자리에서 일어나 빵을 구하러 온 사람의 요구를 기꺼이 들어준다. 그는 명예로운 사람이었던 것이다. 먼 여행길에 찾아온 친구를 위하여 빵을 구하러 온 사람이 비록 한밤중이었음에도 불구하고 그 빵을 구할 수 있었던 것은 그가 취한 행동의 절실함이나 그와 이웃 사이의 개인적 친소관계 때문이 아니라, 빵을 건네준 사람의 명예로운 인격 곧 신실한 성품 때문이다.

개인적으로 나는 이런 중동의 환대 문화를 몸소 체험한 일이 있다. 2012년 11월이었다. 당시 중동 지역에 시리아 내전이 발발하여 수많은 사람들이 목숨을 구하고자 결사적으로 시리아를 탈출하던 때였다. 인접 국가인 요르단의 경우 약 5백만의 난민이 밀물처럼 몰려와 국경 근처에 캠프를 조성하고 난민을 관리하고 있었다. 그때 성령께서 내 지인 목사에게 요르단에 있는 시리아 난민들을 찾아가 난로를 전달해주라는 마음을 강하게 부어주셨고 그는 그 사실을 내게 전했다. 그래서 우리는 40개 정도의 난로를 (현지에서) 구매할 수 있는 돈을 마련하여 12월 1일 요르단에 갔다. 그리고 미리 연락을 취해놓았던 사람들의 도움을 받아 시리아 난민들이 임시로 묵고 있는 숙소를 방문하여 그들과 환담을 나누며 난로를 전달하는 일을 약 10일간 계속했다. 조국과 집을 잃고 타지에 와서 간신히 살아가는 시리아인들의 생활은 열악하기 그지없었다. 그들은 유엔에서 제공하는, 한 달 기준으로 1인당 (우리 돈으로) 3만원가량의 액수에 해당하는 쿠폰을 받아 최저 수준의 생계를 간신히 유지하고 있었다. 그런데 우리 일행이 시리아인들의 숙소를 방문할 때마다 깜짝깜짝 놀란 일이 있었다. 그것은 어느 숙소를 가든, 그들은 자신들이 할 수 있는 최선의 성의를 다하여 우리 일행을 지극정성으로 대접해주었다는 것이다. 심지어 난민 신분인 자신들은 좀처럼 먹을 수 없는 음식을 바리바리 준비하여 우리 일행을 접대했다. 난민들에게 이런 대접을 받아도 되는가 싶을 정도의 과분한 환대였다. 어느 집을 가든 사전에 깨끗이 청소가 되어 있었고, 일가친지 전체가 모여 손님을 환대했으며, 어린아이들은 어른들이 나누는 이야기를 무릎 꿇고 옆에서 조용히 듣는 것이 보편적인 풍경이었다. 그때 나는 속으로 "와우, 이것이 중동의 환대 문화라는 것이구나"라고 몇 번이나 탄성을 질렀다. 그들은 비록 난민 신분이었지만, 자신들 가문과 조국의 명예를 지키기 위해서 그런 과감한 환대를 베푸는 것을 주저하지 않았던 것이다.*

아무튼 본문을 이런 시각으로 볼 때 우리는 하나님과 맺는 기도의 관계에 대한 이해가 근본적으로 달라질 수밖에 없다. 우리가 하나님께 기도를 드려서 응답받으리라고 확신할 수 있는 이유는, 그 기도를 드리는 우리가 어떤 종류의 사람이냐에 달린 문제가 아니라, 우리의

---

* 당시 난로를 선물받았던 시리아인들 가운데 한 가정이 예수를 영접하고 1년 후 시리아로 돌아가 가정교회를 세웠다. 하나님의 역사는 항상 신비롭다.

기도를 받으시는 하나님이 어떤 분이시냐에 달린 문제인 것이다. 즉 기도응답의 비결은 우리의 열심, 노력, 끈질김에 달린 문제가 아니라, 선하시고 자비로우신 하나님 아버지의 신실한 성품에 기초한다.

시편 23편은 이 사실을 잘 보여준다. 시편을 감칠맛 나는 우리말로 매끄럽게 잘 번역하기로 유명한 고(故) 최민순 신부는 시편 23편을 이렇게 번역했다.

야웨는 나의 목자

아쉬운 것 없노라.

파아란 풀밭에 이 몸 누여주시고

고이 쉬라 물터로 나를 이끌어주시니

내 영혼 싱싱하게 생기 돋아라.

주께서 당신 이름 그 영광을 위하여

곧은 살 지름길로 날 인도하셨어라

이 시의 내용처럼 하나님께서는 자기의 영예로운 이름을 위하여 당신의 백성들을 의의 길로 인도하시는 분이시다. 성경이 기록되던 시대에 이름은 단순한 상징이나 기호가 아니라 존재 자체, 실재 자체, 그 존재가 갖고 있는 영광의 총합을 의미했다. 따라서 하나님의 이름은 하나님 그 자체인 것이다. 곧 하나님의 이름은 하나님의 영광 혹은 명예와 직결된다. 왜 하나님이 자기 백성을 올바르고 안전한 길로 인도하시는가? 그것은 하나님의 명예 혹은 평판과 직결되는 문제이기 때문이다. 양 떼를 제대로 돌보지 못하는 목자는 무능과 불성실의 상징이 되듯이, 하나님이 당신의 백성의 안전과 복지를 돌보지 못하신다는 것은 무능하고 악한 신이라는 이야기에 다름 아니다. 따라서 하나님은 자기 영광 혹은 자기 명예를 지키기 위해서라도 당신의 백성들의 안위를 책임지신다. 마찬가지로, 하나님이 우리의 기도에 응답을 못하신다면 그것은 하나님의 명예와 평판에 지대한 손상을 끼칠 수밖에 없다. 반대로, 하나님이 우리의 기도에 응답하시는 것은, 아니 꼭 응답하셔야만 하는 것은 우리의 정성과 노력 때문이 아니라 그것이 하나님의 명예와 직결된 문제이기 때문이다. 우리는 기도할 때 이 차이를 분명히 인식해야 한다. 이 사실을 인지하는 것이 우리의 기도에 미치는 영향은 실로 중대하다.

예컨대 구약성경 열왕기상 18장에는 유명한 갈멜산 대첩 장면이 나온다. 하나님의 사람 엘리야와 바알 종교의 사제 450명이 갈멜산에 운집하여, 자신들이 섬기는 신 중 어떤 신이 진짜인지를 놓고 기상천외한 대결을 펼치는 이야기다. 곧 제단에 놓인 송아지를 하늘에서 불을 내려 태우는 신이 진짜다. 오므리 왕조의 아합이 통치하던 시절, 북이스라엘은 고대 근동 지역을 장악했던 바알 종교가 범람하고 있었다. 바알은 "주인" 혹은 "소유자"란 뜻으로, 폭풍과 바람의 신을 상징했다. 바알이 폭풍과 바람의 신이라는 뜻은 중동 지역에서 생식과 번성, 다산과 풍요를 관장하는 "주인 신"이라는 뜻이다. 이 지역에 살던 사람들은 막연히 하늘만 바라보며 비가 내리고 바람이 불어 농사가 잘 되기를 소원하고 있을 수만은 없어, 아예 그걸 주술적으로 통제하기 위해 이와 같은 신을 창안해낸 것이다.

열왕기상 18장에 보면, 엘리야와 대결을 펼치는 바알 사제들이 하늘에서 불이 내리도록 유도하기 위해 펼치는 각종 신공이 모두 소개된다. 그들은 처음에는 아침부터 낮까지 바알의 이름을 단순히 부르기만 했다. 그래도 불꽃이 점화될 기미조차 안 보이자 제단 주위에서 마구 뛰어놀기 시작한다. 이를 지켜보던 엘리야가 "너희 신이 잠에 빠졌는가보다"라고 조롱하자, 이번에는 큰 소리로 목청을 돋우더니 급기야는 칼과 창으로 자기 몸을 자해하기 시작했다. 종국에는 미친 듯이 떠들었지만 그러나 마지막 순간까지 하늘에서 불은 내려오지 않았다.

이윽고 엘리야 차례가 되었다. 그런데 그는 상식 밖의 행동을 한다. 그는 이스라엘 열두 지파의 수를 따라 돌 열두 개를 취하여 제단을 쌓고 그 주변으로 도랑을 판 다음 송아지의 각을 떠서 제단에 올린 후 무려 세 번에 걸쳐 물을 듬뿍 부으라고 명령했다. 과연 불이 내려올지 장담할 수 없는 상황에서 아예 제물을 물로 흠뻑 적셔버린 것이다. 어지간한 믿음이 없으면 저지르기 어려운 행동이었다. 그런 다음 엘리야는 이렇게 기도했다.

아브라함과 이삭과 이스라엘의 하나님 여호와여, 주께서 이스라엘 중에서 하나님이신 것과 내가 주의 종인 것과 내가 주의 말씀대로 이 모든 일을 행하는 것을 오늘 알게 하소서. 여호와여, 내게 응답하소서. 이 백성에게 주 여호와는 하나님이신 것과 주는 그들의 마음을 돌이키심을 알게 하옵소서.

엘리야의 기도는 간단하고 단순했다. 그는 바알의 사제들처럼 요란한 퍼포먼스를 동반하면서 시끄럽고 장황하게 기도하지 않았다. 그는 단지 "하나님께서 하나님이심을 보여주옵소서"라고 기도했을 뿐이다. 예수님이 따끔하게 일갈하신 것처럼 바알의 사제들은 중언부언했지만, 엘리야는 "아버지여, 이름이 거룩히 여김을 받으시고, 주님의 나라가 이곳에 임하시고, 주님의 뜻이 이루어지길 원합니다"라고 기도했다. 그러자 하늘에서 진짜로 불이 내려와 제단의 송아지를 불살랐다. 이것이 하나님의 백성의 참된 기도의 모습이다.

기도할 때 진정으로 중요한 것은 우리의 열심이나 태도 이전에, 우리가 하나님에 대해서 얼마나 바른 지식을 갖고 있으며, 그 지식에 근거하여 하나님을 얼마나 신실하게 신뢰하고 있느냐다. 우리는 단순히 크고 유창하고 길게 기도하는 것이 아니라, 먼저 우리가 기도하는 대상인 하나님께서 어떤 분이신지를 정확하게 알고 기도해야 한다. 우리가 기도하는 분은, 달리 말해 우리의 기도를 들으시는 분은 자신의 명예를 소중히 여기실 줄 아는 분이다. 그분은 자신이 우리의 기도에 신실하게 응답하지 않으면 자신이 수치를 당할 수 있다는 사실을 누구보다 잘 인지하고 계신다. 그래서 어떻게든 우리의 기도에 가장 올바른 방식으로 반응하신다. 우리는 그 신실하신 하나님께, 신실한 믿음과 태도로 나아가기만 하면 된다. 열심은 그다음 문제다.

● ○

2000년 6월 어느 날 평소 가깝게 알고 지내던 J 집사님에게서 전화가 왔다. 그는 문민정부(김영삼 정부) 시절 청와대에서 그리고 국민의 정부(김대중 정부)에서는 기획예산위원회에서 근무한, 행정학박사 출신의 젊고 유망한 행정관료였다. 나는 J 집사님과 1994년에 내가 교육목사로 사역하던 교회에서 처음 만난 이후로 긴밀한 교제를 이어오던 참이었다. 당시 그에게는 일곱 살 된 외동딸이 있었다. 그는 내가 전화를 받자마자 약간 흥분한 목소리로 "목사님, 저희 둘째 생겼어요"라고 말했다. 사실 그가 내게 전화를 한 진짜 이유는 다른 데 있었다. 그는 둘째가 생긴 기쁜 소식을 전해줄 요량도 있었지만 또 한편으로 과연 둘째가 아들인지 혹은 딸인지를 은근히 알고 싶었던 것이다. 나는 J 집사의 말이 끝나기 무섭게 "딸이네요, 하나님이 아주 좋은 딸이라고 말씀하셔요"라고 받았다. 그러자 수화기 너머로 약간 실망한 듯한 J 집사의 목소리가 들려왔다.

"목사님, 그런가요? 저희 부부가 4년 동안이나 둘째는 아들을 달라고 작정기도를 했습니다.…"

나는 그의 말이 끝나길 기다렸다가 다시 이렇게 말해주었다.

"네, 집사님 심정은 잘 이해가 됩니다만, 하나님이 딸이라니 어쩌겠습니까. 그런데 하나님께서 이번에 주신 아이가 정말 좋은 딸이니 감사하라고 하십니다. 그리고 셋째는 꼭 아들 주신다고 하니, 너무 실망하지 마시랍니다."

아무튼 그날의 대화는 그렇게 끝났다. 훗날 안 사실이지만, J 집사의 부인인 S집사는 그다음 날부터 다시 새벽기도를 다니면서 "혹시 진짜 딸이면 아들로 바꿔달라"는 기도까지 드렸다고 한다. 제아무리 공부를 많이 하고 똑똑할지라도 다급한 상황에 처하면 그런 비논리적인 행위를 하는 것이 인간이다. 결과는 어땠을까? 당연히 아주 예쁜 딸이 이 세상에 왔다.

그렇게 한두 해가 흘렀다. 그 사이 나는 몇 차례나 J 집사님께 하나님이 셋째는 아들 주신다고 약속하시지 않았느냐며, 아이를 가질 것을 넌지시 독촉(?)했다. 하지만 J 집사님은 내 말을 그냥 흘려듣는 듯했다. 오히려 예쁘고 사랑스런 두 딸 사이에서 너무나 큰 만족을 느끼며 행복하게 사는 듯했다. 그래서 나도 더는 그 문제로 신경을 쓰지 않기로 했다. 또다시 몇 년이 지났다. 2005년 어느 날 대전에 소재한 모 국가공공기관에서 중요한 직책을 맡아 근무하고 있던 J 집사님에게서 전화가 왔다. 수화기 너머로 목소리가 살짝 떨리고 있었다.

"목사님, 저희 아들 생겼습니다. 오늘 병원에서 확인하고 오는 길입니다."

"아, 그래요? 정말 기쁜 일이네요. 축하드려요."

"근데, 목사님, 실은 저희가 그동안 계속 피임을 해왔습니다. 아내가 루프 시술을 했는데 어떻게 그게 빠져서 이번에 아이가 생겼답니다. 의사 말이 태중의 아이가 아들이라고 하는 순간, 5년 전에 목사님이 해주셨던 말이 기억나서 전화드린 겁니다."

우리는 그렇게 한참 동안 서로 밀린 소식을 주고받으며 기쁨에 찬 대화를 나눴다.

그날 나는 다시 한번 절실히 깨달았다. 하나님이 얼마나 신실하신 분이신가를 말이다. 사람은 충분히 신실하지 못해도, 하나님은 자신이 한번 약속하신 것은 반드시 지키기 위해서 무엇이든 하실 수 있는 분이시다. 따라서 우리의 기도가 성취되는 이유는 우리 자신에게 그럴 만한 가치나 공적이 있어서가 아니라, 우리의 됨됨이와 상관없이 우리의 기도를 받으시는 하나님이 선하시고 신실하신 분이시기 때문이다. 우리가 믿고 섬기는 하나님은 자기 명예를 위해서 당신의 백성의 기도에 반드시 응답하시는 분이시다.

06

예수님의 이름으로 기도함

예수님은 굶주리며 사역을 시작하셨지만, 생명의 떡이 되셨다.

예수님은 목마름으로 지상 사역을 마치셨지만, 생수가 되셨다.

예수님은 지치셨지만, 우리의 안식이 되신다.

예수님은 세금을 내셨지만, 왕이시다.

예수님은 귀신들렸다고 고발당하셨지만, 마귀를 내쫓으셨다.

예수님은 우셨지만, 우리의 눈물을 닦아주신다.

예수님은 은 삼십 냥에 팔리셨지만, 온 세상을 구속하셨다.

예수님은 어린 양처럼 도살장에 끌려가셨지만, 그분은 선한 목
자시다.

예수님은 죽으셨지만, 그 죽음으로 사망 권세를 멸하셨다.

나지안조스의 고레고리오스

우리 회사는 두 개 층에 걸쳐 약 300평 규모의 공간을 임대해 사용하고 있다. 사실, 독자층이 매우 제한되어 있는 신학서적을 전문으로 출판하는 회사 입장에서 이 정도 넓은 규모의 공간은 불필요하다. 하지만 아카데미 사역을 통해 매주 평균 300명 이상의 목회자, 신학생, 일반 신자들에게 신학 및 인문학 분야의 교육 과정을 제공하다 보니 부득이 많은 공간을 임대해 사용하고 있다.

우리 회사 입구 현관문에는 시건장치가 되어 있고, 비밀번호를 아는 사람만 출입이 가능하다. 우리 직원들은 모두 비밀번호를 알고 있기 때문에 마음만 먹으면 언제든 출입할 수 있다. 하지만 우리 회사를 방문하거나 아카데미 강좌를 수강하기 위해서 오시는 손님은, 당연히 우리가 문을 열어주어야만 출입이 가능하다.

예수님께서는 우리에게 하늘 아빠에게 언제든 다가갈 수 있는 비밀번호를 알려주셨다. 그 비밀번호는 바로 예수님 자신이다. 우리의 구세주이신 예수님은, 하늘 아빠에게 나아가는 출입구를 열 수 있는 가장 확실한 비밀번호인 동시에 유일한 비밀번호다.

> 예수께서 이르시되 "내가 곧 길이요 진리요 생명이니 나로 말미암지 않고는 아버지께로 올 자가 없느니라." 요 14:6

> 그러므로 형제들아, 우리가 예수의 피를 힘입어 성소에 들어갈 담력을 얻었나니 그 길은 우리를 위하여 휘장 가운데로 열어 놓으신 새로운 산 길이요, 휘장은 곧 그의 육체니라. 히 10:19-20

또한 예수님은 우리에게 언제든지 하늘 아빠에게 직통으로 핸드폰을 걸 수 있는 전용번호도 알려주셨다. 달리 표현하면, 예수님은 베드로에게 천국열쇠를 주신 것처럼 우리 모두에게 하나님께 메시지를 보낼 수 있는 팩스 사용권을 주신 것이다. 그것이 바로 예수님의 이름으로 드리는 기도다.

너희가 내 이름으로 무엇을 구하든지 내가 행하리니 이는 아버지로 하여금 아들로 말미암아 영광을 받으시게 하려 함이라. 내 이름으로 무엇이든지 내게 구하면 내가 행하리라. 요 14:13-14

내 이름으로 내 아버지께 무엇을 구하든지 다 받게 하려 함이라. 요 15:16

우리의 기도가 응답받는 비결이 우리 자신의 노력이나 성품에 달린 문제가 아니라 하나님 아버지의 신실하심에 달린 문제인 것처럼, 우리의 기도가 하늘 아버지께 상달되는 이유는 바로 예수님이 자신의 이름으로 기도할 수 있는 특권을 우리에게 주셨기 때문이다. 우리는 종종 주변 사람들 가운데 하도 다급한 나머지 온갖 종교의 신들을 모조리 소환해가며("하나님, 부처님, 알라 등등") 기도를 늘어놓는 사람들을 보곤 한다. 그들은 자신이 거명하는 신이 많을수록 기도가 응답될 확률도 높아진다고 생각한다.

한편, 사람들이 꼭 종교의 신에게만 기도하는 것은 아니다. 어떤 이들은 특정한 이념이나 사물에게까지 기도한다. 옛 소련 시절 공산주

의가 기승을 부렸던 1950년에는 소련에서 이런 가르침까지 있었다고
한다. 소련 공산당 기관지였던 「프라우다」는 독자들에게 이렇게 촉구
했다.

> 당신이 하고 있는 일에서 어려움에 맞닥뜨리거나, 갑자기 능력에 회의를 느
> 낄 때는 그분(스탈린)을 생각하라. 그러면 다시 자신감을 얻을 것이다. 기운
> 을 차려야 할 때 피로를 느낀다면 그분을 생각하라. 그러면 일이 잘될 것이
> 다. 올바른 결론을 내리려거든 그분을 생각하라. 그러면 바른 길을 찾게 될
> 것이다.*

이것이 우리가 살아가는 세상에서 벌어지는 일들이다. 그러나 우
리는 오직 예수님의 이름으로만 기도한다. 그것이 예수님의 명령이고
성경이 가르치는 바이기 때문이다. 따라서 우리는 오직 하나님 아버
지께, 예수님의 이름으로만 기도한다. 이와 관련하여 종교개혁가 칼
뱅은 이렇게 말했다.

> 하나님의 그 처절한 위엄을 아무런 두려움 없이 생각한다는 것은 불가능
> 한 일이다.…그러나 그리스도께서 개입하셔서 그 무시무시한 위엄과 영광
> 의 보좌를 은혜의 보좌로 바꾸어놓으신 것이다.…기도에 대해서 하나의 법
> 칙이 세워졌다. 곧, 하나님께 기도하면 그가 들으시며, 특별히 그리스도의

---

* 폴 존슨, 『모던 타임즈 II』(조윤정 역, 살림), 164.

이름으로 기도하면 이루어주시리라는 약속이 주어져 있다는 것이다. 주님은 말씀하시기를, "너희가 내 이름으로 무엇을 구하든지 내가 시행하리니 이는 아버지로 하여금 아들을 인하여 영광을 얻으시게 함이라"고 하셨고, 또한 "지금까지는 너희가 내 이름으로 아무것도 구하지 아니하였으나 구하라, 그리하면 받으리니 너희 기쁨이 충만하리라"고 하셨다(요 14:13; 16:24). 그러므로, 그리스도의 이름 이외에 다른 이름으로 하나님께 구하는 자들이 있다면, 그런 사람들은 오만하게도 그리스도의 명령을 거짓으로 만드는 것이요, 그의 뜻을 아무것도 아닌 것으로 취급하는 것이다.*

그렇다면 "예수님의 이름으로" 기도한다는 것은 무슨 의미인가? 고대 세계에서 이름은 그 이름을 가진 존재가 대표하는 정체성을 뜻했다. 따라서 예수란 이름은 예수님의 존재 전부, 곧 예수님 자체를 뜻한다. 그리고 여기에는 당연히 예수님의 역사(History) 전부가 포함된다. 그렇다면 예수님의 역사란 무엇인가? 그것은 태초부터 종말까지 삼위일체 하나님의 성자로서 예수님이 행하신 창조, 보존, 구원 사역 전부를 뜻한다.

우리가 예수님의 이름으로 기도한다는 것은 첫째, 예수님의 이름의 독특성을 믿는다는 것이다. 곧 예수님의 이름이 상징하는 예수님의 존재 전부, 그 안에 담긴 구원의 역사 전부를 믿는 것이다, 특별히 예수님이 행하신 십자가의 죽음과 부활을 믿는 것이다. 바꿔 말해 예

---

* 　존 칼빈, 『기독교 강요(중)』(원광연 역, CH북스), 449-450.

수님의 십자가의 죽음과 부활의 사건이 나를 대신하고, 우리를 대표하며, 우리 모두의 유익을 위한 구원의 사건임을 믿는 것이다.

우리가 예수님의 십자가의 죽음과 부활이 우리 모두를 위한 하나님의 구원의 사건임을 믿는 순간 무슨 일이 일어날까? 예수님이 십자가에서 죽으시고 부활하신 사실에 대한 우리의 믿음은 우리 자신과 예수님을 연합시킨다. 성경에서 믿음의 기능은 믿는 자와 믿음의 대상을 하나로 연합시키는 것이다. 그래서 그리스어에서 "믿는다"를 뜻하는 동사 "피스튜오"는 본래 전치사를 동반하지 않는 단어임에도 불구하고 신약성경에서 항상 전치사 "엔"(*en*)과 같이 나타난다. 영어 성경에서 믿는다를 의미하는 동사 believe가 항상 전치사 in과 같이 다니는 이유가 여기 있다(본래 believe는 전치사 없이 사용되는 동사임). 곧 우리가 예수님을 믿는다는 것은 예수님과 연합하여 그분 "안에" 머물고 있다는 의미가 된다. 이렇듯 예수님에 대한 믿음은 우리와 그분을 하나로 연합시킨다. 그 결과, 예수 그리스도가 나의 자리에 오셔서 대신 형벌을 받으신 것처럼, 또한 내가 예수 그리스도의 자리에 서서 하나님으로부터 의롭다 함을 받는다(루터는 이를 가리켜 "즐거운 교환"이라 불렀다). 따라서 우리는 예수 그리스도를 통해서 죄를 용서받고 의롭다 함을 얻어 하나님의 보좌 앞에 담대히 나아갈 수 있게 되었다.

앞서 기술했듯이, 예수님은 삼위일체 하나님의 성자시다. 성부, 성자, 성령 세 분 하나님께서는 영원 전부터 페리코레시스적 교통, 환대, 연합의 복락을 누리고 계신다. 그리고 우리는 예수님의 이름을 믿음으로, 즉 예수님이 우리를 위하여 행하신 모든 구속 사역을 믿음으로써 예수님과 연합하여 삼위일체 하나님의 사랑과 은혜의 관계 안으로 초청받는다. 본시 창조주 하나님과 피조물에 불과한 인간 사이에는 도저히 넘을 수 없는 무한한 질적 차이가 존재한다. 그것은 상호 간에 교통 및 교신이 불가능한 우주적 심연이다. 더욱이 첫 인간 아담의 타락 이후 전체 인류는 죄와 죽음의 숙명을 안고 살아감으로써 거룩하신 하나님 앞에 스스로의 힘으로는 결단코 나아갈 수 없다. 심지어 구약의 가장 위대한 신앙 인물인 모세조차도 하나님의 얼굴을 볼 수 없어서 그분의 등만을 바라보는 것으로 만족해야 했다(출 33:23).

피조물이자 죄인인 우리 역시 스스로의 힘으로는 하나님께 가까이 다가가거나 그분을 볼 수 없다. 그렇지만 우리는 이제 예수 그리스도를 힘입어, 즉 그분이 십자가에서 성취하신 구원사역에 힘입어 하나님께 담대히 나아가 기도할 수 있게 되었다. 오직 예수님의 이름을 믿고, 그 이름으로 간구함으로써 말이다.

둘째, 예수님의 이름으로 구한다는 것은 예수 그리스도께서 십자가에서 승리하신 후 하늘로 승귀하시어 하나님의 보좌 우편에 앉으사 우리를 위해 대제사장적 중보기도를 하고 계심을 신뢰한다는 것이다. 십자가에서 죽으시고 부활·승천하신 예수님께서는 하나님의 보좌 우편에서 교회와 성도를 위해 쉬지 않고 기도하고 계신다. 그분은 우리가 잠들어 있는 순간에도, 기도를 잊어버리고 있는 순간에도, 닥쳐올 미래의 고난을 알지 못해 방심하고 있는 순간에도, 또한 현재 처한 어려움을 어떻게 극복해야 할지 몰라 낙심하여 좌절하고 있는 순간에도, 심지어 죄악의 수렁에 빠져 방황하고 있는 순간에도, 우리를 위해 쉬지 않고 기도하신다. 하나님의 완벽한 인간성을 가진 유일무이한 구세주로서, 한때 이 땅에 오시어 죄인들 틈에서, 우리와 똑같은 성정을 가진 자로서 모든 고난과 시험을 받으셨던 예수 그리스도께서는 우리 인간의 연약함을 능히 공감하시고 또 이를 긍휼히 여기시는 분이시기 때문에, 그분의 기도는 참되고 진실하다. 따라서 우리는 마땅히 무엇을 기도해야 할지 모를 때조차도, 위대한 대제사장이신 예수 그리스도께서 잠시도 쉬지 않고 우리를 위하여 기도하고 계심을 확신하고 그분의 이름으로 하나님 아버지께 기도할뿐더러, 또한 예수님께 우리를 위해 중보기도해주실 것을 기도할 수 있는 것이다.

> 그러므로 우리에게 큰 대제사장이 계시니 승천하신 이 곧 하나님의 아들 예수시라. 우리가 믿는 도리를 굳게 잡을지어다. 우리에게 있는 대제사장은 우리의 연약함을 동정하지 못하실 이가 아니요, 모든 일에 우리와 똑같이 시험을 받으신 이로되 죄는 없으시니라. 그러므로 우리는 긍휼하심을 받고 때를 따라 돕는 은혜를 얻기 위하여 은혜의 보좌 앞에 담대히 나아갈 것이니라.
>
> 히 4:14-16

셋째, 예수님의 이름으로 기도한다는 것은 예수님의 이름에 담긴 권능을 신뢰하고 그 권세를 적극 행사하는 것이다. 십자가에서 죽으시고 부활하시어 승천하신 예수께서는 하나님의 보좌 우편에 좌정하시고 온 우주만물을 능력으로 통치하고 계신다. 예수 그리스도는 온 우주의 최고 주권자시다. 그분의 이름에는 그분이 갖고 계시는 우주적 권위에 합당한 능력이 충만하다. 사실, 예수님은 지상에서 인간의 몸을 입고 계실 때에도 뛰어난 권위와 능력을 가진 분이셨다. 그분은 귀신을 내쫓고, 바람과 파도를 잔잔케 했으며, 병든 자를 고치시고 죄를 용서하셨다. 이 모든 것은 구약성경에서 오직 하나님만이 하셨던 일들이다. 그런데 이제 하나님의 말씀이 친히 육신을 입고 이 땅에 오셔서 하나님의 권능을 시연하셨다. 또한 그분의 말씀은 당대 종교 지도자들의 그것과는 확연히 구별된 권능 있는 교훈이었다. 그러나 지상에서 사람의 몸을 입고 활동하셨던 예수님의 권능은, 부활하신 예수님이 행사하실 권능의 선취 곧 맛보기에 불과했다. 십자가에서 사망의 세력을 꺾고 승리하신 예수님은 지금 하나님의 보좌 우편에서 우주적 권능을 행사하고 계신다. 신약의 사도들은 이 점을 잘 알고 있었다. 그래서 베드로와 요한은 오순절 직후에 성전 미문에서 만난, 태어날 때부터 걸어본 적이 없는 하체 장애인을 향하여 "은과 금은 내게 없거니와 내게 있는 이것을 네게 주노니 곧 나사렛 예수 그리스도의 이름으로 일어나 걸으라"고 외칠 수 있었으며, 그 말이 끝나기 무섭게 그 불쌍한 사람은 다리에 힘을 얻어 벌떡 일어설 수 있었다. 이 일이 있고 난 후 베드로는 이 사건의 의미를 가리켜 다음과 같이 말했다.

> 그 이름을 믿으므로 그 이름이 너희가 보고 아는 이 사람을 성하게 하였나니, 예수로 말미암아 난 믿음이 너희 모든 사람 앞에서 이같이 완전히 낫게 하였느니라. 행 3:16

바울 역시 예수 그리스도의 이름의 능력으로 각종 기적을 행했다. 그가 에베소에서 사역할 무렵, 하나님께서 "바울의 손으로 놀라운 일을 행하게 하시니 심지어 사람들이 바울의 몸에서 손수건이나 앞치마를 가져다가 병든 사람에게 얹으면 그 병이 떠나고 악귀도 나가"(행 19:11-12)는 역사가 일어났으며, 그 결과 에베소 지역에 사는 모든 사람들이 두려워하며 "주 예수의 이름을 높이"(행 19:17)게 되었다. 이것이 우리가 예수님의 이름을 믿고, 그 이름으로 기도할 때 나타나는 현상이다.

스탠리 존스는 일평생 인도 선교에 헌신한 이로서 20세기의 가장 위대한 선교사 중 한 사람이다. 그는 1884년 미국 메릴랜드 주에서 태어나 애즈베리 대학을 졸업한 후 감리교 선교사로 파송받아 인도에서 사역하며 간디, 타고르 등과 함께 아슈람 운동에 참여했다. 1938년 12월 12일 자 「타임」은 스탠리 존스를 "세계에서 가장 위대한 선교사"로 소개했다. 그는 1961년에는 "간디 평화상"을 수상했으며, 제2차 세계대전 중에 펼친 평화활동에 힘입어 두 차례나 노벨평화상 후보로 지명되기도 했다. 인도에서는 그를 "하나님의 성자"라 존칭했다.

그는 87세인 1971년 12월 8일 뇌졸중으로 쓰러져 마룻바닥에 5시간 동안 누워 있었다. 보스턴의 한 병원으로 긴급 이송된 그는 자기를 치료하는 의사들에게 이렇게 부탁했다.

"선생님! 한 가지 부탁이 있습니다! 저를 보실 때마다 '스탠리 존스! 나사렛 예수 그리스도의 이름으로 명하노니, 일어나 걸어라!' 이렇게 외쳐주십시오.”

그 말을 듣고 모든 의사와 간호사들이 속으로 비웃었다.

“아니, 선교사님! 저는 베드로도 아니고, 요한도 아니고, 또 부흥사도 아닌데, 어떻게 그런 말을 선포할 수 있겠습니까?”

그러나 스탠리 존스가 하도 간절히 부탁을 하니 의사와 간호사들은 어쩔 수 없이 그를 볼 때마다 외쳤다.

“스탠리 존스! 나사렛 예수 그리스도의 이름으로 명하노니, 일어나 걸어라!”

그때마다 그는 침상에 누운 채 큰 목소리로 “아멘! 아멘!” 하고 화답을 했다.

병원에 근무하는 의사와 간호사들은 계속해서 선포를 했다.

“예수의 이름으로 명하노니, 스탠리야 걸어라!”

과연 어떤 일이 일어났을까? 놀랍게도 스탠리 존스는 6개월 후에 자리에서 벌떡 일어났다. 병원에 실려 올 때는 남의 등에 업혀 왔던 그가 병원을 나갈 때는 제 발로 걸어 나갔다. 그는 다시 인도로 돌아가 남은 인생을 선교에 마저 헌신하다 88세에 운명했다.

오 놀랍도다. 예수님의 이름의 복됨이여!

07

성령의 중보와 탄식을 힘입음

하나님의 성령 없이 그리스도인으로 살려고 애쓰느니, 귀 없이
듣거나 폐 없이 숨 쉬려 애쓰는 게 더 나을 것이다.　　　D. L 무디

신약성경은 곳곳에서 우리가 기도할 때 성령과 함께해야 한다고 가르친다. 하나님의 영이신 성령은 창조와 구원의 영이시다. 구원의 영으로서 성령은 예수 그리스도 안에서 성취된 하나님의 구원을 우리에게 현재화하신다. 따라서 우리는 성령을 통해서 하나님의 구원에 참여하며 또한 성부, 성자, 성령의 페리코레시스적 교통과 환대에 참여할 수 있다. 그러므로 우리는 성령으로 기도하고, 성령 안에서 기도하며, 성령을 따라 기도해야 한다. 그리스도인의 기도는 인간 의식이나 정신의 발현이 아니라, 성령과 연합하여 성부께 드리는 예배의 행위다. 그래서 바울은 우리에게 "성령으로 충만하여"(엡 5:18)져서 "모든 기도와 간구를 하되 항상 성령 안에서 깨어 구하기를 힘쓰라"(엡 6:18)고 당부한다.

한편, 우리는 기도해야 한다는 당위와 그 필요성을 늘 절감하지만 막상 실제로 기도하려고 하면 무엇을 기도해야 할지 잘 몰라 답답하거나 막막할 때가 많다. 그래서 기도를 시작했다가도 얼마 못 가 포기하거나, 또는 기도를 하더라도 내 의지와 욕심대로 구할 때가 많다. 그러나 하나님의 영이신 성령께서는 하나님의 모든 깊은 비밀과 의지를 통달하시는 분이시기 때문에 하나님의 마음을 헤아려 우리에게 하나님의 뜻을 따라 기도할 수 있는 지혜와 능력을 주신다.

오직 하나님이 성령으로 이것을 우리에게 보이셨으니 성령은 모든 것 곧 하나님의 깊은 것까지 통달하시느니라. 사람의 일을 사람의 속에 있는 영 외에 누가 알리요, 이와 같이 하나님의 일도 하나님의 영 외에는 아무도 알지 못

하느니라. 고전 2:10-11

성령께서는 무엇보다 그분의 영감을 따라 기록된 성경 말씀을 통해서 우리가 무엇을 기도해야 할지 가르쳐주시며, 혹은 절묘한 방식으로 설교자의 설교 말씀을 통해서도 기도의 방향과 내용을 알려주시기도 한다. 또한 우리가 기도할 때 평소 생각지도 못했던 건전하고 지혜롭고 기발한 생각과 기도 제목들이 머리속에 계속 떠오르게 함으로써 우리의 기도를 돕기도 하신다. 뿐만 아니라 우리가 기도생활을 영위하는 데 있어 쉽사리 싫증을 느껴 중도에 포기하지 않도록 경건한 소망과 의욕을 부어주심으로써 우리의 기도를 이끄신다. 그분은 종종 우리 마음에 거룩한 부담감을 부어주심으로써 우리로 하여금 기도의 골방 문을 열고 들어가 엎드리게 하신다. 이처럼 성령께서는 매우 다양한 방식으로 하나님과 우리 사이를 연결하는 작업에 열심을 내신다.

이와 관련해서는 많은 종류의 책이 시중에 나와 있으므로 이 점은 여기서 더 이상 자세히 언급하지 않겠다. 다만 나는 이 책에서 성령의 은사를 따라 기도하는 것의 유익에 대해 더 자세히 이야기하고 싶다. 나는 아래에서 몇 가지 실례를 들어가며, 성령께서 우리의 기도를 지도하시고 인도하시는 것이 주는 유익과 축복을 말하려고 한다.

● ○

2001년 겨울이었다. 당시 나는 안양에 있는 1113야전공병단에
서 군종목사로 사역하고 있었다. 하루는 아무 예고도 없이 중학교 동
창인 성악가 L 집사가 교회를 찾아왔다. 아마 누군가에게 내가 안양
에서 군목으로 사역 중이란 말을 전해 들었던 것 같다. 같은 중학교를
나오긴 했지만 1980년대 초만 해도 남녀공학이 생소할 때이고 또 학
창 시절에 별로 친하게 지내던 사이가 아니어서 한 번도 깊은 대화를
나눠본 적이 없는 동창이었다. 다만 그녀와 나 사이에 한 가지 공통점
이 있다면 둘 다 목회자 자녀라는 것과 학생회 활동을 같이했다는 것
정도였다. 아무튼 동창이랍시고 기억해서 안양 변두리에 위치한 군
부대까지 찾아와주니 내심 고마웠다. 그녀는 국내 유명대학 성악과를
졸업한 후에 역시 성악가인 남편과 결혼하여 오스트리아 비엔나에서
유학을 마치고 귀국한 후 한참 활발하게 활동을 시작한 상태였다. 그
녀의 남편 M 집사는 서울대학교 3학년 시절부터 이미 국내 최정상급
바리톤으로서 주목을 받았던 재원이었고, 유학을 마친 후 30대의 이
른 나이에 서울의 모 대학에서 전임교수로 자리를 잡은 동시에 수많
은 오페라 주연을 소화해내느라 바쁜 날들을 보내고 있다고 했다. 그
날 대화 중에 내가 성령의 감동을 받아 불쑥 이렇게 말했다.

"하나님이 이 집사님 남편이 크게 아플 거랍니다. 혹시 무슨 일이
생길지 모르니 집을 서울대 부근의 관악산 주변으로 옮기는 게 좋다
고 해요. 나중에 남편이 크게 아프면 그곳에서 생활하는 것이 많은 도
움이 될 거랍니다."

지금 생각해도 내가 무슨 배짱으로 20여 년 만에 만난 동창에게

그런 예언을 대뜸 던졌는지 모르겠다. 하지만 그때는 대화 중에 성령께서 내게 주시는 마음이 너무 강렬하여 그 말을 전하지 않고는 견딜 수 없었다. 당시 그녀는 수원에 살고 있었다. 유학을 마치고 귀국하여 아직 돈을 많이 벌지 못한 까닭에 서울 진입을 꾀할 수 있는 상황이 아니었기 때문이라고 했다. 그런데 내가 그런 상황에 있는 사람들에게 서울로 이사오라고 하는 것도 모자라, 한창 잘나가고 있던 남편이 생사의 갈림길에 설 수도 있을 만큼 크게 아플 거라 했으니, 당사자인 L 집사로서는 얼마나 황당했을까.

그렇게 몇 년이 지났다. 그사이 우리는 서로 연락을 못하고 살았다. 그런데 2005년 11월에 우리 아버님이 15일간에 걸쳐 완전 금식기도를 마치신 후 뇌출혈로 쓰러지셔서 돌아가시는 일이 벌어졌다. 장례식이 진행되던 때 어떻게 알았는지 L 집사가 조문을 와주었다. 그리고 지난 몇 년 동안 자기 가정에 무슨 일이 있었는지를 소상히 말해주었다. 안양에서의 뜻밖의 만남 이후, 연일 계속되는 공연과 교수 생활에 지친 남편이 급기야 뇌경색으로 쓰러지는 일이 발생했다고 했다. 그리고 초기 대응조치에 실패하여, 남편이 서울대학교 보라매병원에서 사망(뇌사) 선고까지 받았다고 했다. 아직 30대에 불과한 L 집사로서는 청천벽력 같은 일이었다. 며칠간 넋을 놓고 울기만 했다. 그런데 의학적으로 사망선고를 받았던 남편이 기적같이 다시 살아났다고 했다. 참으로 놀라운 일이었다. 하지만 남편은 의식은 돌아왔지만 이미 온몸에 중증 마비가 온 상태였다. 여기까지 쉬지 않고 말을 이어온 L 집사는 나를 물끄러미 바라보며 이렇게 말을 이어갔다.

"근데, 4년 전에 김 목사님이 나보고 수원에서 신림동으로 이사하라고 했잖아요. 그래서 그때 내가 큰맘 먹고 은행에서 대출을 받아 관악산 자락에 집을 장만했잖아요. 그리고 김 목사님 말대로 남편이 크게 아파서 거동도 못할 상황에 처했는데, 다행히 관악산 부근에 산책로가 많아서 매일 남편을 부축해서 억지로라도 운동을 시키고 있어요."

일 년간의 재활 끝에 M 집사는 성대 근육을 제외한 몸 전체의 신경이 다 돌아와 정상적인 생활을 할 수 있게 되었다. 성대가 완벽하게 회복되지 않았기에 더 이상 대학에서 후학들을 가르치는 일은 할 수 없게 되자 대학을 나와 지금은 유명한 모 아트센터에서 공연기획 담당 전문가로 근무하고 있다.

만일 2001년 겨울에 성령께서 L 집사의 마음에 불현듯 나를 찾아갈 마음을 불어넣어 주시지 않았다면, 그리고 20년 만에 만난 동창에게 내가 성령의 감동을 받아 무례를 무릅쓰고 남편이 아프게 될 터이니 이러저러하게 대비하는 게 좋겠다는 말을 안 전했더라면, 그 후 어떤 일이 일어났을까? 필경 큰 사단(事端)이 났을 것이다. 그러나 이처럼 성령께서는 당신의 백성의 복지와 안위를 위하여 신기한 방식으로 역사하시어 위험에서 구출해주셨다.

● ○

말이 나온 김에 한 가지 사례만 더 이야기하려고 한다.

2015년 11월 말이었다. 새물결아카데미에서 "일터신학"을 강의하시는 L 목사님이 예고도 없이 회사 카페에 들르셨다. 그래서 반갑게 인사하고 함께 앉아 마주보며 이런저런 이야기를 나누던 차에, L 목사님이 요즘 이사할 집을 알아보느라 정신없이 바쁘다고 하시는 것이었다. 자초지종을 들어보니, 성남 가천대 부근에 살고 있던 L 목사님네 집의 전세금이 무려 2억이나 올라서 더 이상 성남에 살 수가 없어 수도권 외곽으로 이사갈 계획이라는 것이었다. 당시 L 목사님네는 2억 3천만원을 내고 32평 아파트에 전세를 살고 있었는데 2년 사이에 아파트 전세금이 4억 이상으로 올라버린 통에 부득이 이사를 할 수밖에 없는 상황에 몰린 것이었다. L 목사님 말로는 현재 가지고 있는 돈으로는 수원 남쪽, 구체적으로 화성 봉담 지역이 적당하다고 판단되어 요즘 그 일대를 다니며 집을 알아보는 중이라고 했다.

그 순간 성령께서 내게 이런 말씀을 주셨다.

"너희 가정은 서울로 들어와야 길이 열리지, 서울에서 멀리 떨어질수록 활동의 폭이나 길이 막힐 수밖에 없으므로 성남을 떠나 봉담으로 이사갈 생각은 꿈도 꾸지 말아라."

그래서 나는 성령께서 주신 말씀을 토씨 하나도 틀리지 않고 그대로 전했다. 아, 지금도 그 순간 당황해서 어쩔 줄 몰라 하던 L 목사님의 일그러진 표정이 낱낱이 기억난다. 일단 L 목사님은 내게 성령의 예언적 은사가 있다는 사실 자체를 몰랐다. 만일 알았다고 해도 자신의 상식과 이성에 비춰볼 때 도저히 용납할 수 없는 메시지였을 것이다. 할 수 없이 나는 L 목사님을 납득시키기 위해서 오랜 시간에 걸쳐 굳이 이사 문제가 아니어도 다른 여러 가지 주제를 갖고 대화를 나누는 수밖에 없었다. 이 짧은 지면에서 그때 벌어진 일들을 자세히 복기할 수는 없으나, 아무튼 결국에는 L 목사님이 내 제안대로 하기로 했다.

2억3천만원을 갖고 성남에서도 살 수 없게 되어 더 멀리 외곽으로 떠나야 하는 판국에 그 돈을 갖고 서울로 진입한다는 것은 상식적으로 불가능했다. 그래서 L 목사님은 아파트는 지레 포기하고 괜찮은 빌라나 연립주택을 찾아 사당동과 신림동 일대를 이잡듯 돌아다녔다. 하지만 딱히 마음에 드는 집을 구할 수가 없었다. 그러던 차에 하루는 신림동에 위치한 어느 부동산에 들어갔는데 부동산 업자와 이야기를 나누다 보니 마침 근방에 2억3천만원짜리 32평 아파트가 전세 매물로 나와 있다는 것이었다. 신기한 것은 며칠 전까지만 해도 주인이 그 아파트를 2억7천에 내놨었는데 전날 4천만원을 깎아서 2억3천에 내놨다는 것이다. 하지만 문제가 있었다. L 목사님네는 2016년 2월에 집을 비워줘야 하는데 신림동에 매물로 나온 아파트는 그보다 한 달 빠른 1월에 새로운 세입자를 찾아야 하는 상황이었다. 닭 쫓던 개 지붕 쳐다보는 격이 되었다. L 목사님은 아쉬운 마음을 뒤로하고 발길을 돌릴 수밖에 없었다.

그런데 반전이 일어났다. 그 아파트를 소개한 부동산 주인이 무슨 마음이 들었는지 자진해서 자기 돈을 들여 그 아파트를 계약해놓은 후 한 달 간 붙잡아놓고 있을테니 L 목사님네 보고 2월에 꼭 이사오라는 것이었다. 그렇게 해서 L 목사님네는 정말 귀신같이 서울로 들어오게 되었고, 당시 수원대학교 교수였던 L 목사님 부인도 세검정에 위치한 상명대학교 교수로 직장을 옮기게 되었다.*

만일 L 목사님과 내가 우리 회사 카페에서 조우하던 날, 그날 성령께서 L 목사님에게 새물결카페를 찾아갈 마음을 주시지 않았더라면, 그리고 하필 만약 그날 내가 회사를 나와 외근 중이었더라면, 또한 우리가 서로 대화를 나누던 때에 성령께서 내 마음에 예언적 감동을 주시지 않았더라면, 위에 적은 일들은 일어나지 못했을 것이다. 하지만 성령께서는 당신의 백성의 행복과 유익을 위해 그 모든 일을 한 치의 오차도 없이 꼼꼼히 주관하셨다.

이런 이야기를 읽다 보면 그런 마음이 들 수 있다.

"그런 기적 같은 이야기는 당신처럼 성령의 은사를 경험하고 소유한 사람에게나 해당되는 일이지, 우리같이 성령의 은사가 없는 사람은 도대체 어떻게 하란 말이오?"

그러게 말이다. 나로서도 뭐라 드릴 말씀이 없다. 다만 내가 할 수 있는 말씀은 사도 바울이 고린도교회에 권면했던 말씀을 다시 들려드리는 것뿐이다.

사랑을 추구하며 신령한 것들을 사모하되 특별히 예언을 하려고 하라. 고전 14:1

너희는 더욱 큰 은사를 사모하라. 내가 또한 가장 좋은 길을 너희에게 보이리라. 고전 12:31

나는 사도 바울의 권고를 따라 이 글을 읽는 독자들이 진정으로 신령한 은사를 구하여 그 은사가 주는 유익을 충분히 맛보기를 진심으로 바란다.

이제 나는 바울 서신에서 가장 난해한 본문 중 하나를 독자들과 함께 나누려고 한다. 내가 취급하려는 본문은 로마서 8:26이다.

이와 같이 성령도 우리의 연약함을 도우시나니 우리는 마땅히 기도할 바를 알지 못하나 오직 성령이 말할 수 없는 탄식으로 우리를 위하여 친히 간구하시느니라.

성령은 우리가 연약하다는 사실을 잘 알고 계신다. 왜 우리는 연약한가? 우리는 피조물로서 특별히 부패하고 썩을 몸을 입고 있는 존재이기에 연약하다. 우리의 몸은 욕망과 죄의 본산이다. 비록 우리가 그리스도인으로서 구원을 이미 받았지만 그러나 아직 그 구원이 완성되지 않았기에 죄와 타락의 질서가 지배하는 현 세상에서 우리는 종종 범죄하며 실패한다. 또한 우리는 무지하기에 연약하다. 우리는 제한된 이성과 지혜 및 경험을 갖고 있기 때문에 미래를 알 수 없으며, 현재의 불확실함 속에 살며, 과거를 왜곡할 수밖에 없는 연약한 존재다. 무엇보다 우리는 무엇을 기도해야 할지 잘 모른다. 따라서 성령께서는 그런 우리의 연약함을 잘 아시고, 긍휼히 여기시며, 우리를 위하여 기도하신다. 곧 성령께서는 하나님의 백성의 기도생활을 지도하시고 인도하실 뿐 아니라, 하나님의 백성을 위하여 친히 기도하는 분이시다. 그분은 우리가 무엇을 기도할지 모르는 상황에서도, 우리를 위하여 최선의 기도를 성부 하나님께 드리고 계신다.

여기서 관건은 성령이 "말할 수 없는 탄식으로"(알라레토스 [*alaletos*]) 우리를 위하여 기도하신다는 대목이다. 이 말은 무슨 뜻일까? 신약학자들은 크게 세 가지 해석을 내놓았다. 첫째, 신자들 자신의 탄식이다. 하나님의 백성은 자신이 무엇을 위해 기도해야 할지 모르기 때문에 깊이 탄식할 수밖에 없다. 둘째, 성령의 말없는 탄식이다. 성령께서는 하나님 백성의 연약함과 무지함을 잘 아시기 때문에 침묵 가운데 탄식하며 그들을 위해 기도하신다(존 스토트). 셋째, 이루 다 말로 표현할 수 없는 깊은 한숨을 동반한 성령 자신의 탄식이다. 그것은 인간의 언어로 표현하기에는 너무 크고 깊은 탄식이다. 저명한 신약학자 톰 라이트는 이와 관련하여 다음과 같이 말하였다.

우리가 기도하려고 애쓰는 그 순간, 그리고 무엇을 기도해야 할지 모르겠다고 느끼는 그 순간이 바로 성령께서 가장 분명하게 일하시는 때다. 성령은 우리 속에서 정돈된 언어(이것은 안도감을 주겠지만 우리는 아직 기도에서 안도감을 느낄 준비가 안 되었기에)가 아닌 아직은 언어가 될 수 없는 말, 곧 탄식을 발하신다. 그것은 기도 너머의 기도, 인간의 시각이나 지식이 닿을 수 없는 차갑고 어두운 심연으로 뛰어드는 기도다.*

---

* 톰 라이트, 『신약의 모든 기도』(백지윤 역, IVP), 45.

우리에게는 두 신적 중보자가 계신다. 한 분은 성자이신 그리스도시고, 또 한 분은 성령이시다. 그리스도께서는 하늘의 법정에서 우리를 위하여 쉬지 않고 기도하고 계신다. 성령께서는 우리 내면의 가장 깊은 곳에서 인간의 언어로 표현될 수 없는 깊은 한숨을 동반한 탄식으로 쉬지 않고 기도하고 계신다. 성령께서는 성부 하나님의 가장 깊은 것까지도 통달하시는 분이시며, 성부와 페리코레시스적 친교 및 환대와 연합을 누리시는 분이시기 때문에, 우리를 위한 성령의 기도는 성부 하나님께 온전히 받아들여진다.

이와 관련하여 나는 방언과 방언통변의 은사에 대해 간단히 언급하려고 한다. 물론 내가 바울이 로마서 8:26에서 말한 "성령의 말할 수 없는 탄식"을 방언으로 생각하는 것은 결코 아니다. 전문 학자들 사이에서도 이 부분을 두고 의견이 확연히 갈린다. 다만, 나는 내 경험에 비춰볼 때 성령께서 우리를 위하여 인간의 언어로 표현할 수 없는 깊은 기도를 하신다는 것이 방언의 은사와 나름 합리적인 연동 관계를 맺을 수 있다는 가능성을 말하고 싶다.

다시 말하거니와, "성령의 말할 수 없는 탄식"은 인간의 귀로는 알아들을 수 없는, 오직 하나님의 차원에서 드려지는 우주적 깊이를 가진 기도다. 그것은 너무 신비하고 세미하여 인간의 귀에는 침묵처럼 들린다. 하지만 그것을 "힐끗"이나마 엿볼 수 있는 통로가 있는데, 나는 그것이 바로 방언과 방언통변이라고 생각한다.

기독교 전통에서 방언은사를 비롯하여 성령의 각종 은사에 대해서는 크게 두 가지 대립되는 입장이 있어왔다. 주지하듯이 하나는 은

사중지론이고, 다른 하나는 은사지속론이다. 은사중지론자들은 방언, 방언통변, 예언, 환상, 신유 등과 같은 성령의 은사들이 신약시대 이후로 중단되었다고 믿는다. 그들은 사도행전 2장에 나오는 방언은 외국어를 해석하는 능력을 말하지, 오늘날 교회에서 발견하는 종류의 방언이 아니라고 주장하면서 방언은사 무용론 내지 부작용을 강력하게 피력한다. 나는 이 논쟁과 관련한 깊고 복잡한 쟁점들을 잘 알고 있다. 하지만 나는 여기서 그런 논쟁을 되풀이할 마음이 없다. 오히려 나는 오늘날에도 신약성경에 나오는 다양하고 충만한 은사들이 교회와 신자들의 유익과 건덕을 위해 허락되고 있다고 믿고 있으며, 또 그런 입장에서 앞으로의 이야기를 펼쳐나갈 것이다. 필립 얀시는 "세계 곳곳을 돌아다녀보면, 가난한 나라의 그리스도인일수록 기도에 능력이 있는지 의심하느라 세월을 낭비하지 않고 실제로 기도하는 일에 더 많은 시간을 쓴다는 사실을 알 수 있다"라고 했다.[*] 이 말을 패러디하면 이렇게 말할 수 있겠다. "방언기도가 진짜인지 가짜인지 논쟁하느라 세월을 쓰기보다는 성령께서 주신 방언은사를 활용하여 실제로 더 많이 기도하겠다." 나는 그렇게 하고 싶다.

나는 꽤 오랫동안 방언으로 기도를 해왔다. 솔직히 말하면 방언은사를 받은 날 이후로 하루도 빠지지 않고 매일 방언기도를 해왔다. 물론 나는 한국말로도 유창하게 기도를 한다. 동시에 나는 많은 시간을 방언기도에 투자하고 있다. 누구나 그렇듯이 방언은사를 받기 전

---

[*] 필립 얀시, 『기도하면 뭐가 달라지나요?』(최종훈 역, 포이에마), 19.

에는, 방언은사에 대해 호기심 내지 동경심을 갖는 것은 인지상정이
다. 방언은사를 받으면 영적으로 뭔가 한 단계 업그레이드 될 것 같
기도 하고, 한국어와 방언을 적절히 섞어서 기도하면 기도 시간도 훨
씬 더 늘어날 것 같기 때문이다. 그러다가 진짜로 방언을 체험하면 날
아갈 듯 기쁘다. 하지만 그런 기쁨이나 감격은 오래 지속되지 않는다.
방언을 해도 한동안은 "랄랄라"와 같은 단음절의 말만 계속 반복되는
데다, 그게 무슨 소리인지도 전혀 못 알아듣기 때문이다. 나중에는 답
답한 마음마저 생긴다. 더욱이 주변에서 방언 좀 한다고 떠벌리는 사
람들을 보면, 그런 사람들일수록 도덕적·윤리적 생활이 엉망인 경우
가 많다. 방언 등과 같이 성령의 은사를 강조하는 교회일수록 문제가
많은 것도 눈에 거슬린다. 이쯤 되면 더 이상 방언으로 기도하는 일을
그만둔다.

하지만 방언은사의 진가를 알려면 방언통변을 받아봐야 한다. 방
언통변을 받아보면, 방언은사가 얼마나 깊고 오묘한 그리고 유창하고
수려한 기도인지를 알게 된다. 그것은 자연인의 인식과 지성이 도달
할 수 없는 매우 깊고 높은 수준의 기도다. 어떤 이들은 방언은사에도
등급을 매겨서, 가령 "랄랄라"와 같이 단음절을 반복하는 방언의 경우
소위 하빨 취급을 하곤 하는데, 전혀 그렇지 않다. 방언은사는 (나처럼)
매우 유창하게 하는 사람의 방언이나 "랄랄라"만 반복하는 사람의 기
도나 그 질에 있어 하등의 차이가 없다. 야고보서 저자는 "온갖 좋은
은사와 온전한 선물이 다 위로부터 빛들의 아버지께로부터 내려오나
니"(약 1:17)라고 말했다. 하나님이 당신의 백성에게 주신 것들은 모두

좋은 것이다. 실제로 방언통변을 해보면, 유창하게 방언하는 사람의 기도나, 서툴고 투박하게 방언을 하는 사람의 기도나 공히 대단히 높고 깊은 수준의 유창한 한국어로 통역되는 것을 볼 수 있다. 그런 이유로, 나는 방언이란 하나님과 우리 사이에 마치 (영적) 모스 부호를 이용하여 교신을 나누는 것과 같은 것이 아닐까라고 생각한 적이 있었다. 모스 부호를 사용하여 통신을 하는 경우 송신자의 편에서는 계속 단음절의 신호만을 보내지만 수신자의 편에서는 그것이 훌륭한 문장의 형태로 주어지는 것처럼 말이다.

● ○

앞서도 말했듯이 나는 꽤 오랫동안 방언으로 기도를 해왔다. 하지만 내가 방언기도의 독특성과 효력에 대해 더 깊이 이해하게 된 것은 본격적으로 방언통변을 받고 나서다. 내가 처음으로 방언통변을 받은 날은 2013년 3월 20일이다. 이날 지리산과 섬진강이 맞닿은 전라도 남원의 한 교회를 방문하여 그곳 교회를 섬기는 사모님께 방언통변을 받았다. 당시 나는 약 1년 전부터 목회를 그만두고 교회를 떠날 마음을 굳히고 있었다. 교회에 대한 환멸, 더 정확히는 소속 교단 및 목회자들에 대한 실망과 상처가 너무 컸기 때문이다. (이 책의 뒤에서 다시 잠깐 언급하겠지만) 당시 나는 약 1년간 특정한 이슈를 두고 교회 개혁 및 교단 정화 운동에 적극 관여했는데 이 과정에서 얻은 심리적 내상과 그로 인한 교회에 대한 환멸이 너무 컸다. 그래서 목회를 그만두고

차후의 내 삶의 여정을 어떻게 꾸려나갈까 하는 세속적(?) 고민에 몰두하기 시작했다. 그런데 그 문제를 놓고 (방언)기도만 하면 하나님께서는 내가 전혀 생각하지 못하고 있던 말씀을 주셨다. 하나님은 교회를 떠날 생각을 굳히고 있는 나에게, 오히려 한국교회를 위해서 요긴한 일들을 하게 될 것이라고 말씀하셨다. 아무리 생각해도 내키지 않는 일이었다. 그래서 고민 끝에 방언통변을 받아보기로 하고, 여러 방면으로 수소문한 끝에 신뢰할 수 있는 통변자라 생각되어 지리산 자락까지 찾아가게 된 것이었다.

어린 시절, 집에서 할머니가 소위 영서라고 해서 집에 찾아온 사람들의 방언을 요상하게 생긴 글로 받아 적어 통변해주는 것을 자주 보긴 했지만 내가 직접 육성으로 통변을 받아보기는 처음이었다. 그날, 그곳에서 나는 난생처음으로 방언통변을 받으면서 너무나 당황했다. 사모님의 통변 내용이, 역시 내가 예상하거나 기대했던 것과 너무 달랐기 때문이었다. 여기서 그날 받은 방언통변 내용을 모두 소개할 수는 없다. (당시 통변 내용은 녹음이 되어 있으며 약 10분간 진행되었다.) 다만 대략적인 골자를 소개한다면 다음과 같다.

하나님께서 한국의 중장년 세대가 아닌 젊은 세대, 특히 10대들에게 관심이 많으시다.…하나님께서 한국의 청소년들이 하나님을 사랑하고, 경건하고, 사회정의에 힘쓰는 세대가 되길 원하시며 그 일을 인도할 수 있는 사람을 찾고 계신다.…하나님께서 한국교회와 한국교회 지도자들이 한국의 젊은 세대가 죄 가운데 방황하고 고통당하고 있음에도 불구하고 그들의 영혼을 불쌍히 여기지 않고 그들을 위해서 아무런 일도 하지 않는 것에 대해서 슬퍼하신다.…하나님께서 한국의 새로운 세대를 준비시켜 새로운 역사를 일으키실 것이다.…

물론 그때 받은 통변 내용 중에는 나 자신과 관련한 개인적 내용들도 있지만 여기서는 밝히지 않겠다. 어쨌거나 나는 첫 방언통변을 받으면서, 입으로는 계속 방언으로 기도하면서도, 속으로는 몹시 당황스러웠다. 그리고 도저히 방언통변 내용을 수긍할 수 없었다.

"한국의 젊은이들, 특히 10대가 사회정의에 눈이 열려 새로운 역사를 만들어가는 세대로 변모될 것이라고?"

솔직히 나는 입으로 방언을 하면서도 속으로는 코웃음을 쳤다. 왜냐하면 당시만 해도 우리나라 젊은 세대 대다수가 정치적 영역을 포함하여 사회 문제에 대해서는 관심이 없고 오히려 일베류의 극우적인 사고방식을 가진 경우가 흔했기 때문이다. (그러나 나는 1년 후 2014년 4월 16일에 세월호 참사가 발생하고 난 다음 우리 청소년들의 사회적 의식이 무섭게 변모되는 것을 보면서 적잖게 놀랐다.) 아무튼 나의 첫 방언통변은 그렇게 끝났다. 그날 나는 서울로 돌아오는 길에 고속도로 휴게소에 잠시 들려 내 페이스북 계정에 자세한 사정 이야기는 생략한 채 그냥 "오늘은 매우 황당한 날"이라고 적었다.

하지만 거기서 멈출 수는 없었다. 나는 타고난 기질이 한번 시작한 일은 기어이 끝을 봐야 직성이 풀리는 스타일이다. 그래서 다시 한번 수소문을 한 끝에 이번에는 경남 진해의 한 작은 교회를 찾아 방언통변을 받았다. 그날이 2013년 4월 28일 주일이었다. 그런데 그곳 교회의 사모님께서 해주신 방언통변 내용은 남원에서 받았던 방언통변과 내용이 또 달랐다. 주로 한국교회 및 한국사회 개혁에 대한 내용이 주를 이루었다. (그날 받은 통변 내용 역시 녹음되어 있다.)

"아니, 어떻게 한 사람이 기도한 방언에 대한 통변이 서로 다른 두 가지 버전이 있을 수 있지?"

나는 당최 이해가 되지 않았다. 그런데 그날 거기서 어떤 의미심장한 일이 있었다. 나는 당시는 그 사실을 인지하지 못했지만 정확히 6일 후 그것을 깨닫게 된다. 4월 28일에 내가 두 번째 방언통변을 받던 자리에는, 그곳 교회에 출석하던 P 집사님이 동석하고 있었는데 이분은 환상을 잘 보는 은사를 지니고 있다고 했다. 사모님의 통변이 끝나자마자 P 집사가 자신이 본 환상이라며 내게 이런 말을 해주었다.

"예수님이 목사님 이마에 줄자를 갖다 대고 하시는 말씀이 '네가 머리가 좋아서 아이디어가 많고 생각이 많다 보니 늘 쉬지 않고 새로운 일을 벌이는 경향이 있다. 또 네가 늘 나를 위해 무언가를 하려고 시도한다. 그러다 보니 내가 너를 위해서 무슨 일을 할 수가 없구나. 내가 너를 위해서 일을 해야 하는데, 네가 자꾸 나를 위해서 일을 하려 하니 내가 아무것도 할 수가 없구나. 그냥 네가 가만히 있는 것이 나를 위한 일이란다'라고 하십니다."

하지만 나는 그 말을 한 귀로 흘려들었다. 내가 서울에서 진해까지 운전을 해서 먼 길을 찾아온 이유는 방언통변을 받아 내 인생을 향한 하나님의 뜻을 더 구체적으로 알고자 함이었지, 요상한(?) 환상에 대한 설명을 듣고자 함이 아니었기 때문이었다. 어쨌거나 그렇게 나의 두 번째 방언통변은 끝났다.

서울로 돌아온 지 이틀 후인 4월 30일에 나는 LA행 비행기에 몸을 실었다. 당분간 미국에서 머리를 식히며 지친 몸을 추스릴 계획이었다. 미국에 머물며 사람도 만나고 자료를 찾을 일도 많았다. 이미 대학 선배인 K 목사님을 통해 탈봇 신학교 주변에 숙소를 장만해놓은 터였다. 그런데 내가 LA에 왔다는 소식을 들은 총신 후배 E 목사가 숙소에 찾아왔다. 그날이 5월 4일이었다. 거의 20여 년 만의 만남이었다. 우리는 서로 밀린 이야기를 나누기 위해 오렌지카운티에 위치한 한 커피숍으로 이동했는데 커피숍에 들어서자마자, 멀리 노스캐롤나이나에서 왔다는 마리아라는 할머니 목사님이 내게로 와서 아이패드를 펼쳐 보여주었다. 거기에는 사람 이마에 줄자를 두르고 있는 그림이 캡처되어 있었다. 나는 그날 그곳에서 마리아 목사님을 처음 만났다. 그녀는 예수님이 자기에게 커피숍에서 기다리고 있다가 나를 만나서 사람 이마에 줄자를 대고 있는 그림을 보여주면 무슨 뜻인지 알아들을 것이라고 했다고 전했다. 정확히 6일 전에 진해에서 들었던 환상 이야기와 똑같은 말이었다. 순간 전율이 몰려왔다. 그리고 퍼뜩 드는 생각이 "하나님께서 나보고 미국에 올 때 품었던 모든 계획을 내려놓으라고 하시는구나" 싶었다. 그래서 즉시 미국에 올 때 가지고 왔던 모든 계획을 마음에서 지웠다. 내 스케줄이 아니라 하나님의 스케줄대로 움직여보자는 마음을 먹었다.

며칠 후 E 목사가 내게 국제예수전도단에서 예언기도 사역을 하는 댄 스니드라는 목사님이 계시는데 자기가 연락을 해볼 테니 성사가 되면 함께 만나자고 제안을 했다. 그렇게 해서 우리는 LAX 공항 옆에 있는 크라운 호텔 1층 로비에서 댄 스니드 목사님을 만나 교제를 하게 되었다. 머리가 희끗한 할아버지 목사님이었다. 그런데 댄 스니드 목사님이 나를 보자마자 대뜸 기도를 하자고 제안했다. 그러더니 이렇게 기도를 했다.

"하나님, 저는 앞으로 한국에서 새로운 세대가 일어날 것을 봅니다.…한국의 새로운 세대가 한국사회와 역사에서 새로운 일들을 이루어나갈 것입니다.…"

그렇게 8분가량 기도를 했다. 댄 스니드 목사님의 예언적 중보기도를 들으면서 나는 머릿속이 복잡해졌다.

"어, 이건 내가 남원 사모님하고 나눴던 방언통변 내용과 토씨 하나도 안 틀리고 똑같은데….."*

그 후 50여 일을 미국에 머무는 동안 하나님께서는 전혀 예기치 못한 방법을 동원하여 내게 다양한 경로로 동일한 메시지들을 주셨다. 하도 비슷한 일들이 반복되니 나는 더 이상 미국에 머물고 싶은 마음이 사라졌다. 그래서 일정을 단축해 6월 22일에 한국으로 돌아왔다. 인천공항에 도착한 직후 나는 조용한 곳을 찾아 남원에 계신 사모님께 핸드폰으로 전화를 드렸다. 그리고 이렇게 말씀드렸다.

"사모님, 안녕하세요. 저 김요한입니다. 제가 직접 찾아 뵈어야 하

---

* 정말 그랬다. 여기서는 밝힐 수 없는 내 개인적 소명과 거취에 대한 내용까지 똑같았다.

는데 너무 바빠서 시간을 못 내고 있습니다. 혹시 괜찮으시면 핸드폰으로 방언통변을 받고 싶은데요?"

사모님이 그러자고 하셨다. 핸드폰 수화기에 대고 방언을 시작하자마자 저쪽에서 이런 통변이 들려왔다.

"아들아, 그래 네가 넓은 세상에 나가서 성령으로 감동된 많은 사람들을 만나 이야기를 들어보니 무슨 생각이 드느냐? 내가 네게 나의 뜻을 그만큼 소상히 알려주었으면 이제 내 뜻을 이루기 위해서 충성하도록 하라."

참 기가 막힐 노릇이었다. 그 사모님은 내가 미국에 다녀온 줄도 모르는데 말이다.

그렇지만 사람의 마음이 얼마나 완고하던지. 나는 약 2개월간 50차례가 넘는 이런 일들을 반복해서 겪으면서도 여전히 목사들에 대한 실망과 불신이 누그러들지 않았다. 그리고 그런 사람들과 함께, 그런 사람들을 위해 내 남은 인생의 시간을 쓰고 싶지 않았다. 나는 예수님은 좋았지만 기독교인들, 그중에서도 특히 목사들은 싫었다. 교회를 생각하면 연민의 마음이 물밀 듯이 몰려왔지만, 교회 다니는 사람들을 생각하면 그 위선과 허영심에 치가 떨렸다. 나는 더 이상 기독교인들과 엮여 살고 싶지 않았다. 물론 그때도 나는 개인기도를 쉬지 않았다. 오히려 더 치열하고 간절하게 기도했다. 그때마다 하나님께서는 성령을 통해 내게 한국교회와 사회를 위해서 일해야 한다고, 특히 목회자들을 바른 신학으로 돕고, 젊은이들을 격려하는 일들을 해야 한다고 수없이 말씀하셨다. 하지만 나는 그 말씀에 순종하지 않고 계속 저항했다.

　그런 내 마음이 결정적으로 무너지게 된 사건이 있었다. 2013년 12월 1일부터 10일까지 요르단을 방문하여 시리아 난민들에게 난로를 전달한 후 귀국길에 잠깐 예루살렘에 들렀을 때였다. 그때 우연히 참석한 작은 규모의 심야 기도회에서 만난 한 인도 여성이 내게 다가와 기도를 해주는데 내용을 들어보니 내가 한국과 미국에서 일 년 내내 들었던 메시지와 똑같은 이야기를 하는 것이었다. 아, 하나님이 얼마나 집요하고 끈질기시던지! 그날 나는 내가 두 번 다시 한국교회를 위해 일할 일은 없을 것이라고 굳게 닫았던 마음의 빗장을 해제하고 교회를 위해서 다시 봉사하기로 마음을 고쳐먹었다. 그리고 그 후 지난 몇 년간 한국교회를 위해 좋은 신학서적을 만들어 공급하려고 정말 최선을 다했다. 또한 기존에 해오던 출판 사역에 더해, 2015년 10월부터는 새물결아카데미를 개원하여 본격적으로 목회자와 신학생 그리고 평신도를 위한 기독지성 운동을 펼치고 있다. 현재 새물결플러스에서는 해마다 40권가량의 신학서적(그중 40% 가까이가 600페이지 이상의 책이다)을 출판하여 한국교회에 제공하고 있으며, 아카데미의 경우 매주일 평균 300명 이상의 목회자 및 신자들이 참석하여 다양한 분야의 신학과 인문학 공부에 매진하고 있다. 이 일은 인간의 이성과 논리로는 잘 설명이 안 된다. 한국개신교의 상황과 수준에서 전문적인 신학서적을 판매하여 오직 그 수익금만으로 이만한 규모의 조직과 사역을 감당한다는 것은 결코 쉬운 일이 아니다. 그런데 그 일이 실제로 이루어지고 있다. 더군다나 그 모든 일들은 수년 전에 성령께서 말할 수 없는 탄식이 동반된 기도를 통해 내게 알려주셨던 내용 그대로다.

나는 사람에게 받은 상처와 모멸감으로 인해 내 마음과 의지를 총동원하여 다시는 하나님의 일을 안 할 것이라고 굳게 다짐했지만, 성령께서는 그런 나를 위하여 인간의 언어로 형용할 수 없는 깊은 탄식을 동반한 진실한 기도로 중보하셨을 뿐 아니라, 친히 내 영과 연합하여 말할 수 없는 탄식이 어우러진 기도를 나타내심으로써 하나님의 뜻을 알려주셨다. 그리고 그 메시지는 허공에 떠다니는 구름처럼 허황된 것이 아니라 우리의 살과 피가 발을 딛고 살아가는 땅 위에서 하나둘씩 구체적으로 실현되고 있다.

08

주님이 가르쳐주신 기도

오 하나님, 저희에게 은혜를 주시어 아버지의 뜻이 저희 안에 이루어지게 하소서. 아버지께서 원하시는 대로 저희를 고치시고 행하소서. 그것이 저희에게 아픔이 된다 해도 멈추지 마소서. 저희의 뜻이 아니라 아버지의 뜻이 이루어지게 하소서.

사랑하는 아버지, 저희를 보호하시어 저희의 생각과 의행과 뜻대로 행하지 않게 하소서. 저희의 뜻은 아버지의 뜻과 반대입니다. 아버지의 뜻만이 선하십니다. 설사 저희 눈에는 선해 보이지 않아도 그것만이 선한 것입니다. 저희의 뜻은 선해 보일지라도 실은 악할 뿐입니다.

마르틴 루터

우리는 매 주일 교회에서 예배를 드릴 때마다 주기도문을 고백한다. 하지만 우리 중 주기도문의 의미를 제대로 알며 또 그 내용대로 살아가는 그리스도인이 얼마나 될까? 우루과이의 어느 성당 벽에는 다음과 같은 주기도문이 적혀 있다고 한다.

"하늘에 계신"이라고 하지 마라,

세상일에만 빠져 있으면서.

"우리"라고 하지 마라,

너 혼자만 생각하며 살아가면서.

"아버지" 하지 마라,

아들딸로서 살지 않으면서.

"아버지의 이름이 거룩히 여김을 받으시며" 하지 마라,

자기 이름을 빛내기 위해 안간힘을 쓰면서.

"아버지의 나라가 임하옵시며" 하지 마라,

물질만능의 나라를 원하면서.

"아버지의 뜻이 하늘에서와 같이 땅에서도 이루어지소서" 하지 마라,

내 뜻대로 되기를 기도하면서.

"오늘 우리에게 일용할 양식을 주시고" 하지 마라,

가난한 이들을 본체만체하면서.

"우리에게 잘못한 이를 우리가 용서하오니 우리 죄를 용서해주시고" 하지 마라,

누군가에게 아직도 앙심을 품고 있으면서.

"우리를 유혹에 빠지지 않게 하시고" 하지 마라,

죄지을 기회를 찾아다니면서.

"악에서 구하소서" 하지 마라,

악을 보고도 아무런 양심의 소리를 듣지 않으면서.

참으로 날카로운 풍자가 아닐 수 없다. 누군가 "주기도문"에서 "기도"를 빼면 "주문"이 된다고 했는데 지금 우리의 현실이 딱 그렇다. 매 주일마다 너무 자주, 습관적으로, 아무 생각 없이 주기도문을 외우다 보니 기도가 어느 샌가 주문처럼 변질된 것이다.

흔히 주기도문이라고 부르는 기도는 예수님이 제자들에게 그리고 우리에게 직접 가르쳐주신 기도다. 그래서 올바로 풀어 표현하면 "주님이 가르쳐주신 기도"라고 해야 맞다. 중세의 위대한 신학자 토마스 아퀴나스는 이 기도를 가리켜 "가장 완전한 기도"라고 불렀다.

주기도문은 복음서에서 두 군데 등장한다. 누가복음 11:2-4과 마태복음 6:9-13이다. 누가의 버전을 따르면 먼저 제자들이 예수님께 기도를 가르쳐달라고 요청하는 장면이 나온다. 앞서 서술했듯이, 예수님 당시 메시아 운동을 하는 공동체들은 모두 자신들의 신학적 정체성을 함축적으로 요약한 기도문을 만들어 사용하고 있었다. 따라서 제자들도 예수 운동을 대표할 수 있는 기도문의 필요성을 절감했을 것이다. 이것이 그들이 예수님께 기도를 가르쳐달라고 부탁한 직접적인 이유다. 하지만 그게 다는 아니었을 것이다. 제자들은 평소 예수님의 생활을 곁에서 지켜보면서, 무엇보다 예수님이 기도의 사람이라는 사실에 큰 도전과 감동을 받았을 것임이 틀림없다. 예수님은 공생애를 기도로 시작하시고 기도로 마치셨다. 그분은 광야에서 40일간 금식하며 공생애를 시작하셨고, 십자가에서 기도로 메시아적 삶을 마감하셨다. 예수님이 십자가에서 남긴 일곱 개의 말씀 가운데 무려 세 개가 기도다. 그분은 정신없이 바쁘고 피곤한 메시아적 삶 가운데서도 새벽 일찍 일어나 기도했고, 저녁 늦게까지 기도했다. 가장 중요한 결정을 앞두고 항상 기도했고(눅 6:12), 십자가의 죽음을 앞두고는 겟세마네 동산에서 땀이 피처럼 흐르도록 기도했다. 그분은 가히 기도의 사람, 곧 걸어 다니는 기도 자체였다. 제자들은 이런 예수님의 모습을 보면서, 자신들도 그렇게 기도하고 싶은 경건한 소망을 품지 않았을까? 그것이 제자들이 예수님께 기도를 가르쳐달라고 한 또 하나의 이유가 아니었을까! 이런 제자들의 소망에 부응하여 예수님은 그들에게 기도를 가르쳐주셨다.

마태복음판 주기도문은 산상수훈이라고 부르는 말씀들 가운데 나온다. 마태복음 4:23-25에 보면 예수님께서 하나님 나라 운동을 본격적으로 시작하시면서 천국 복음을 전파하시고, 각종 질병 들린 사람들을 치유하시며, 귀신들을 축사하시는 장면이 소개된다. 복음의 전파, 치유 및 축사는 하나님 나라 운동의 대표적 표징이다. 예수님이 하나님 나라 운동을 시작하자 각처에서 수많은 사람들이 구름 떼같이 모여든다. 예수님은 그들 가운데서 따로 제자들을 선별하여 "산"에 올라 가르치신다. 이 말씀이 마태복음 5-7장까지의 내용이며 교회 역사에서는 이 말씀을 가리켜 "산상수훈" 즉 산에서 베풀어주신 말씀이라 불렀다. 마태복음 5-7장의 산상수훈은 구약성경 출애굽기 19장에서부터 민수기 10:10 사이에 있는, 하나님께서 시내산에서 이스라엘에게 주신 율법 조항에 정확히 후형적으로 상응하는 새 언약의 계명들이다. 하나님께서 출애굽한 옛 이스라엘에게 모세를 통해 시내산에서 언약 백성의 삶의 도리인 613가지 율법을 주셨듯이(그것의 요약이 십계명이다), 이제 하나님의 참된 현신인 예수님께서 직접 새 이스라엘의 대표자인 제자들에게 산에서 새 언약 백성의 삶의 도리인 산상수훈의 말씀을 하사하시는 것이다. 그런 이유로 산상수훈의 내용 중 마태복음 5:17-48에는 옛 언약의 계명과 상반되는 혹은 그것을 능가하고 대치하는 새 언약의 계명이 여섯 가지 반제 형태로 제시되고 있다("옛 사람에게 말한 바 ~이라고 들었으나, 나는 너희에게 말하노니 ~하라"). 따라서 산상수훈의 말씀들은 예수님을 통해 출범한 새 언약의 시대에 주어진 언약 백성의 대강령이자 하나님 나라 운동의 대헌장이라고 할 수 있다. 혹은 우리가 흔히 쓰는 표현을 빌리자면 "제자도"의 핵심 규정이라고 할 수 있다.

마태복음 5-7장에 나오는 산상수훈을 살펴보면 크게 다섯 가지 부분으로 구성되어 있음을 알 수 있다. 마태는 자신의 복음서에서 구약 모세 오경의 선례를 따라 주로 5라는 숫자를 사용하여 정교한 문학적 구성 방식을 선보이는데 산상수훈을 배치하고 조직하는 데서도 동일한 방식을 따른다.

A. 팔복 5:3-16

B. 여섯 가지 반제 5:17-48

C. 세 가지 종교적 행위에 대한 교훈 6:1-18

D. 첫 번째 계명에 대한 가르침 6:19-7:11

E. 결론적 권면 7:12-27

이 구조를 따른다면 산상수훈 전체의 중심에는 세 가지 종교적 행위에 대한 가르침이 자리하고 있다. 그것은 자선(구제), 기도, 금식에 대한 가르침이다. 또한 세 가지 종교적 행위를 다루는 마태복음 6:1-18을 분석하면 다음과 같이 나눌 수 있다.

A. 자선/구제 6:1-4

B. 기도 6:5-15

C. 금식 6:16-18

여기서 우리는 하나님 나라 운동의 대강령인 산상수훈의 핵심이 자선, 기도, 금식이며, 그중에서도 "기도"가 더욱 핵심적인 요소임을 알 수 있다. 그런데 기도에 대한 가르침을 다루고 있는 마태복음 6:5-15을 분석하면 결국 주기도문이 그 중심에 있음을 알 수 있다.

A. 잘못된 기도 6:5-9a

B. 주기도 6:9b-13

C. 기도에 대한 재강조: 용서의 중요성 6:14-15

이처럼 주기도문은 우리가 단순히 주문처럼 암송해야 할 기도문이 아니라, 오히려 그 안에 예수님께서 선포하시고 성취하신 하나님 나라 운동의 정신이 응축되어 있는 제자도의 핵심 원리다. 따라서 우리가 기도할 때 주기도문으로 기도한다는 것은, 우리 자신이 산상수훈의 교훈을 따라 하나님 나라 백성답게 살겠다는 소망과 다짐을 재천명하는 것이다. 그렇기 때문에 아우구스티누스가 "제대로 기도하고 있다면, 기도 중에 무엇을 말하든 이미 주기도문 안에 담긴 것을 말하는 셈이다"라고 말한 것은 전적으로 옳다.

종교개혁가 마르틴 루터는 주기도문을 가리켜 "기독교의 모범 기도문"이라 불렀다. 그의 말을 염두에 두면서, 이제 주기도문의 구체적 내용을 간략하게나마 살펴보자.

먼저, 마태복음에 나오는 버전을 중심으로 주기도문의 구조를 살펴보자. 통상 신약학자들은 주기도문이 다음과 같은 구조로 이루어져 있다고 본다.

A. 하나님의 이름을 부름: "하늘에 계신 우리 아버지여!"
B. 여섯 개의 청원: 세 개의 "당신" 청원 – 1) "당신"의 이름이 거룩히 여김을 받으소서.
  2) "당신"의 나라가 임하게 하소서.
  3) "당신"의 뜻이 이루어지게 하소서.

세 개의 "우리" 청원 - 1) "우리"에게 일용할 양식을 주옵

소서.

2) "우리" 죄를 용서하여주옵소서.

3) "우리"를 시험에 빠지지 않게 하

옵소서.

C. 송영: "나라와 권세와 영광이 아버지께 영원히 있사옵나이다. 아멘."

다른 한편, 첫 번째 청원인 "당신의 이름이 거룩히 여김을 받으소서"를 "하늘에 계신 아버지여"와 연결하여 하나의 신앙고백으로 볼 수도 있다. 즉 이 구절은 "하늘에 계신 아버지여, 내가 당신의 이름을 거룩하게 여깁니다"라는 고백으로 볼 수 있다.

그다음으로, 두 번째와 세 번째 청원을 사실상 하나의 청원으로 묶을 수 있다. 곧 하나님 나라가 임한다는 것은 그분의 뜻(의지)이 하늘에서 이루어진 것처럼 땅에서도 성취되는 것이다. 이렇게 볼 경우, 주기도문은 "하나님의 이름을 부름"+"(한 개의) 하나님 나라 청원"+"(세 개의) 우리 청원"으로 구성된 기도문이 된다. 즉 주기도문은 하나님 나라가 이 땅에 임했을 때 그 나라의 백성이 누리는 복락에 대한 기도다.

주기도문의 청원들을 간단히 살펴보자

첫째, 우리는 하나님을 "아빠"라고 고백하도록 부름 받았다. 하나님께서 우리의 아버지가 되시고, 우리가 그분의 자녀가 된다는 사실은 하나님과 우리 사이에 체결된 "언약관계"를 나타낸다. 우리는 하나

님과 친근하면서도 독특하고 배타적인 관계를 맺음으로써, 하나님의 신적인 부요함에 참여할 수 있는 특권을 부여받은 존재다.

그런데 우리의 아빠 되신 하나님께서는 지상의 아버지와 달리 하늘 곧 초월 세계에 계신 아버지다. 창조주 하나님은 피조물인 우리와 무한한 질적 차이를 지니신 분이시다. 따라서 그분은 거룩하신 분, 즉 우리와 구별되신 분이시다. 이 사실은 우리로 하여금 하나님 앞에서 한없는 두려움과 조심스러움을 갖게 한다. 이처럼 하나님을 진지하고 올바르게 인식하고 고백하는 데서 참된 기도가 시작된다. 거듭 말하거니와, 하나님을 올바로 아는 것이 기도의 첫 걸음이다.

둘째, 우리는 하나님 나라의 도래 곧 하나님의 통치가 이 땅에서 실현되도록 기도해야 한다. 하나님의 통치가 실현된다는 것은 하나님의 뜻이 온전히 관철된다는 의미다. 하나님께서 태초에 세상을 창조하셨을 때 그분이 의도하신 것은 온 우주가 하나님의 선하신 통치 아래 정의와 평화와 자유를 마음껏 구가하는 것이었다. 하나님은 인간을 창조하시어 자신을 대신하여 온 우주를 사랑과 평화와 자유로 가득 채울 것을 기대하셨다. 그러나 첫 사람 아담의 범죄와 타락은, 이 세상을 사탄의 통치의 무대로 변질시켰다. 인간에게서 하나님의 통치를 찬탈한 사탄은 세상을 죄와 악과 고난과 죽음으로 통치하기 시작했다. 인간은 그러한 사탄의 통치의 앞잡이가 되어 만인이 만인에 대한 투쟁을 전개하며 상호 불신과 증오와 대결과 착취와 살인을 일삼는다. 이 땅에 횡행하는 모든 고난의 원인이 여기 있다. 우리는 이러한 사탄의 통치가 종식되고 의와 평강과 기쁨이 가득한 하나님의 통치가 땅 위에서 다시 회복되길 위해서 기도해야 한다.

셋째, 우리는 우리 자신의 실존적 필요를 위해 기도해야 한다. 먼저, 우리는 일용할 양식을 위해 기도해야 한다. "일용할 양식"으로 번역된 그리스어 "에피우시온"은 1) 삶에 필요한, 2) 당일의 삶에 필요한, 3) 다음 날의 삶에 필요한이라는 의미가 있다. 종합하면 "일용할 양식"이란 "다가오는 (내일) 하루 동안 내 삶에 필요한 양식을 주옵소서"란 고백이 된다. 이러한 "일용할 양식"을 구하는 기도에는 세 가지 신앙고백이 담겨 있다. 첫째로 우리의 생존이 전적으로 창조주 하나님의 손에 달려 있다는 고백이다. 둘째로 우리의 일상에 꼭 필요한 것 이상을 탐내지 않겠다는 고백이다. 셋째로 안식일에 일하지 않아도 하나님께서 삶을 책임져주실 것이라는 고백이다. 본시 "일용할 양식"은 출애굽기 16장에 나오는, 구약 이스라엘이 광야에서 만나를 얻어먹은 사건에 뿌리를 두고 있다. 출애굽기 16장을 보면 하나님께서는 광야 생활을 하는 이스라엘에게 금요일에는 이틀치 양식을 주심으로써 안식일에 양식을 구하러 다니지 않아도 되도록 배려해주셨다. 이 사실에 기초하여, 우리는 주일에 생계를 위해 일하지 않고 하나님께 온전히 예배를 드리고 쉬는 데만 집중해도 하나님께서 우리의 생활을 책임져주실 것을 믿어야 한다.

그다음으로, 우리는 하나님께서 우리의 죄를 용서해주시길 위해 기도해야 한다. 우리는 살아가면서 매 순간 죄를 짓는다. 이 죄는 하나님과 다른 사람에 대한 "빚"(혹은 채무)이다. 그래서 마태는 죄를 빚으로 묘사한다. 곧 "우리의 빚을 사하여주옵소서"라고 묘사한다. 이처럼 죄가 하나님과 다른 사람에 대한 채무라는 사실은 죄의 엄혹성과 위중성을 나타낸다. 그것은 반드시 갚지 않으면 안 된다. 따라서 우리의 죄는 반드시 처리되고 용서받아야 한다. 그런데 "우리가 우리에게 (죄의) 빚진 자들을 용서한 것처럼, 하나님께서도 우리의 죄를 용서하여 주옵소서"란 고백은 자칫하면 행위구원처럼 비쳐질 수 있다. 즉 우리의 선행이 하나님의 자비를 유발하는 동인이 되는 것이다. 그러나 이 기도의 본뜻은 "하나님, 우리의 죄를 용서하여주옵소서, (그와 동시에)* 우리도 우리에게 (죄의) 빚진 자들을 용서하겠습니다"란 의미다. "우리" 청원의 첫 번째 간구인 "일용할 양식"을 구하는 기도에 담긴 의미가, 하나님 나라가 임하면 생존의 문제가 해결된다는 것이라면, 두 번째 간구인 "우리 죄를 용서하옵소서"는, 하나님 나라가 임하면 관계의 문제가 해결된다는 의미를 내포하고 있다.

마지막으로, 우리는 "우리를 시험에 들게 하지 마옵소서. 그리고 악에서 구출하옵소서"라고 기도해야 한다. 이 기도는 우리를 사탄의 유혹(미혹)으로부터 보호하여주옵소서란 뜻이다. 바꿔 말하면, 사탄이 첫 사람 아담을 미혹하여 범죄하게 했듯이 나(우리)에게도 동일한 나쁜 짓을 하지 못하도록 지켜주옵소서라고 간구하는 것이다. 그렇다면 사탄의 유혹이란 무엇인가? 다름 아닌 하나님과 다른 사람 앞에서 자기를 주장하도록 부추기는 것이다. 그것은 하나님을 내 인생의 주인

---

*   찰스 윌리엄스는 이렇게 말했다. "이 구절의 '같이'라는 짧은 단어보다 더 무서운 말은 없을 것이다."

으로 고백하는 대신 자기 스스로 주인(즉 하나님) 노릇하며 사는 것이며, 다른 사람 위에서 하나님처럼 군림하려는 태도다. 다른 사람을 조종하고 통제하며 착취하고 억압하는 일체의 태도가 여기서 비롯된다. 이런 못된 삶의 태도에서 벗어나는 길은 인간의 지식이나 돈이나 의지로 가능한 일이 아니라, 오직 하나님 나라 곧 하나님의 통치가 우리의 삶에 강력하게 임했을 때만 가능하다. 따라서 우리는 하나님께서 이와 같은 은혜를 부어주시길 위하여 기도해야 한다. 그렇지 않으면 우리는 끊임없이 하나님과 다른 사람에게 죄의 빚을 쌓으며 살 수밖에 없다.

여기서 중요한 점은 주기도문의 청원은 간구인 동시에 서약 내지 다짐이라는 것이다. 주께서 가르쳐주신 기도는, 하나님께 그러한 은혜를 구할 뿐 아니라 내가 하나님 나라 백성으로 제자도를 실천하며 살겠다는 의지의 표현이다.

한편, 예수님 당시 유대교의 기도들은 먼저 자신의 필요를 잔뜩 나열한 후에 맨 끝에 형식적으로나마 하나님을 높여드리는 기도문을 덧붙이는 것이 일반적인 경우였다. 사실 우리도 늘 그렇게 기도하지 않는가! 그러나 예수님께서는 주기도문을 통해 이러한 보편적인 기도를 해체하시고 전복시키셨다. 예수님이 주신 기도에는 하나님의 통치가 먼저이고, 그다음에 인간의 실존적 필요가 뒤따른다. 이것이 올바른 순서다. 그래서 "주기도문은 가장 위대한 기도인 동시에, 위험한 기도다"(김영봉). 우리의 죄악된 존재를 재구성하고, 우리의 타락한 가치관을 전복시키기 때문이다. 마르틴 루터의 다음과 같은 말은 옳다.

나는 성경 전체에서 이 기도보다 더 강력하게 그리고 더 많이 우리 삶을 마
비시키고 우리 삶을 부숴버리는 가르침을 알지 못한다.[*]

그리고 실제로 루터는 매일의 기도에서 주기도문의 한 구절 한
구절을 이용하여 기도에 힘썼다고 한다. 가령 "우리에게 일용할 양식
을 주시옵고"라고 아뢴 다음 곧바로 다음과 같이 덧붙이는 식이다.
"나의 가정과 재정, 아내와 아이들을 하나님께 올려드립니다. 제가
모자람 없이 부양하고 가르쳐서 잘 관리하게 해주세요."[**]
이런 식으로 루터는 주기도문을 이용해 매일매일 새로운 방식과
표현으로 기도했다고 한다. 이 얼마나 지혜롭고 시의적절한 기도인가?

---

[*]　헬무트 H. 틸리케,『세계를 부둥켜안은 기도』(박규태 역, 홍성사), 65.
[**]　팀 켈러,『팀 켈러의 기도』(최종훈 역, 두란노), 139.

09

믿음으로 기도하기

오! 믿음이여, 그대는 충실하게

주님에 대한 믿음을 고백했으니

그분의 축복이 그대와 함께 있을지어다.

믿음 없는 자들이 온갖 헛된 기쁨과 함께

지옥 같은 고통 속에 울부짖고 있을 때

찬송하라! 믿음이여, 그대의 이름 영원히 남으리니

그들이 비록 그대를 죽였으나 그대는 오히려 참생명을 얻었도다.

존 번연

2017년, 올해는 종교개혁 500주년이다. 500년 전 마르틴 루터가 95 개조 반박문을 부착함으로써 종교개혁의 불꽃이 점화되었다. 누구나 익히 알고 있듯이 종교개혁의 3대 모토는 "오직 은혜로", "오직 믿음으로", "오직 성경으로"다. 우리는 성경에 기록된 바를 따라 하나님이 은혜로 우리에게 주신 구원을 오직 믿음으로 받아 누린다. 또는 하나님이 오직 은혜로 우리를 구원하신다는 사실은 성경에 기록되어 있으며, 우리는 그 사실을 오직 믿음으로 받는다. 이처럼 "믿음"은 개신교 신앙에서 핵심 요소다.

우리의 기도에서도 믿음은 중요한 위치를 차지한다. 우리는 자비로우신 하나님께서 오직 은혜로 우리의 필요를 채우실 것을 믿음으로 확신한다. 또는 우리가 오직 믿음으로 하나님께 간구할 때 그분은 우리의 모든 필요를 은혜로써 채우실 것이다. 신약성경 야고보서 저자는 기도생활에서 믿음이 차지하는 비중이 얼마나 막중한지를 다음과 같이 묘사한다.

> 오직 믿음으로 구하고 조금도 의심하지 말라. 의심하는 자는 마치 바람에 밀려 요동하는 바다 물결 같으니 이런 사람은 무엇이든지 주께 얻기를 생각하지 말라. 두 마음을 품어 모든 일에 정함이 없는 자로다. 약 1:6-8

믿음이 없이 기도하는 것은 가장 나쁜 태도이자 습관이다. 믿음으로 기도하는 대신 의심을 품는 것은 하나님을 능멸하는 행위요, 하나님에 대한 도전이다. 그것은 하나님으로 하여금 아무 일도 못 하도록 그분의 손발을 꽁꽁 묶는 행위다.

마태복음의 저자는 성격이 비슷한 이야기들을 한데 모아 복음서를 편찬하는 기법을 즐겨 사용했다. 그는 자신의 복음서 8-9장에 기적 이야기들을 따로 구별해 모아놓았다. 이곳에는 최소 10개 혹은 11개의 기적 이야기가 소개된다. 이 장을 읽어내려가다 보면, 믿음이 있는 경우 반드시 기적이 일어난다. 그러나 믿음이 없으면 기적은 결코 기대할 수 없을 뿐만 아니라 도리어 책망의 대상이 된다. 예수님을 찾아온 백부장은 믿음으로 하인의 병을 고칠 수 있었고(마 8:5-13), 중풍병자를 침상에 태워 예수님께 데려온 사람들도 그들의 믿음으로 인하여 중풍병자의 병을 고칠 수 있었다(마 9:1-8). 열두 해를 혈루증으로 고통당하던 가련한 여인은 믿음으로 예수님의 옷자락에 손을 갖다 댐으로써 지긋지긋한 병에서 고침 받았다(마 9:18-22). 길에서 예수님을 뒤쫓으며 눈을 뜨게 해달라고 사정했던 두 명의 맹인도 그들의 믿음으로 인하여 시력을 되찾을 수 있었다(마 9:27-31). 반면, 예수님과 함께 배를 타고 갈릴리 호수를 건너다가 풍랑 앞에서 잔뜩 겁을 집어먹은 제자들은 믿음이 없음으로 인해 "어찌하여 무서워하느냐, 믿음이 적은 자들아"라고 책망을 받아야 했다(마 8:23-27).

예수님의 충실한 사도였던 바울 역시 루스드라에서 만난, 태생적으로 하체가 불구인 어떤 사람에게 "구원 받을 만한 믿음"이 있는 것을 보고 큰 소리로 "네 발로 바로 일어서라"고 외치자마자 그 사람이 즉시 자리에서 일어났다(행 14:8-10). 그러자 이런 놀라운 기적을 목도한 루스드라 사람들이 자신들의 방언으로 바나바는 제우스라 하고,

바울은 헤르메스라 칭하면서 그들에게 제사를 드리려고 시도하는 해 프닝마저 벌어졌다. 이처럼 기도와 소원을 응답받는 데 있어 믿음이 차지하는 비중은 결코 무시할 수 없다. 믿음은 기도응답의 금고를 여는 마스터키와 같은 것이다.

믿음이란 무엇인가? 한마디로 삼위일체 하나님을 전적으로 신뢰하는 것이다. 믿음은 하나님에 대한 값싼, 감정적인 긍정이나 승인이 아니다. 기분이 달콤해지면 덩달아 믿음도 생기고, 기분이 우울해지면 믿음도 바닥을 치는 것이 아니다. 오히려 참된 믿음은 삼위일체 하나님에 대한 올바른 지식을 전제한다. 우리가 하나님을 정확히 그리고 자세히 알수록 우리의 믿음도 함께 커진다. 또한 참된 믿음은 우리의 의지와 정서를 삼위일체 하나님의 마음과 뜻에 온전히 일치시키는 것이다. 우리가 삼위일체 하나님과 더 깊고 친밀한 연합을 경험할수록 그에 비례하여 우리의 믿음 역시 더욱 깊어진다.

우리가 삼위일체 하나님의 존재와 구원 사역을 온전히 신뢰할 때, 그 믿음은 우리로 하여금 먼저 성자 예수님과 하나 되게 한다. 즉 믿음은 우리를 예수님과 연합시킨다. 그리하여 성자 예수님의 신분과 공로와 지혜와 능력이 우리에게 전가 혹은 공유된다. 달리 말해 우리가 예수님과 연합하여 기도할 때 우리는 예수님의 공로를 힘입어 성부 하나님의 은혜의 보좌 앞에 담대히 나아가며, 주 예수의 영이신 성령의 중보와 말할 수 없는 탄식 기도의 도움을 만끽한다. 그리고 성자이신 예수님 자신의 모든 지혜와 능력이 우리에게 전유된다. 이것이 기도생활에서 믿음이 중요한 이유다.

그럼 우리가 삼위일체 하나님의 존재와 성품을 신뢰할 때 우리의 기도생활에 어떤 변화가 일어나는가?

첫째, 우리는 기도의 여정에서 중도에 포기하거나 좌절하지 않고 끈질기게 기도하는 법을 맛보게 된다. 성경은 기도와 끈질김 사이의 긴밀한 관계를 강조한다. 예컨대 마태복음 15:21-28에는 귀신들린 딸의 치유를 위해서 예수님을 찾아와 간청하는 한 이방 여인의 모습이 소개되고 있다. 그녀는 예수님이 자신의 요청에 반응할 때까지 쉬지 않고 막무가내로 소리를 질렀다. 하지만 그녀가 최선을 다할수록 오히려 예수님은 냉담하게 반응하셨다. 급기야 예수님은 "자녀의 떡을 취하여 개들에게 던짐이 마땅하지 아니하니라"라고 쏘아붙이셨다. 개라니? 이 얼마나 모멸스런 말인가! 그렇지만 그 여인은 전혀 개의치 않았다. 오히려 그녀는 예수님의 말을 이렇게 받았다.

"옳습니다마는 개들도 제 주인의 상에서 떨어지는 부스러기를 먹습니다."

그녀의 입에서 나온 뜻밖의 대답을 접한 예수님은 감탄하지 않으실 수 없었다. 그래서 얼른 태도를 바꿔 그녀를 향해 이렇게 말씀하신다.

"여자여, 네 믿음이 크도다. 네 소원대로 되리라."

물론 그 순간에 이 여인의 딸은 깨끗이 고침을 받았다.

이 이방 여인이 예수님께 끈질기게 간구할 수 있었던 원동력은 무엇인가? 바로 믿음이다. 그녀는 예수님이 자신의 딸을 고치실 수 있다는 것을 믿었다. 또한 그녀에게 참된 믿음이 있었다는 것은 무엇으로 증명되었는가? 바로 끈질긴 간구였다. 거짓 믿음을 가진 자는 삼위일체 하나님을 의심함으로써 얼마 못 가 기도를 포기하거나 중단하지만, 참 믿음을 가진 자는 삼위일체 하나님을 온전히 신뢰하는 까닭에 기도가 응답될 때까지 쉬지 않고 부르짖을 수 있다.

둘째, 하지만 그것이 다는 아니다. 참된 믿음은 우리로 하여금 하나님께 끈질기게 기도하게 할뿐더러, 우리 자신의 힘을 빼도록 요청한다. 믿음이란 하나님을 신뢰하는 것인 동시에 자기를 부인하는 행위다. 자기를 신뢰하지 않는 것, 곧 자기를 부인하고 자기 힘을 빼는 것, 이것이 믿음이 우리 안에서 일하는 방식이다.

내가 아주 가깝게 지내는 동료 목사님 중에 과거 한때 서울 유명 병원에서 척추 교정 전문의로 활동하다가 늦게 신학을 공부하고 목사가 된 사람이 있다. 우리 두 사람은 한 달에 한 번 꼴로 만나 깊은 교제를 나눈다. 우리가 만날 때마다 그는 나를 척추 교정 전문 침상에 눕히고서 내 목과 허리를 교정해준다. 그의 말에 의하면 내 목뼈와 허리뼈가 상당히 많이 휜 상태라고 한다. 자리를 이탈한 뼈를 제자리로 돌려보내기 위해 치료용 침상에 누워 있는 나를 만지며, 그가 가장 자주 하는 말은 "김 목사님은 정말 힘을 잘 못 빼요"다. 벌써 몇 년째 똑같은 소리를 듣는지 모른다. 나로서는 힘을 빼고 누워 있다고 생각하는데 정작 내 몸을 만지는 사람이 볼 때는 지나칠 정도로 힘이 많이 들어간 상태인 것이다. 그래서 그이는 항상 내 몸을 교정해 줄 때마다 애를 먹는다.

왜 나는 매번 힘을 못 뺄까? 곰곰이 생각해봤다. 표면적인 이유는 내가 긴장해서다. 더 본질적인 이유는 내 안에 일말의 두려움이 있기 때문이다. "휘어진 뼈를 맞추다가 자칫 큰 통증이라도 느끼면 어떡하나" 싶은 두려움이 내 안에 있는 것이다. 그 두려움이 나로 하여금 좀처럼 긴장을 못 풀게 만든다. 달리 말하면, 나는 내 몸을 교정해주는 사람을 온전히 신뢰하지 못하는 것이다. 반대로, 내가 만일 그 목사님을 전적으로 신뢰하고 있다면 나는 침상에 누워 곧바로 잠이 들지도 모를 일이다.

성경은 두려움이 가장 큰 죄라고 가르친다. 성경에서 가장 빈번하게 언급되는 계명은 "두려워하지 말라"다. 우리는 성경이 간음이나 폭력이나 도둑질이나 욕설이나 사기와 같은 죄를 가장 많이 언급할 것 같이 생각하지만 실제로 성경이 가장 엄중하게 요구하는 계명은 두려움을 버리라는 것이다. 우리는 왜 인생을 살면서 두려워하는가? 하나님을 신뢰하지 않기 때문이다. 그런데 우리가 하나님을 신뢰하지 못한다는 것은 하나님을 사랑하지 못하고 있다는 말과도 일맥상통한다. 진정으로 하나님을 사랑하고 또 그래서 하나님을 전적으로 신뢰하는 자는 어떤 상황에서도 두려워하지 않는다. 하지만 반대의 경우에 나타나는 가장 현저한 증상은 작은 일에도 큰 두려움을 느끼는 것이다. 그래서 요한1서 저자는 이렇게 말했다. "사랑 안에 두려움이 없고 온전한 사랑이 두려움을 내쫓나니 두려움에는 형벌이 있음이라. 두려워하는 자는 사랑 안에서 온전히 이루지 못하였으니라"(요일 4:18).

우리는 삼위일체 하나님을 온전히 신뢰하기 때문에 더욱 힘을 모아 끈질기게 기도할뿐더러, 동시에 우리가 가진 모든 힘을 빼고 우리 자신을 하나님께 완전히 맡길 수 있어야 한다. 이것이 믿음이 우리 안에서 하는 일이다.

셋째, 삼위일체 하나님을 전적으로 신뢰하는 자는 두려움과 중압감의 공포에서 벗어나 밤에 깊은 잠을 잘 수 있다. 자신의 삶의 모든 무거운 짐을 하늘 아버지께 온전히 맡기기 때문이다. 그는 낮에는 열심히 일하고 밤에는 푹 쉰다. 참 믿음은 우리의 삶에 안식을 선사한다.

이 대목에서 나는 우리 딸의 어린 시절 일화 하나를 소개하고 싶다. 우리 딸이 초등학교 4학년 때 일이다. 담임선생님이 부모님과 여행을 다녀온 이야기를 동시로 지어오라고 숙제를 내줬다. 그런데 우리 아이는 시상이 얼른 안 떠올랐는지 계속 고민만 할 뿐 정작 시를 만들어내지 못했다. 숙제는 못 했는데 시간은 계속 흘러갔다. 이윽고 밤이 되자 딸의 마음에 걱정이 한 아름 몰려왔다, 숙제를 못 했으니 선생님께 야단을 맞을지도 모르는 일이었다. 그때 아내가 이렇게 말해주었다고 한다. "조금도 걱정할 것 없어. 아빠가 돌아와서 다 해줄 거야." 그 말을 듣고 우리 딸은 안심하고 잠자리에 들 수 있었다. 내가 밤늦게 귀가하자, 아내가 숙제를 하나 던져주었다. 물론 그날 밤 내가 우리 딸을 대신하여 아름답고 멋진 동시를 하나 작문했음은 당연하다. 아마 다음날 우리 딸의 담임선생님은 우리 아이가 문학 천재가 아닌가 싶었을 것이다. 우리 아이는 제 아빠를 신뢰했기에 걱정에서 벗어나 안식을 누릴 수 있었다. 자녀는 잠을 자고, 부모는 일한다. 이것이 하나님 아버지의 법칙이다. 우리는 쉬고, 하나님은 일하신다. 우리는 그 사실을 온전히 신뢰하기 때문에 숙면을 취할 수 있다. 그래서 주님께 사랑을 받는 자는 잠을 선물로 받는다. 시편 저자는 이 사실을 잘 알았기 때문에 다음과 같은 고백을 남겼다.

내가 산을 향하여 눈을 들리라.

나의 도움이 어디서 올까.

나의 도움은 천지를 지으신 여호와에게서로다.

여호와께서 나를 실족하지 아니하게 하시며

너를 지키시는 자가 졸지 아니하시리로다.

이스라엘을 지키시는 이는 졸지도 아니하시고 주무시지도 아니하시로다.

여호와는 너를 지키시는 이시라.

여호와께서 네 오른쪽에서 네 그늘이 되시나니

낮의 해가 너를 상하게 하지 아니하며

밤의 달도 너를 해치지 아니하리로다.

여호와께서 너를 지켜 모든 환난을 면하게 하시며

또 네 영혼을 지키시리로다.

여호와께서 너의 출입을 지금부터 영원까지 지키시리로다. 시 121편

지성을 다하여 기도하기

주님, 제 이성을 바칩니다.

당신을, 당신의 완전함을, 당신의 역사를,

당신의 뜻을 아는 일에만 사용하소서.　　　　존 웨슬리

지금도 생생히 기억난다. 2014년 가을과 겨울, 선지자를 사칭하는 홍혜선이란 사람 때문에 한국교회와 사회가 한바탕 시끄러웠다. 그녀가 그해 12월에 북한의 침공에 의해 전쟁이 발발한다고 강력하게 예언을 했기 때문이다. 수많은 사람들이 그녀의 거짓 예언에 미혹되었고, 가정과 직장을 버리고 피신하는 일이 벌어졌으며, 심지어 목사 중에도 그녀의 말을 철석같이 추종하는 사람들이 속출했다. 급기야는 공중파 방송에서까지 이 문제를 다루는 데까지 이르렀다. 나는 그해 가을부터 겨울까지 몇 차례에 걸쳐 페이스북을 통해 그녀의 전쟁 예언이 얼마나 부당한 것인지를 밝히는 일에 주력했다. 아래는 내가 2014년 10월 10일 새벽 2시 15분에 페이스북에 올린 글이다. 나는, 당시 이 글을 포스팅하기 한 달 전에도 이 문제를 정면으로 거론하는 글을 한 차례 페이스북에 올린 상태였다. 아래 소개하는 홍 씨에 대한 내 반박문은 9월 중순에도 이미 한 번 포스팅했던 글이다. (SNS에 올린 글이어서 투박하고 거칠다. 양해해주시길 부탁드린다.)

홍혜선 씨의 주장

1. 12월에 땅굴을 통해 청와대에 침입해서 박근혜 대통령을 납치해서 전쟁을 유인할 방법도 생각 중이다. 주님께서 펠릭 땅굴을 찾으라고 말씀하신다.

2. 박근혜 대통령께서는 종북세력을 제거하고 싶어도 제거하지 못하는 상황이다. 그래서 박근혜 대통령과 국민들이 의사소통할 수 있는 길을 마련해야 한다.

3. 전쟁시에 북한군들은 대한민국에 있는 아이들을 납치해서 북으로 보내려고 하는데, 인육으로 쓸 것이며 북한군은 우리의 생각보다 훨씬 잔인하다.

4. 하나님께서는 이번 한국전쟁이 3차대전으로 번지게는 하지 않으실 것이다.

5. 11월 말까지 한국에 있는 중요한 땅굴을 먼저 막아야 큰일을 막을 수 있다. 안 막으면 25퍼센트가 더 죽는다.

6. 한국에는 북한을 연구하는 기관이 많은데, 사실 그들은 북한이 강한 점을 모른다. 남한만 모르는 북한의 강점이 있다.

7. 한국의 중요한 쇼핑센터, 백화점들은 이미 종북세력에 의해 파악당했다.

8. 가톨릭의 중요한 곳들도 이미 북한에 파악당했다.

9. 병원을 집중 공격해서 치료를 힘들게 할 것이다.

10. 국회의사당을 집중 공격하여 민주주의가 다시 설 수 없게 할 것이다. 전쟁은 굉장히 치밀한 것이다. 적화통일의 가능성에 대해 너무 모르고 있었다. 하루빨리 박근혜 대통령께서 우리 모두가 기도하고 있으니 종북세력을 해고해주시고, 우리 모두도 한마음이 되어서 땅굴 파시는 전문가들과 함께 11월 말까지 중요한 15군데 땅굴을 막아야 한다. 대한민국이 적화통일이 되지 않도록 기도해야 한다. 우리는 박근혜 대통령을 응원하고 있으니 힘내시라.

홍 씨의 주장에 대한 나의 반박

1. 2010년 7월 케냐 출신의 데이빗 오어라는 사람이 한국에 와서 회개집회를 빙자해 말하기를, 대한민국의 죄가 너무 커서 그해 겨울이 오기 전에

제2차 한국전쟁이 일어날 것이라고, 그것도 남북한 쌍방이 서로 미사일 공격을 하는 전면전이 일어날 것이라는 소위 예언을 한 적이 있었다. 그리고 이 말을 곧이곧대로 믿은 수많은 개신교인들이 그 집회 영상과 문제의 발언을 카톡으로 퍼 나르기 바빴다. 나도 주변의 많은 개신교인들에게서 카톡으로 그 메시지를 전달받았다. 당시 나는 데이빗 오어의 발언을 접하면서, 공개적으로 "웃기고 자빠졌네"라고 말해주었다. 그리고 만일 하나님께서 대한민국의 죄가 너무 커서 우리나라를 전쟁으로 심판하실 요량이면, 우리나라보다 먼저 데이빗 오어의 고국인 케냐를 심판하셔야 마땅하다고 이야기를 해주었다. 한국 정치가 제아무리 썩고 부패해도 아프리카 국가의 후진 정치보다 못하지 않으며, 한국교회가 아무리 악취가 나도 아프리카 교회보다는 상태가 더 양호하기 때문이다. (아프리카 교회의 전반적인 무속신앙과 그곳 목사들의 제왕적 행태를 아는 사람은 이 말이 무슨 뜻인지 이해할 것이다.) 만일 데이빗 오어라는 사람이 제정신이 박힌 사람이라면, 남의 나라에 와서 예언을 빙자해서 겁박을 하기 이전에, 제 나라의 영적·사회적 상태에 대해서 제 나라 민족에게 경고와 회개를 요구하는 것이 옳다. 그런데도 순진하기 짝이 없는, 그리고 생각이 없는 수많은 개신교인들이 이런 데이빗 오어의 발언을 무슨 큰 진리인 양 철석같이 믿고 나리 블루스를 한바탕 추었으니, 참으로 부끄럽고 안타까운 노릇이었다.

2. 또 작년 봄엔가는, 서울 양재동의 어느 교회 목사 사모가 새벽기도 중에 환상으로 한반도에 전쟁이 발발하는 장면, 좀 더 구체적으로 북쪽에서부터 피의 강물이 몰려와 남쪽을 완전히 덮는 장면을 보고서 그것을 자기

교회 홈페이지에 올린 사건이 있었다. 이 역시 수많은 개신교인들의 카톡을 타고서 전국 방방곡곡으로 퍼져나갔다. 당시 나는 그 내용을 접하고서, 역시 이 환상의 내용이 거짓일 것이라고 판단했다. 내가 이렇게 판단하는 것은, 소위 말하는 영적인 경험이라고 부르는 예언이나 환상이나 방언통변 같은 세계와 그 세계의 메커니즘에 대해서 내 나름의 이해와 경험이 있기 때문이다.

3. 최근에는 홍 아무개 전도사라는 사람이 올해 12월에 한반도에 전쟁이 일어난다고 예언을 해서, 또 많은 사람들이 거기에 미혹되는 모양이다. 나는 홍 아무개 전도사의 전쟁 예언 역시 거짓 내용일 것이라고 판단한다. 그것은 다음과 같은 이유 때문이다.

4. 나는 오늘날도 성령께서 교회 안에서 예언과 환상과 방언통변 같은 은사들을 통해서 주 예수 그리스도의 교회를 지도하고 위로하신다고 믿는다. 나는 강력한 은사지속론자이다. 그러나 나는 모든 그리스도인의 은사적 경험은 성경의 정경적 권위 아래 순종하는 것이어야 한다고 믿는다. 성경은 하나님의 백성들이 성령의 감동을 받아 예언을 할 수는 있지만, 그러나 그 예언이 프로그램화 되는 것을 극도로 경계한다. 즉 성경의 예언은 어떤 사건이 일어나는 것에 대해서 특정한 시기나 장소나 시간을 구체적으로 언급하는 것을 가급적 피한다. 가령 구약의 예언자들은 자신들의 고국인 이스라엘과 유다가 바벨론에 의해서 멸망당할 것을 예고 받았으나, 그것이 구체적으로 언제 일어날지에 대한 지식은 전수받지 못했다. 신약에서 가장 성령의 은사를 깊이 경험한 바울조차도, 자신 앞에 일어날 미래적 사건에 대해서 개략적인 지식은 제공받았지만, 그것에 대해서 프로

그램화 된 지식은 전달받지 못했다. 그럼에도 불구하고 오늘날 교회 안에서 소위 기도빨이 있다고 자칭하는 사람들이, 어떤 타임테이블 혹은 스케줄을 제시하면서 예언을 남발하는 것은 성경적 예언이라고 보기 어렵다.

5. 성령께서는 당신의 백성에게 미래에 대한 지식을 알려주실 때 항상 복수의 은사자들에게 함께 알려주신다. 이것이 성경이 보여주는 예언의 전형적 패턴이다. 특별히 한 국가의 운명이나 교회의 운명을 결정하는 것과 같은 중요한 예언의 경우, 그것을 복수의 은사자들에게 공통적으로 미리 공지함으로써 가급적 그러한 재앙을 대비하거나 방지할 수 있는 길을 찾도록 도우신다. 그럼에도 오늘날 어떤 특정한 개인이 다른 사람에게는 일절 주어지지 않은 신적 비밀을 마치 자기 자신만 독점적으로 받은 것처럼 떠벌리는 것은 성경적인 예언이라고 보기 어렵다.

6. 예언이나 방언을 통해서 주어지는 어떤 영적인 세계의 지식 같은 경우, 오랜 기간에 걸쳐서 그 은사의 질과 진정성이 공동체적으로 입증된 다른 복수의 은사자들을 통해서 방언통변의 형식으로 검증 혹은 확증되는 것이 중요하다. 특별히 국가의 대재앙이라고 할 수 있는 전쟁과 같은 예언이라면, 다른 은사자들을 통해서 그 내용의 진정성에 대해서 검증되어야 한다. 그런 면에서 나는 분명 상당한 진정성을 갖고 있는 통변자들을 통해서 홍 아무개 선노사의 방언이나 예언 내용을 검증해본다면, 그것에 대한 답이 서로 일치하지 않고 중구난방일 것이라고 확신한다.

7-1. 한반도에서 진짜로 전쟁이 일어날지에 대한 예언적 지식은 꼭 무슨 종교적 기도 행위를 통해서만 예상할 수 있는 것이 아니다. 이런 것은 보편적인 상식에 근거한 비판적 사유를 통해서도 얼마든지 추론해볼 수

있는 것이기도 하다. 한반도에서 실제로 전쟁이 일어나려면 남북한 당사자만의 의지 갖고는 불가능하다. 한반도에서 실제로 전쟁이 일어난다는 이야기는, 최소한 미국과 중국이 그 전쟁을 승인하거나 동의했을 때 가능하다. 이 점에서 여전히 경제성장과 자국 내의 사회 안정에 힘쓰고 있는 중국은 당연히 한반도에서 전쟁이 일어나는 것을 극구 반대하는 입장이다. 그럼 미국은 어떨까? 최근 미국이 심지어 한국 정부조차도 배제한 채—김관진 청와대 안보 실장이 최근 미국을 방문했다가 완전 찬밥 신세가 된 것을 참조—북한과 직접 접촉을 시도하려고 한 점이나, 혹은 일본을 배후에서 조종하여 북한 수뇌부의 의중을 떠보려는 모습을 보이는 것은, 미국이 한반도에서 전쟁을 준비하기보다는 오히려 북한과 직접 접촉함으로써 중국의 입김을 최소화할 의지를 갖고 있다는 점을 시사한다. 이런 상황에서 미국의 동의 없이 한반도에서 남북한 당사자끼리 전쟁을 일으킨다는 것은 거의 불가능하다.

7-2. 뿐만 아니라 미국은 전통적으로 중동과 동아시아 지역에서 동시에 두 개의 전쟁을 수행할 수 있는가 하는 문제를 상당히 심각하게 고려해왔는데 대체로 그에 대해서 부정적이었다. 특히나 최근 미국이 자국의 외교·안보 역량을 중동 지역의 심각한 문제로 떠오르고 있는 이슬람국가(IS)의 제거에 집중하고 있는 점을 고려할 때, 동아시아 지역에서의 전쟁은 현재로서는 미국이 전혀 의도하거나 용인할 수 없는 일이다.

8-1. 군에서 장교로 복무해본 사람이라면 누구나 동의하겠지만, 전쟁이라는 것이, 더구나 국가 간의 전면전이라는 것이 일반 대중이 생각하듯이 그렇게 쉽게 일어날 수 있는 성질의 것이 아니다. 군대에서 병력 규모

겨우 2천 명 남짓한 연대급(심지어 500명 규모의 대대급) 부대 하나가 전술훈련을 위해 출동하기 위해서도 최소 수개월 전부터 부대 전체가 훈련 준비로 엄청나게 바빠지기 시작한다. 당연히 이런 움직임들은 외부에 노출될 수밖에 없다. 지금이 9월 중순을 넘겼다. 홍 씨의 전쟁 예언일까지는 넉넉히 잡아도 3개월 정도의 시간이 남았다. 만일 지금 이 순간 남북 당사자 어느 한쪽에서 전쟁을 획책하고 있다면, 공격자든 방어자든 간에, 양쪽 합해서 200만가량 되는 군부대 전체가 전쟁 준비로 생난리가 나야 한다. 그리고 이런 상황은 지금쯤 엄청난 정보수집 능력을 자랑하는 미국과 중국, 러시아와 일본, 대한민국의 첩보망에 포착되어 이해당사자들 간에 정보가 공유되고 따라서 한반도를 중심으로 긴장의 파고가 최고 수준까지 상승한 상태여야 옳다. 그러나 현재 남북 어느 쪽도 아무런 특이 동향이 없다. 이렇게 이야기하면 또 혹자는 북쪽의 기습도발이나 국지전을 거론할지 모른다. 백보 양보해서 설령 그런 식의 군사적 충돌이 일어날 수는 있을지 몰라도, 그러나 그것이 전면전으로 발전하는 것은 현실적으로 무리다. 전쟁이란 것이 그리 쉽게 내지를 수 있는 성질의 것이 아니며, 현재 남북 당국 어느 쪽도 전쟁을 원치 않기 때문이다. 유독 남북 간 종심이 워낙 짧은 한반도의 지형적 특성상, 그리고 한반도에 배치된 가공할 만한 화력을 고려할 때 전쟁은 한민족 전체의 공멸이라는 것을 남북 당국자들이 누구보다 더 잘 알고 있다.

8-2. 더욱이 일 년 열두 달 중에서 왜 하필 12월 전쟁설이란 말인가? 군대를 갔다 온 대한민국 남자라면 다 동의하겠지만 한반도에서는 12월에

는 전쟁을 일으키기가 물리적으로 거의 불가능하다. 동절기에는 빙판으로 인해 전차, 장갑차, 군용 트럭 등이 기동에 엄청난 제한을 받을 뿐 아니라, 일반 병사들도 추워서 정상적인 전투 임무를 거의 수행 못 한다. 빈약한 물자와 식량난에 시달리는 북한군의 입장에서는 더 말할 나위가 없다. (홍 씨가 군대를 가서 혹한기 훈련 체험을 한번 해봤으면 좋으련만⋯.)

9. 그럼 왜 잊을 만하면 이렇게 한 번씩, 그것도 유독 개신교 분파 안에서 이런 식의 해프닝이 벌어지는 것일까? 여러 이유가 있겠으나, 여기서는 두 가지만 간단히 언급하고자 한다. 첫째는, 개신교 진영의 소위 영빨이 좀 세다는 사람들 대다수가, 영적 은사가 특정한 사람을 통해서 중개되는 심리적 메커니즘에 대해서 무지하다는 것을 지적하지 않을 수 없다. 즉 평소에 종북, 좌파, 전쟁 이데올로기를 강하게 가지고 있는 사람일수록 기도를 통해서 무언가를 보고 듣는다는 것이 그 자체로 순수하게 객관적인 것이 아니라 실제로는 자신의 의식 속에 이미 내재하고 있는 정치·사회적 전제(선입견)들과 서로 피드백을 주고받으면서 상승 작용을 일으킨다는 것을 알아야 한다. 나는 홍 아무개 전도사라는 사람을 개인적으로 전혀 모르지만, 그러나 추측하기로는 아마 그의 무의식 속에는 이런 냉전, 분단, 전쟁 이데올로기가 깊숙이 자리하고 있을 가능성이 높다. 그렇기에 그가 설사 기도 행위 속에서 무언가를 경험한다고 해도, 그것의 궁극적인 해석은 그가 갖고 있는 무의식적인 정치·사회 이데올로기의 모양으로 표현될 수밖에 없는 것이다. 둘째는, 꼭 홍 아무개 전도사뿐 아니라 우리 사회에서 세칭 기도해서 무언가를 보고 듣는다고 하는 사람들 모두에게 해

당하는 것인데, 개신교 진영 안에서 자신이 신령한 척할수록 그에 따르는 모종의 권력 메커니즘이 작동하기 때문이다. 쉽게 말해서, 이런 사람들 주위에는 늘 추종자들이 몰려들고, 그의 말 한 마디 한 마디에 대단한 영적 권위가 부여된다. 그는 자신의 집단 안에서 신성화되기 일쑤다. 그리고 이런 식의 종교적 이해 행위는 생각보다 더 강렬하고 짭짤한 이익을 안겨다 준다.

10. 나는 미래에 있을 재앙에 대해서 구체적인 프로그램을 기대한 제자들에게 주신 예수님의 대답이, 여전히 오늘을 사는 한국 개신교인들에게 절대적으로 필요하다고 생각한다. 마가복음 13장, 마태복음 24장, 누가복음 21장에 공통적으로 등장하는 소위 감람산 강화에 보면, 예수님께서 예루살렘 성이 돌 위에 돌 하나도 남지 않고 멸망할 것이라고 하자, 제자들이 황급히 그 일이 언제, 어떻게 일어날 것인지를 질문하는 장면이 나온다. 아마 제자들 입장에서는 세상의 중심이라고 여기는 예루살렘 성의 멸망은 곧 세상의 멸망과 동의어로 이해되었을 것이다. 그런데 거기에 대해서 예수님은 어떤 종말론적인 시간표나 프로그램을 일절 제시하지 않는다. 오히려 그런 프로그램은 거짓 예언자 혹은 적그리스도가 즐겨 쓰는 방식이다. 제자들이 궁금해하는 종말의 시간표에 대해서 예수님은 일언반구도 하지 않으시고, 대신 이렇게 대답하신다. "너희가 사람의 미혹을 받지 않도록 주의하라." "(난리 소문을 들을 때) 두려워하지 마라." "미리 염려하지 마라." "스스로 조심하라(깨어 있으라)." 나는 오늘 우리 주변에서 소위 예언이나 환상을 빙자해서 공포심을 조장하는 사람들을 만날 때, 우리에게 궁극적으로 필요한 태도도 이런 것이라고 믿

는다.

11. 끝으로 한마디만 더하겠다. 나는 지금도 생생하게 기억한다. 곧 지난 2007년 대선을 앞두고 개신교 안의 수많은 부흥사들과 소위 은사자들이 거의 일제히 동원되어, 만일 정동영이 대통령이 되면 한반도 전체가 불바다가 되는, 김정일에게 대한민국을 상납하는 환상을 보았다고 주장하던 일을 말이다. 그리고 반대로 이명박이 대통령이 되면 우리나라가 세계 최강의 경제대국이 되는 환상을 보았다고 떠들던 일을 말이다. 실제로 이런 간증집회, 부흥집회가 전국적으로 만연했고, 그 결과 당시 대선에서 이명박 후보는 거의 몰표에 가까운 개신교인들의 지지를 받았었다. 나는 분노한다. 그래서 우리나라가 정말 그 예언대로 되었는가? 그때 성령을 빙자해 그런 거짓말을 일삼고 사기를 쳤던 그 수많은 부흥사와 은사자들은 지금쯤 어디서 또 무슨 사기질을 하고 있을까? 정말이지 나는 우리 개신교 안에서, 성령 사역을 빙자해서, 그리고 기도를 빙자해서 무슨 예언이랍시고 불쑥 한마디 던져놓고 시간이 지난 후 아니면 말고 하는 식의 마귀 장난이 일망타진되길 바란다. 때가 악하다. 개신교 신자들이 정신 똑바로 차리고 영적으로 깨어 있어야 한다.

상당히 긴 글이지만 나름 음미해볼 만한 가치가 있다고 판단되어 여기 소개했다. 그런데 내가 홍 씨의 주장을 반박하는 글을 올리자마자, 홍 씨를 추종하는 사람들이 매섭게 나를 공격하기 시작했다. 그들의 주장을 한마디로 요약하면, 내가 영적인 세계에 대해서 무지해서 전쟁 예언설을 못 믿는다는 것이었다. 그들의 눈에 비친 나는 기도도 안 하고 영성도 엉망인 사람이었다. 그래서, 자신들 말마따나 그렇게 영적인 주장대로 2014년 12월에 전쟁이 일어났는가? 아니, 민족의 공멸을 부를 전쟁이 진짜로 일어났어야만 했는가? 오히려 그런 천박한 거짓 예언 때문에 얼마나 많은 사람의 사생활이 무너지고 가정이 파탄났으며, 또한 이 땅에서 개신교가 사람들의 조롱과 경멸의 대상이 되었더란 말인가! 당시 거짓의 영에 미혹되어 성령의 역사를 희화화시켰던 사람들은 지금이라도 엄중하게 회개해야 할 것이다.

아무튼 당시 나를 비판했던 사람들의 눈에 비친 내 모습은, 지성은 있을지 모르지만 영성은 영 꽝인 사람이었다. 하지만 나는 홍 씨를 비판하는 내 글에서, 홍 씨의 주장을 신뢰할 수 없는 이유를 소위 영적인 것뿐 아니라 지적인 면에서도 신뢰할 수 없기 때문이라고 분명히 밝혔다. 내가 믿기로는 지성과 영성은 하나이며, 성경도 분명히 그렇게 가르치고 있기 때문이다.

그럼에도 한국 개신교인들 다수는 신앙과 지성, 믿음과 이성은 서로 상반되는 것이라고 생각하는 경향이 강하다. 그리고 이런 정서가 강하다 보니 교회 안에 반지성주의가 넘쳐난다. 더 나아가 반지성주의로 무장한 설교와 기도일수록 더 후한 평가와 대접을 받는 기이한 일이 만연하다. 한국 개신교의 많은 문제가 여기서 시발된다. 하지만 양자는 서로 상반되는 것이 아니다. 오히려 성경은 신앙의 영역에서 지성이 차지하는 역할이 매우 큼을 적극 강조한다. 몇 가지 예를 들어보면,

첫째, 창조주 하나님께서는 우주를 질서와 조화를 갖춘 합리적 세

계로 만드셨다. 즉 하나님은 지성으로 세상을 창조하셨다.

둘째, 창조의 실행자인 성자께서는 지혜(잠 8장) 혹은 말씀(로고스, 요 1장)으로 불리셨다.

셋째, 성령께서는 지혜와 모략의 영이시다. 따라서 성령충만의 한 가지 증거는 지성의 활동이 극대화되는 것이다.

넷째, 성경은 문학적 구성이 뛰어나며, 언어적·문법적으로 수려한 규칙과 정교한 질서를 지니고 있다.

다섯째, 성경의 저자들 중에는 매우 뛰어난 지성을 갖춘 인물들이 적지 않다.

여섯째, 예수님의 가르침은 당대의 전문 학자들보다 훨씬 더 권위가 있었다. 또한 예수님의 수사적 능력은 탁월했다. 예수님은 "은혜와 진리"가 충만한 분이었다(요 1:14).

일곱째, 사도 바울은 당대 최고의 지성인 중 한 명이었을 뿐 아니라, 자신의 서신에서 곧잘 "너희가 알기를 원하노라" 혹은 "너희가 알지 못하기를 원치 아니하노라" 등의 표현을 사용하여 지성의 중요성을 강조한다.

여덟째, 성경 전체에 걸쳐 지식, 지성, 진리, 생각하라 등의 단어가 빈번히 등장한다.

아홉째, 따라서 그리스도인이 된다는 것은 의와 진리의 거룩함으로 지으심을 받은 새사람이 되는 것이다(엡 4:24).

그밖에도 2천 년 교회 역사 속에서 그리스도교로 회심한 사람들 중에는 "증거"에 기초하여 "숙고" 끝에 "믿음"을 받아들인 사람들이 부지기수다. 사실상 서구에서 근대 대학의 출현도 기독교와 불가분리의 관계에 있다.

인간에 대한 삼분설적 이해에 따르면 사람의 영, 혼(정신), 몸은 각기 인간을 구성하는 독립된 실체다. 하지만 이는 잘못된 이해다. 인간 존재는 여러 개의 독립된 실체가 합체된 것이 아니다. 사실상 "영혼", "지성", "마음" 등의 표현은 몸을 바탕으로 살아가는 인간 존재를 다양한 각도에서 표현하는 묘사들이다. 인간은 몸으로 살아가는 영혼이고, 몸으로 존재하는 지성이며, 몸과 함께 일하는 마음이다. 따라서 영혼, 지성, 마음이란 표현 모두 인간 존재를 대표한다. 특별히 지성과 마음은 성경에서 서로 자주 교환하여 사용되는 단어다(영어에서는 둘 다 Mind로 번역됨). 그래서 예수님은 우리에게 "마음 곧 지성과 뜻을 다하여 하나님을 사랑하라"고 가르쳐주셨다.

옛말에 "아는 만큼 보인다"는 말이 있다. 기도도 마찬가지다. 우리는 "아는 만큼 기도"할 수 있다. 우리가 건강하고 건전한 지식을 갖추고 있을수록 그에 비례하여 우리의 기도도 더욱 튼실하고 풍성해진다. 반면, 우리가 부실한 지성을 갖고 있다면 기도 역시 그만큼 왜곡될 가능성이 높아진다. 그래서 바울은 다음과 같이 권면한다.

내가 기도하노라. 너희 사랑을 지식과 모든 총명으로 점점 더 풍성하게 하사 너희로 지극히 선한 것을 분별하며 또 진실하여 허물없이 그리스도의 날까지 이르고 빌1:9-10

새사람을 입었으니 이는 자기를 창조하신 이의 형상을 따라 지식에까지 새
롭게 하심을 입은 자니라. 골 3:10

성령의 은사와 지성의 관계도 마찬가지다. 양자는 서로 상극이 아
니다. 오히려 이 둘은 상보적이다. 다시 말하지만, 우리는 성령의 은사
를 진공상태에서 기능하는 무역사적·무시간적·무공간적인 어떤 객
관적 성질을 띤 것으로 오해하지 말아야 한다. 세상에 그런 성령의 은
사는 없다. 그 이유는 성령의 은사를 받아 보유하며 활용하는 주체가
구체적인 시공간 안에서 특정한 지식과 경험을 보유한 채 살아가는
인간 자신이기 때문이다. 마치 빛이 프리즘을 통과하여 투과되는 순
간 빨주노초파남보의 일곱 빛깔 무지개 색으로 나뉘듯이, 성령의 은
사 역시 각기 독특한 인간 존재를 통과하는 순간, 그 사람이 갖고 있
는 특질을 반영할 수밖에 없다. 이런 이유로, 우리가 갖고 있는 기질
이나 지성 그리고 경험은 성령의 은사가 발현되는 데 있어 상당한 영
향을 주고받는다. 한 가지 재밌는 예를 들어보겠다.

나와 총신 신대원 87회(1991년-1994년까지 공부) 동기 중에 N 전도
사님이 계셨다. 그녀는 대학에서 영문학을 가르치다 50세 늦깎이 나
이에 신학대학원에 입학했다. 신학교에 입학하기 전부터 여러 해 동
안 서울 강남의 한 교회에서 설교자로 청년대학부를 섬기며 영적, 양
적 성장을 이끌어내기도 했다. N 전도사님은 평소 기도를 많이 하던
분이었고, 성령은사 체험도 깊고 다양했다. 나와는 무척 가까운 사이
였다. 그런데 1학년이 거의 끝나갈 무렵 학년 말 시험을 앞두고 N 전

도사님이 내게 놀라운 간증(?)을 했다. 본인이 신학교에 오기 전에는 기도만 하면 성령께서 설교 본문을 토씨 하나도 안 틀리고 불러주셨다는 것이다. 그래서 매주 토요일 밤이면 서재에 들어가 성령께서 불러주시는 설교문을 받아 적은 다음 주일 오후 청년대학부 예배에서 전날 받은 설교문 그대로 설교하면 그야말로 하늘에서 불이 임하였다는 것이다. 그러니 청년대학부가 부흥하지 않는 것이 오히려 이상했다. 그런데 문제가 생겼다. 신학교에 입학한 후부터는 더 이상 성령께서 토요일에 나타나지 않으신다는 것이다. 오히려 성령께서 이렇게 말씀하셨다고 한다.

"이제 신학교에 입학했으니 앞으로는 네 힘으로 직접 설교문을 작성하도록 해라."

그래서 신학교에 입학한 벌로, 매주 토요일 밤마다 설교문을 만드느라 큰 고생을 한다고 했다. 더 재밌는 것은, 자신이 신학교에 입학해서 본격적으로 성경을 공부해보니, 이전에 토요일마다 성령께서 불러주시던 설교문에 틀린 부분이 굉장히 많다는 것을 깨달았단다. N 전도사는 이 말을 하면서 쑥스럽게 웃었다.

사실, 이런 현상은 지극히 당연한 일이다. 위에서 적은 것처럼 성령의 은사란 것이 초역사적인 것이 아니라 구체적 시공간 안에서 몸의 경험을 입고 살아가는 인간 존재를 통과하여, 그 몸의 특질을 지니고 현시되는 것이기 때문이다. N 전도사의 경우 비록 영문학 분야에서는 상당한 전문지식을 쌓았을지라도, 신학 분야에서는 교회 현장에서 일반적으로 통용되는 전통적이고 대중적인 가르침 이상의 지식이 없었기 때문에 비록 성령께서 불러주시는 설교문이라 할지라도 그 안에는 인간의 오류와 오해―N 전도사가 갖고 있던 오해와 편견―가 담길 수밖에 없었던 것이다. 이 글의 초두에서 언급한 홍혜선 씨의 전쟁설 예언도 그녀가 평소에 극단적으로 치우친 안보관, 역사관을 가지고 있기 때문에 초래된 해프닝이었던 것과 마찬가지다. 분명한 것은 잘못된 지식이나 편견, 비뚤어진 이념이나 불건전한 가치관을 갖고 있으면 기도가 타락할 가능성도 그만큼 높아진다는 점이다.

이런 이유로 우리는 건전한 지성의 개발에 최선을 다해야 한다. 이를 위해 올바른 성경해석과 신학의 역사와 이슈, 그리고 인문·사회·자연과학 분야의 다양한 지식을 학습해야 한다. 특별히 올바른 성경해석은 말할 것도 없거니와 건전한 신학적 지식을 수련하는 것은 우리의 영성 형성에 매우 유익하다. F. Q. 파버는 이렇게 말했다.

심오한 신학은 경건에 불을 붙이는 가장 좋은 연료다. 심오한 신학은 쉽게 불을 지피며 한번 붙으면 오랫동안 타오른다.[*]

또한 우리는 건강한 지성을 개발하는 것을 훈련하는 동시에 그 지성이 하나님 없는 삭막하고 무신적인 것이 되지 않도록 부단히 기도의 무릎을 꿇어야 한다. 곧 우리의 기도 속에서 지성과 의지 그리고 감성이 하나로 결합되도록 해야 한다. 그리하여 이 모든 것이 하나

---

[*] 존 스토트,『균형 잡힌 기독교』(정지영 역, 새물결플러스), 37.

님을 향한 우리의 신앙 여정에서 서로 신실한 동반자가 되도록 해야 한다.

마지막으로 독일의 유명 시인인 라이너 마리아 릴케의 시 한 편을 소개하려 한다.

제 눈을 감겨주소서. 주님을 볼 수 있도록.

제 귀를 막아주소서. 주님의 음성을 들을 수 있도록.

발이 묶여도 저는 주님께 가렵니다.

혀가 없어도 주님께 기도하렵니다.

제 팔을 꺾어주십시오. 주님을 껴안도록.

손으로 잡듯, 제 마음으로 주님을 잡도록.

제 심장을 결박하소서. 그러면 제 뇌가 박동할 것입니다.

제 뇌에 불을 붙이시면

저는 뇌에서 흐르는 핏줄기로 주님을 전하겠습니다.

하늘 왕의 보좌 앞으로
찬양하며 나아가기

주님,

주님은 위대하시고 높이 찬양받으실 분입니다.

주님의 능력은 크고 그 지혜는 끝이 없습니다.

주님이 지으신 피조물 중 하나인 저희 인간은

주님을 찬양하기 원합니다.

그렇습니다.

저희는 어딜 가나 유한성을 지니고 살아갑니다.

그 유한성은 저희가 죄인이라는 증거이며

주님이 교만한 자를 물리치신다는 증거입니다.

하지만 저희 인간은 주님을 찬양하기 원합니다.

주님을 찬양하지 않고는 살 수 없도록

주님이 저희 마음을 흔들어놓으셨기 때문입니다.

주님은 주님을 위해 저희를 지으셨습니다.

그렇기 때문에 주님께 돌아가 쉬기까지

저희는 참된 안식을 누릴 수 없습니다.   아우구스티누스

내가 이른 아침 회사에 출근하자마자 가장 먼저 하는 일은 내 사무실에 있는 오디오를 켜는 것이다. 내 방에 있는 오디오 세트는 2017년을 시작하며 새로 장만한 것이다. 하루 종일 책상에 앉아 매일 12시간 이상을 원고와 사투를 벌이는 나의 고단한 생활을 안타깝게 여긴, 음악 애호가이기도 한 인쇄소 사장님이 음악과 함께 교정 작업을 하면 한결 긴장이 완화될 것이라는 제안을 해서, 몇몇 오디오 전문가들의 도움을 받아 해외 사이트를 통해 중고 부품을 들여다가 조립했다. 아주 고가의 제품은 아니지만 나 같은 아마추어에게는 더 이상 바랄 것이 없을 정도로 훌륭한 기기다. 나는 일할 때면 늘 오디오를 켜놓고 클래식 음악을 들으며 작업을 한다. 또는 오후에 정해진 기도 시간(매일 오후 3-5시)이 되면 찬송가를 틀어놓고 바닥에 자리를 깐 후에 엎드려 기도한다. 내 옆방에 있는 직원들은 내 방에서 찬송가 소리가 흘러나오면, "아, 또 우리 대표님이 기도하는구나"라고 즉각 알아차린다.

만일 우리의 삶에 음악이 없다면 어떠했을까? 분명 많은 사람이 덜 행복했을 것이고, 세상은 훨씬 덜 아름다웠을 것이다. 나는 음악 전문가는 아니지만, 그러나 음악이 있음으로 인해 인간의 삶이 얼마나 더 풍성해질 수 있는지 정도는 안다. 마찬가지로, 만일 우리의 신앙에 찬송이 없다면 어떠했을까? 기독교 안에 복잡하고 난해한 신학 이론만 난무하고 아름답고 감미로운 찬송이 없었다면 말이다. 생각조차 하기 싫은 일이다.

기도와 찬송은 진부한 표현을 빌리자면 동전의 앞뒷면과 같다. 동전이 한쪽 면만 갖고는 제 가치와 기능을 나타낼 수 없듯이 우리의 영성도 기도와 찬송 중 어느 한쪽만 갖고서는 그만큼 빈약하고 무기력할 수밖에 없다. 기도와 찬송은 우리의 구원의 경험을 표현하는 하나의 몸통이다. 기도만 있어서도 안 되고, 찬송만 있어서도 안 된다. 우리에게는 둘 다 필요하다.

구약성경 시편은 이 사실을 잘 보여준다. 시편은 찬양으로 드려진 기도다. "시편"을 가리키는 원어인 히브리어 "미즈모르"나 그리스어 "프살모스" 자체가 "노래" 혹은 "현악기"란 의미를 지니고 있다. 따라서 시편은 악기를 동반하여 노래를 부르는 가운데 드린 기도라고 할 수 있다. 그렇다. 시편은 "노래"로 표현된 예배, 신학, 신앙고백, 친교, 사회개혁, 역사변혁, 침묵, 종말론, 신정론, 그리고 "기도"다.

히틀러에 맞서 투쟁하다가 형장의 이슬로 사라진 본회퍼 목사님은 성경 중에서 시편을 최고로 여겼다. 그가 처형되기 직전 마지막으로 쓴 책은 『성서의 기도서: 시편서 입문』이었다.

한편, 사도 바울은 교회를 향해 이렇게 권면했다. "그리스도의 말씀이 너희 속에 풍성히 거하여 모든 지혜로 피차 가르치며 권면하고 시와 찬미와 신령한 노래를 부르며 감사하는 마음으로 하나님을 찬양하고"(골 3:16). 하나님의 교회에 꼭 필요한 두 요소는 "말씀"과 "찬양"이다. 우리는 지성을 다하여 하나님을 섬기는 동시에 감성을 다하여 하나님을 예배한다. 여기서 "시와 찬미와 신령한 노래"의 의미가 무엇인지를 논쟁하는 것은 부질없는 일이다. 왜냐하면 그것은 고대 교부 히에로니무스 시대 이래로 항상 갑론을박의 주제였기 때문이다. 우리로서는 다만 이 단어들이 하나님께 드리는 찬양을 의미한다는 사실을 아는 것으로도 충분하다. 나아가 우리는 하나님의 말씀에 기초하여 기도하며, 하나님께 드리는 찬양과 함께 기도한다. 우리의 기도는 말씀이라는 속옷과 찬양이라는 겉옷을 입어야 한다.

그런 의미에서 우리가 교회 현장에서 곧잘 목도하는 "준비 찬송" 이란 표현은 사라져야 마땅하다. 찬양은 예배나 기도회를 준비하는 사전 리허설과 같은 것이 아니다. 혹은 말씀 선포나 기도회라는 메인 경기에 들어가기 전 몸을 푸는 예비 동작이 아니다. 오히려 찬양이 곧 예배며 또한 기도다. 찬양은 예배와 기도의 핵심 요소다. 그것은 마치 우리 몸의 척추와 같아서 올바른 찬양이 드려지면 예배와 기도가 바로 선다. 반면, 올바른 찬양이 실종되면 우리가 하나님께 드리는 예배와 기도는 바로 서지 못하고 휘청거리거나 구부정한 모습을 띨 수밖에 없다.

시편의 저자들과 같이, 우리는 하나님께 기도할 때 항상 찬양과 함께 하늘에 계신 왕의 보좌로 나아가야 한다. 찬양은 우리로 하여금 하나님께 집중하도록 한다. 기도는 무엇보다 하나님께 집중하는 것이다. 그러나 우리의 삶을 에워싼 산만함과 어수선함 때문에 하나님께 집중하는 것이 실제로는 얼마나 어려운가. 이때 성령의 감동으로 드리는 찬양은 우리의 몸과 마음을 오로지 하나님께로만 향하도록 상력하게 돕는다.

우리가 진정으로 하나님께 집중한다면, 우리는 그분이 얼마나 선하시고 은혜로운 분이신지를 "맛보아" 알게 된다. 하나님을 맛보아 아는 것이 중요하다. 인간에게는 다양한 감각이 있다. 그중 오직 미각만

이 인식하는 자와 대상을 하나 되게 만든다. 시각, 청각, 후각, 촉각은 우리와 사물 사이에 일정한 거리를 요구한다. 그중 가장 예민한 감각인 촉각조차도 인식되는 대상과 우리를 하나 되게 만들지는 못한다. 우리는 다만 그것과 접촉할 뿐이다. 하지만 미각은 다르다. 우리는 인식하는 대상을 우리 혓바닥 위에 올려놓고 그것을 용해시키며 내 것으로 소화하지 않고는 맛을 느낄 수 없다. 미각은 주체와 객체의 간격과 거리를 해체시킨다. 그것은 양자를 하나로 연합시킨다. 우리가 하나님을 맛보아 안다는 것의 의미가 여기 있다. 이렇게 우리가 하나님께 나아가, 하나님께 집중하여 그분의 선하심과 복되심을 맛보아 알게 될 때 우리는 그분의 본질 안으로 용해된다. 그때 우리는 하나님의 본질을 가장 선명하고 분명하게 알게 된다. 이것이 하나님의 본질, 즉 하나님의 영광이 드러나는 것이다. 이렇듯 찬양은 하나님의 본질 곧 그분의 영광에 참여하는 것이며, 그 영광을 드러내는 것이며, 그 영광을 기뻐하는 것이다.

많은 그리스도인들이 기도의 필요성을 잘 알고 있지만 막상 기도를 시작하려고 하면 예기치 못한 많은 방해와 어려움을 겪는 것이 사실이다. 평소에는 활기차다가도 기도만 하려 하면 피곤이 몰려온다든지, 기도만 하려 하면 조용하던 주변이 소란스럽거나 어수선해진다든지, 눈을 감으면 온갖 잡념이 눈앞에서 뭉게구름처럼 떠다닌다든지, 혹은 무엇을 기도해야 할지 막막하게 느껴지는 것이 그것이다. 처음에는 의지를 발동해 어떻게든 이 어려움을 돌파하여 기도를 계속해보려고 하지만 불과 5-10분도 못 되어 포기하는 경우가 얼마나 흔한가.

이럴 때는 억지로 기도하려고 애를 쓰기보다는 오히려 마음을 모아 하나님께 입술의 고백, 즉 찬양으로 나아가는 것이 훨씬 더 현명하다. 곧 우리는, 마치 무성한 정글처럼 기도를 방해하는 온갖 수풀과 잡목을 우리 스스로의 힘으로 헤쳐나가려고 하기보다는, 곡조 있는 기도를 통해 하나님께 집중하기 시작할 때 우리 앞에 있는 수많은 지뢰와 부비트랩이 제거되는 것을 볼 것이다.

종종 어느 순간에는 마귀가 직접 찾아와 우리의 기도를 훼방하는 일도 있다. 실제로 이런 경험은 우리 주변에서 심심치 않게 목도된다. 내 경우에도, 한밤중에 예배당 강단 위에서 혼자 엎드려 기도할 때면 심지어 마귀가 말씀의 단 주변까지 찾아와 한참 기도에 몰입하고 있는 내 몸을 툭툭 치거나 옆에서 뚫어지게 쳐다보는 경험을 종종 했다. 이럴 때 영적 원수를 제압하고 대적할 수 있는 가장 효과적인 수단이 다름 아닌 찬양이다. 우리가 눈을 들어 성삼위일체 하나님을 찬양하기 시작할 때 마귀는 무서워 도망간다. 우리가 하나님께 올려드리는 찬양은 고작 우리 내면의 심리적 만족을 위한 것이 아니다. 또한 우리 혼자 종교란 이름의 마약에 도취되어 기분 좋은 경험을 맛보기 위함도 아니다. 오히려 찬양은 하늘 보좌에 좌정해 계신 하나님과 우리를 직접 연결시킨다. 그 순간 하나님의 본질이 이 땅에 현시된다. 나아가 우리가 찬양할 때 하나님께서 보좌에서 일어나서 우리를 향해 구원의 손을 내미신다. 그리고 그분의 군대를 보내셔서 실제로 우리를 도우신다. 그래서 마귀는 우리의 찬양을 가장 두려워할 수밖에 없다.

신약성경 사도행전 16장에는 어떤 일이 소개되어 있는가? 이곳에

는 사도 바울과 실라가 성령의 인도를 받아 그리스 반도의 관문이라
할 수 있는 마케도니아의 수도 빌립보에 선교하러 갔던 이야기가 나
온다. 사도 바울 일행이 빌립보에 도착한 지 얼마 후 귀신의 도움을
받아 점을 쳐서 자기 주인들을 이롭게 하는 여종 하나가 그들의 뒤를
쫓아다니며 소리 지르길 "이 사람은 지극히 높은 하나님의 종으로서
구원의 길을 너희에게 전하는 자다"라고 외쳐댔다. 귀신들린 여인이
하도 귀찮게 하니까 도저히 견딜 수 없게 된 바울이 그녀(안에 있는 귀
신)에게 말했다.

"예수 그리스도의 이름으로 내가 네게 명하노니 그에게서 나오라."

그러자 그 즉시 귀신이 떠났고 불쌍한 여인은 깨끗해졌다. 그런데
예기치 못했던 문제가 생겼다. 귀신들린 여성을 이용하여 개인적 치
부를 하던 그 여종의 주인들이 자신들의 소득의 근원이 사라진 것을
보고 화가 단단히 나서 바울 일행을 빌립보 사법당국에 고발한 것이
다. 이때 그들이 내세운 명목은 유대인인 바울 일행이 예수교라 하는
사교를 빙자하여 빌립보의 미풍양속을 해친다는 것이었다. 이로 인해
바울과 실라는 빌립보 감옥에 갇히게 된다. 사도행전의 저자인 누가
는 당시 상황을 묘사하길, "그들을 깊은 옥에 가두고 그 발을 차꼬에
든든히 채웠더니"라고 적시하고 있다. 그런데 그다음 어떤 일이 일어
났는가? 한밤중에 바울과 실라가 "기도하고 하나님을 찬송하매" 갑자
기 큰 지진이 나서 옥터가 흔들리고, 문이 다 열렸으며, 사람들을 결
박하고 있던 것이 다 풀어졌다. 이것이 바로 찬송의 능력인 것이다.

필경 사도 바울 일행은 성령의 강력한 표징을 따라 빌립보에 갔

기 때문에 어쩌면 거기서 대단한 선교 역사가 일어날 것이라는 기대감이 있었을지도 모른다. 하지만 그들이 정작 현지에서 맞닥뜨린 것은 사탄의 졸개 혹은 앞잡이인 귀신의 세력과의 전투였으며, 이로 인해 그들은 사탄의 사주를 받은 사술 집단의 우두머리들과 또 그들로부터 사주 하청을 받은 빌립보 행정 및 사법당국에 의해 감옥에 갇히는 불쌍한 신세로 전락했다. 그들의 몸은 옥에 갇혀 옴짝달싹할 수 없었으며, 그들의 손과 발은 튼튼한 쇠붙이에 결박된 상태였다. 하지만 그들은 결코 낙심하지 않았다. 오히려 그들은 자신들이 믿는 전능하시고 신실하신 하나님께서 자신들을 옥에 가둔 사탄의 세력보다 훨씬 더 강한 분이심을 확신했다. 그리하여 한밤중에, 잠을 포기하고 하나님께 기도하고 찬양했다. 그러자 졸지도 주무시지도 않는 하나님께서 그들의 기도와 찬양에 신실하게 응답하셨다. 마귀와 그 졸개들은 한밤중에 깊은 잠을 자며 방심하고 있었지만, 하나님의 백성은 깨어 기도하고 찬양했다. 그랬더니 감옥 문이 열리고 모든 사람을 꼼짝 못하게 묶고 있던 결박이 다 풀렸다. 이렇게 기도와 더불어 드리는 찬양은 사탄의 공격을 격퇴시킬뿐더러, 우리의 삶을 억압하고 결박하고 있는 모든 장애물을 해체시킨다.

우리가 인생을 살다보면 사람의 힘으로는 도저히 해결할 수 없는 수많은 싸움들이 존재한다. 우리는 그 싸움에서 이기기 위해, 아니 최소한 전사라도 하지 않고 생명을 부지하기 위해 안간힘을 써보지만 얼마 못 가 역부족임을 절감한다. 우리는 그런 상황에서 절망하기 십상이며, 때때로 그런 상황을 우리에게 허용하신 혹은 그런 상황에서도 우리를 선뜻 돕지 않으시는 것처럼 보이는 하나님께 불평과 원망을 늘어놓기 일쑤다. 하지만 그런 태도는 오히려 그 싸움에서 더 깊은 패배의 수렁 속으로 자청하여 발을 담그는 어리석은 행위일 뿐이다. 우리는 우리 힘으로 헤쳐나갈 수 없는 인생의 다양한 싸움을 만날 때면, 이 싸움의 진정한 주인이시며 총사령관이신 하나님께서 개입하셔서 그 싸움을 승리로 이끌어주실 것을 믿고 기도하며 찬양해야 한다. 우리가 마음을 모아 입술을 열고 찬양하기 시작할 때, 우리의 찬양이 하늘로 높이 올라가는 동시에 세상을 향해 널리 퍼져나가기 시작할 때, 그때 역사와 만물을 주관하시는 하나님께서 우리 인생의 싸움터에 찾아오셔서 역사하시기 시작한다.

이 점에서 구약성경 역대하 20장에 나오는 이야기는 더욱 극적이다. 유다 임금 여호사밧 시대에 모압과 암몬 연합군이 유다를 침공했다. 전투력의 열세를 절감한 여호사밧은 국가 전체에 비상사태를 선포하고 백성들에게 금식을 공포한다. 그는 예루살렘 성전 뜰에 백성들을 모아놓고 하나님께 간절히 기도를 드린다.

"우리를 치러 오는 이 큰 무리를 우리가 대적할 능력이 없고 어떻게 할 줄도 알지 못하옵고 오직 주만 바라보나이다"(대하 20:12).

그때 하나님의 영이 레위 사람 야하시엘에게 임하여 여호사밧과 유다 백성을 위로한다.

"두려워하거나 놀라지 말라. 이 전쟁은 너희에게 속한 것이 아니라 하나님께 속한 것이니라.…너희와 함께한 여호와가 구원하는 것을 보라"(대하 20:15-17).

이에 큰 용기를 얻은 여호사밧과 그의 백성들은 전쟁터로 나가면서 일종의 찬양대를 조직하여 그들에게 거룩한 옷을 입히고 군대 행렬의 제일 앞에 세운다. 그들은 힘껏 하나님을 찬양한다. 그러자 하나님께서 복병을 일으켜 모압과 암몬 사람들을 전멸시키셨다. 사람들이 하나님을 마음껏 찬양하자, 하나님이 사람들을 대신하여 싸우셨다. 이처럼 우리가 하나님을 찬송으로 높여드릴 때 하나님께서 우리를 원수와 대적의 손아귀에서 구원하신다. 그러므로 우리는 기도하며 찬송하고, 찬송하며 기도해야 한다. 찬송으로 무장한 기도는 사탄의 벙커를 부수는 핵폭탄과 같다. 성도의 찬송 소리가 울려 퍼질 때 사탄은 두려움에 떤다. 그러므로 하나님의 백성들이여, 마음을 다하여 살아 계신 하나님을 찬미합시다.

12

기도와 용서*

사랑의 하나님, 주님은 우리에게 원수를 용서하라고 명령하셨습니다.

잘못한 형제들을 일곱 번이 아니라 일흔 번씩 일곱 번이라도 용서하라고 명령하셨습니다.

그렇다면, 주님은 언제 진정으로 회개하는 죄인 하나를 용서하시기에 지치십니까?

쇠렌 키에르케고르

2017년 7월 2일 주일 아침이었다. 나는 전화를 걸어야 할지 말아야 할지, 혼자 계속 고민했다. 이윽고 마음의 결단을 내렸다. 곧이어 어느 장로님께 전화를 드려 죄송하다고, 용서해달라고 말씀을 드렸다. 전화를 받은 장로님은 몹시 면구스러워 하며 오히려 본인이 잘못했다고, 용서해달라고 말씀하셨다. 10여 분간 그런 대화가 오간 후에 우리 두 사람은 기분 좋게 전화를 끊었다.

사건의 발단은 이랬다. 며칠 전(6월 29일) 내가 페이스북에 포스팅한 정치 비평 관련 글 밑에 난생 처음 보는 어떤 사람이 나에 대한 욕을 잔뜩 써놨다. 그냥 보기에도 얼굴이 화끈거리는 내용이었다. 아마그 글을 쓴 이는 나와 정치적 관점이 달랐던 것 같았다. 그런데 나와아주 가까운 목사님이 그 댓글을 쓴 이가 자신이 시무하는 교회의 수석장로님이란 것을 금방 알아챘다. 그래서 내게 전화를 해서 정말 죄송하다고 사과를 한 후, 그 장로님께도 연락을 해서 내게 사과를 하라고 부탁드렸고, 실제로 그 장로님이 내게 전화를 주셨다. 그렇지만 내가 서운하고 얄미운 마음에 전화를 안 받았다. 몇 번 전화를 해도 안받으니, 급기야는 장로님이 문자로 장문의 사과를 보내왔다. 그래도나는 분이 다 안 풀려 일체 응신을 하지 않았다. 그렇게 며칠이 흘러갔다. 그런데 주일이 돌아왔고, 예배를 드려야 할 시간이 가까워지기시작한 것이다. 더욱이 나는 그 주일에 어느 교회에 초청을 받아 오전

---

* 이 글을 쓰기 위해 자료를 챙겨 아침에 회사로 출근하는 길에 교통사고를 당했다. 100%
상대방 과실이었다. 하필 용서에 대해 글을 쓰는 날, 이런 일이 일어나다니. 나는 직감적으
로 상대를 용서해야 한다는 것을 느꼈다.

12 기도와 용서

예배 설교 봉사를 하기로 되어 있었다. 아침부터 내 마음이 편치 않았다. "예물을 드리기 전에 원망받을 만한 일이 생각나거든 먼저 형제와 화해하고 와서 예배를 드리라"(마 5:23-14)는 말씀이 계속 양심을 찔러댔다. 그래서 드디어 결심을 하고 그 장로님께 전화를 드려 용서를 구했던 것이다.

비단 하나님께 드리는 예배나 헌물뿐이겠는가? 기도를 드림에 있어서도 마찬가지다. 우리가 하나님께 온전한 기도를 드리기 위해서는 먼저 다른 사람과의 불편한 관계를 청산하고 화해하는 것이 성경적 원리다.

그렇지만 용서 및 그 결과로 주어지는 화해란 그리 간단한 문제가 아니다. 나는 세상에서 가장 어려운 일 중 하나가 용서라고 생각한다. 왜냐하면 용서는 우리의 자존심과 직결된 문제기 때문이다. 우리는 다른 사람에게 우리 죄를 용서해달라고 말하는 것이 불편하다. 자존심이 상하기 때문이다. 우리는 다른 사람의 과실과 허물을 용서하는 것이 불편하다. 역시 자존심이 상하기 때문이다. 나에게 상처와 손해를 입힌 사람을 아무런 처벌 없이 그냥 용서하는 것은 왠지 내 자존감이 무너지는 것 같은 느낌을 안겨준다. 우리는 그 점을 못 견뎌한다. 그래서 용서는 받기도, 하기도 어렵다. C. S. 루이스의 다음과 같은 말은 이 점을 잘 보여준다. "모든 사람은 용서가 훌륭한 일이라고 말한다. 실제로 용서해야 할 일이 생기기 전까지는 말이다."*

---

* 　C. S. 루이스, 『순전한 기독교』(장경철·이종태 역, 홍성사), 182.

용서가 어려운 이유는 그것이 타락한 인간의 본성과 관련한 일이기 때문이다. 창세기 3장에서 인간이 타락한 이유는 스스로 하나님처럼 되고자 함이었다. 하나님처럼 된다는 것은 하나님의 자리, 곧 선악을 판결하고 처벌하는 재판관의 자리에 등극하려는 욕망과 행위를 뜻한다. 그래서 인간은 본성적으로 용서와 이해보다는 처벌과 복수에 능하다. 선악에 대한 심판은 오직 하나님께만 속한 권리인데, 인간은 그것을 찬탈하여 자신이 행사하려고 한다. 이것이 타락한 인간의 본성이다. 그래서 용서가 어렵다. 왜냐하면 그것은 우리의 자연적 본성에 정면으로 위반되는 것이기 때문이다. 쉽게 말해, 그것은 우리의 천성을 거스르는 것이다. 그러나 스스로 재판관이 되어 심판권을 행사하려고 했던 인간에게 부과된 운명은, 진정한 재판관이신 하나님의 심판을 받아 낙원에서 추방된 것이었다.

구약성경의 첫 책인 창세기가 스스로 재판관이 되려는 사람(아담)의 이야기에서 시작하여, 스스로 재판관이 되지 않겠다고 선언하는 사람(요셉)의 이야기로 끝난다는 것은 참으로 의미심장하다. 창세기 맨 마지막 부분에 등장하는 요셉은, 자신을 노예로 팔아넘김으로써 온갖 수모와 고통을 안겨주었던 이복형제들을 얼마든지 심판하고 복수할 수 있는 위치에 있었지만 그렇게 하지 않는다. 대신 그는 마지막 순간에 형제들을 용서하며 이렇게 말한다.

두려워하지 마소서. 내가 하나님을 대신하리이까. 당신들은 나를 해하려 하였으나, 하나님은 그것을 선으로 바꾸사 오늘과 같이 많은 백성의 생명을 구원하게 하시려 하셨나니, 당신들은 두려워하지 마소서. 내가 당신들과 당신들의 자녀를 기르리이다. 창 50:19-20

놀랍게도 이 이야기는 구약성경 전체를 통틀어 사람들이 서로를 용서하는 유일한 이야기다.

더 나아가 창세기에 나오는 아담과 요셉의 이야기는 어떤 면에서 첫 아담과 둘째 아담인 예수님의 이야기의 전조이기도 하다. 첫 아담은 선악과를 따먹은 것이 들통이 나서 하나님께 추궁을 받게 되자 한때 인류 최초의 사랑 고백을 했던 여인을 향해서마저 "저 여자 때문에 제가 이 꼴이 되었습니다, 저 여자를 혼내주세요"라고 고자질하며 정죄와 심판의 칼을 휘둘렀다. (아담은 심지어 하나님께도 동일한 일을 한다.) 그러나 둘째 아담이신 예수님은 십자가에서 억울하게 죽임을 당하는 순간에서까지 "저들의 죄를 용서하여주옵소서"라고 기도했다. 스스로 재판관이 되려 했던 첫 아담은 그로 인해 지상 낙원에서 쫓겨났지만, 용서를 구하고 또 용서를 실천한 십자가상의 예수님과 그 우편에 있던 강도는 하늘의 낙원으로 입성했다: "네가 오늘 나와 함께 낙원에 있으리라"(눅 23:43). 죄용서의 상징인 십자가야말로 진정한 생명나무였던 것이다.

실로 예수님께서 십자가에서 우리를 용서해달라고 기도하지 않으셨다면, 그리고 하나님께서 그 기도에 응답하여 우리를 용서해주시지 않았다면, 우리가 어찌 하나님의 은혜의 보좌 앞에 나아가며 또 그분께 기도할 수 있었겠는가? 만일 용서가 없었다면, 우리는 지금까지도

"희생양 제의"를 무한정 반복하고 있었을 것이다. 십자가에서 성취된 신적인 용서야말로 인간의 모든 희생양 제의를 종식시키고 참된 생명과 자유를 선물로 가져다주신 은혜의 사건인 것이다. 따라서 이 은혜를 선사받은 우리는 매일의 삶 속에서 하나님께 용서를 구하는 동시에 다른 사람을 용서하는 삶을 살도록 부름 받았다(주기도문의 "네 번째 청원").

용서는 기도의 관문과 같다. 우리는 하나님께 용서를 받아 그분과의 관계가 정상화되었기에 기도할 수 있으며, 또한 우리에게 죄지은 자를 용서하라는 명령을 받은 자로서 우리에게 위해를 가하고 손해를 입힌 자들을 위해 기도할 뿐 아니라 하나님께서 그런 기도를 실제로 드릴 수 있는 믿음과 용기를 우리에게 주시길 위해서 기도해야 한다.

사실상 이 세상에는 전적인 가해자 혹은 피해자는 존재하지 않는다. 우리 모두는 누군가에게는 피해자이지만, 또 누군가에게는 가해자로 살아간다. 다만 우리는 자신이 피해자라는 사실은 또렷하게 알고 있지만, 자신이 가해자라는 사실에 대해서는 무감할 뿐이다. 피해자인 동시에 가해자로서, 우리는 누군가를 용서할 뿐 아니라 누군가에게 용서받아야 한다. 이것이 우리의 기도에 용서가 빠져서는 안 되는 이유다.

한편, 모든 심리학자들 및 신학자들이 동의하듯이 용서의 가장 큰 수혜자는 우리 자신이다. 루이스 스미디즈의 말처럼,

용서로 치유받는 최초의, 그리고 많은 경우, 유일한 사람은 바로 용서하는

자 자신이다.…진실한 용서는 포로에게 자유를 준다. 그러고 나면 자기가 풀어준 포로가 바로 자신이었음을 깨닫게 된다.*

제2차 세계대전 중 미국에 이민 온 어느 유대인 랍비는 이런 말을 했다. "미국에 오기 전 아돌프 히틀러를 용서해야 했습니다. 새 나라에까지 히틀러를 품고 오고 싶지 않았습니다."**

따라서 우리는 주님이 가르쳐주신 기도대로, 기도할 때 먼저 하나님께서 우리의 허물과 연약함을 용서해주시길 위해 기도할 뿐만 아니라, (그와 동시에) 우리도 우리에게 죄지은 자를 용서하는 기도를 해야 한다. 더 좋은 것은, 기도하기 전에 먼저 남을 용서해야 한다. 그것이 성경의 가르침이다. 동일하게, 사도 바울도 이렇게 말한다.

> 서로 친절하게 하며 불쌍히 여기며 서로 용서하기를 하나님이 그리스도 안에서 너희를 용서하심과 같이 하라. 엡 4:32

새물결교회를 담임목회할 때 일이다. 하루는 함께 동역하는 Y 목사가 허겁지겁 담임목사실로 쫓아왔다. 집에서 연락이 오길, 장인 어른이 쓰러져서 위급하시다며 휴가를 요청했다. 그래서 어서 빨리 병원으로 가보라고 보내놓고 혹시나 하는 마음에 한 시간 후쯤 나도 이

---

* Lewis B. Smedes, *Shame and Grace*(San Francisco: Harper Collins), 136, 141. 필립 얀시, 『놀라운 하나님의 은혜』, 115에서 재인용.
** 필립 얀시, 『놀라운 하나님의 은혜』(윤종석 역, IVP), 115.

대목동병원을 찾아갔다. Y 목사와 부인이 중환자실 앞에서 나를 맞았다. 사정 이야기를 들어보니, 담당 의사 말이 오늘 반나절을 넘기기 어려울 거라며 장례 준비를 하라 해서 지금 가족들이 다들 병원으로 오고 있는 중이라 했다. 그 순간 성령께서 내 마음에 감동을 주셨다. 그래서 이렇게 말해줬다.

"하나님께서 장인이 오늘 안 죽는다고 하시네. 일주일 시간 여유를 주시고 중간에 한 번 깨어나게 하실 거니까, 그때 꼭 온 가족이 서로 용서하고 화해하라고 하시네."

알고 보니 Y 목사의 장인은 지독한 무신론자였다. 그래서 가족들이 교회를 나가는 것을 아주 싫어했고, 그로 인해 가족들 입장에서는 평생 모진 핍박을 받은 셈이었다. 특히 Y 목사의 부인과 처제들, 즉 그 가정의 딸들이 어려서부터 받은 상처의 골이 너무 크고 깊었다. 자연히 아버지에 대한 원망과 증오가 컸다. 그렇지만 하나님께서는 그 딸들에게 아버지가 죽기 전에 천금 같은 기회를 줄 테니 기필코 아버지를 용서하고 화해하라는 것이었다.

그런데 정말 Y 목사의 장인이 중도에 깨어났다. 중환자실 밖에서 기다리고 있던 모든 가족들이 들어가 눈물을 흘리며 아버지를 얼싸안고 서로 화해했다. 또한 기적같이 Y 목사의 장인이 생의 마지막 순간에 예수님을 구세주로 영접했다. 상대의 허물을 긍휼히 여기며 용서하는 일을 통해 하나님께서 천하보다 더 귀한 한 생명을 구원하신 것이다. 그리고 Y 목사의 장인은 처음 병원에 실려왔던 날로부터 정확히 일주일 후 운명하셨다. 의사는 반나절을 못 넘긴다고 했지만, 하나님께서는 당신이 하실 새로운 일들이 있었기 때문에 일주일의 시간을 연장하셨던 것이다. 그 일주일은 용서와 화해, 기쁨과 축제의 시간이었다. 비록 죽음 앞에서도 말이다.

나는 지금껏 용서에 관한 수많은 책을 읽었다. 용서에 관하여 내가 읽었던 책들 가운데 가장 감동적인 대목은 필립 얀시가 쓴 『내 눈이 주의 영광을 보네』에 나오는 한 장면이었다. 책의 한 대목에서 얀시는 남아프리카공화국에서 일어났던 한 이야기를 소개한다. 주지하듯이 남아공은 인종차별의 대명사격인 소위 아파르트헤이트로 이루다 필설할 수 없는 비참하고 끔찍한 흑백 갈등을 겪은 나라다. 여기에 책의 한 대목을 옮긴다.

세상은 '은혜'가 활동하는 모습을 볼 때 잠잠해진다. 넬슨 만델라는 27년 동안의 감옥 생활을 마치고 나와 대통령으로 당선된 후, 자신을 담당했던 간수를 취임식 연단으로 초청함으로써 세상에게 은혜가 무엇인지를 가르쳐주었다. 만델라는, 억압받던 인종이나 부족이 주도권을 탈환한 여러 나라에서 복수의 악순환이 일어나는 광경을 숱하게 보아왔다. 그는 그 자연적인 과정을 방지하려고 노력했다. 그는 데스몬드 투투 대주교를 '진실과 화해 위원회(Truth and Reconciliation Commission)'라는, 이름도 거창한 정부 공식 위원단의 위원장으로 임명했다.

그다음 2년 반 동안, 남아프리카인들은 '진실과 화해 위원회' 청문회에서 공개되는 잔혹 행위의 보고들에 귀를 기울였다. 청문회 규칙은 간단했다. 백인 경찰이나 군인이 자발적으로 고소자들 앞에 서서 범행을 털어놓고 자신의 잘못을 완전히 인정하면, 그 범죄로 인해 재판을 받거나 처벌받지 않는 것이었다. 강경론자들은 범죄자들을 그냥 풀어주는 것은 명백히 부당한 처사라며 불평했지만 만델라는, 남아프리카엔 정의 못지 않게 치유가 필요하다고 주장했다.

반 드 브렉이라는 백인 경찰관은 한 청문회에서, 자신과 동료들이 열여덟 살의 흑인 소년을 총으로 쏜 뒤, 증거를 인멸하기 위해 그 시신을 바비큐 고기처럼 불에다 대고 이리저리 그을린 사건을 자세히 털어놓았다. 8년 후, 반 드 브렉은 다시 그 집으로 돌아가 소년의 아버지를 체포했다. 아내는 경찰관들이 남편을 장작더미에다 묶어놓고 그의 몸에다 휘발유를 끼얹은 뒤 불을 붙이는 과정을 강제로 지켜봐야 했다. 그 백인 경찰관에 의해 아들과 남편을 차례로 잃은 노부인에게 대꾸할 기회가 주어졌을 때, 청문회 법정은 조용해졌다. "반 드 브렉 씨에게 무엇을 원하십니까?" 판사가 물었다. 그녀는 남편의 장례를 제대로 치를 수 있도록 반 드 브렉이 남편의 시신을 불태운 장소로 가서 그 재를 모아줬으면 한다고 말했다. 그 경찰관은 머리를 숙인 채 알겠다는 뜻으로 고개를 끄덕였다. 그다음 그녀는 추가 요구 사항을 덧붙였다. "반 드 브렉 씨는 제 가족을 모두 데려갔습니다. 그러나 저에겐 아직도 그에게 줄 수 있는 사랑이 많습니다. 한 달에 두 번, 나는 그가 우리 집에 와서 하루 동안 시간을 보냈으면 합니다. 제가 엄마 노릇을 할 수 있도록 말이죠. 그리고 나는 반 드 브렉 씨가 하나님의 용서를 받았다는 것과 나도 그를 용서했다는 사실을 알았으면 합니다. 나는 내가 정말 용서했다는 걸 반 드 브렉 씨가 알도록 그를 안아주고 싶습니다." 노부인이 증인석으로 걸어가는 동안 법정 안의 누군가 "나 같은 죄인 살리신"을 부르기 시작했다. 그러나 반 드 브렉은 그 찬양 소리를 듣지 못했다. 그는 그 상황을 감당하지 못하고 졸도해버렸던 것이다.

그날 남아프리카공화국의 법정에서도, '진실과 화해 위원회'의 괴로운 절차가 진행되는 몇 달 동안 그 나라 전체에서도, 정의는 시행되지 않았다. 오히려 정의를 초월하는 다른 일이 벌어졌다. 바울은 "악에게 지지 말고 선으로 악을 이기라"고 말했다. 즉, 넬슨 만델라와 데스몬드 투투는 악이 저질러졌을 때 그 악을 이길 수 있는 반응은 하나뿐임을 알았던 것이다. 복수는 악을 계속 이어지게 만든다. 정의는 악을 처벌한다. 그러나 선으로 악을 이기는 일은, 상처 입은 사람이 그 악을 견디며 그것이 또 다른 악순환으로 이어지도록 허용하지 않을 때 비로소 이루어진다. 그리고 그것이 바로 예수님이 삶과 죽음으로 보여주신 다른 세계의 은혜이다.*

용서와 관련하여 한 가지 더 살펴볼 말씀이 있다. 사도 바울은 고린도전서 12:3에서 이렇게 말한다.

"내가 너희에게 알리노니 '하나님의 영으로 말하는 자는 누구든지 예수를 저주할 자라 하지 아니하고 또 성령으로 아니하고는 누구든지 예수를 주시라 할 수 없느니라.'"

내가 신학공부를 하던 초창기만 해도 내 스승들은 이 말씀을, 그리스도인이 되기 이전의 바울이 팔레스타인과 시리아 일대를 돌아다니면서 그리스도인들을 체포한 후에 "예수를 저주하면 살려주겠다"고

---

* 필립 얀시, 『내 눈이 주의 영광을 보네』(홍종락 역, 좋은 씨앗), 333-335.

협박을 하던 자신의 과거를 회상하며 한 말이라고 배웠다. 하지만 이제 나는 오늘날 상당수 신약학자들이 이 말씀을 전혀 다르게 해석한다는 것을 알고 있다.

고린도전서 12:3의 그리스어 본문을 보면 성령의 인도하심을 받을 때 할 수 없는 말은 *"anathema Iesous"*(예수는 저주받은 이다)이다. 브루스 윈터는 고대 지중해 세계에서 사용된 *anathema X* 형태와 비슷한 의미를 지닌 문구들을 살핀 후, 이런 문구들의 경우, 저주하는 자가 부르는 신이 능동 주어이며, 저주하는 자는 이 신더러 자신이 지목하는 자에게 저주를 내려달라고 요청하는 의미라고 지적했다. 이 저주들을 사용한 정황은 주로 운동경기, 사랑, 상업, 소송 같은 것인데, 어떤 식으로든 상대방을 무력하게 만들어 저주를 요청한 사람이 적절한 성공을 거두고 승리자가 될 수 있게 해달라는 것이 핵심이다.* 이런 주장에 따르면, 구문상 "예수"가 주어이고 "저주"가 목적어이며, "내리다/선언하다/행하다"라는 동사가 숨어 있다는 결론이 나온다. 그렇다면 *anathema Iesous*는 "예수가 저주를 내려주시길"이란 뜻이 된다.** 쉽게 말해, 그리스도인은 예수님의 지위와 능력을 이용하여 다른 사람을 저주하는 기도나 말을 해서는 안 된다. 그럼에도 얼마나 많은 그리스도인늘이 개인적 감정이나 복수심에 불타, 대적기

---

* 영국 배스 지역의 로마 시대 유적지에는 주석 혹은 청동 게시판에 갖가지 욕이 새겨져 있다. 거기에는 자신의 동전 여섯 개를 훔친 자에게 피의 복수를 내려달라고 여신에게 빈 기도도 있다. 또 이런 글귀도 있다 한다. "도시메데스가 장갑을 잃어버렸나이다. 그 장갑을 훔쳐간 사람은 신께서 지정하시는 성전에서 눈이 멀고 미치게 하옵소서."
** 월터 모벌리, 『예언과 분별』(박규태 역, 새물결플러스), 303.

도 혹은 결박기도란 미명하에 자기와 원한관계에 있는 사람에게 예수님께서 저주를 내리시길 위해 기도하고 있는가?! (겉으로는 영적 싸움을 빙자해서 실제로는 육적 싸움을 벌이는 일이 얼마나 많은가?!) 하지만 바울은 이런 기도는 성령을 받은 그리스도인이라면 결단코 해서는 안 되는 일이라고 못 박고 있다. 오히려 예수님을 자신의 참된 주님으로 고백하는 성령의 사람이라면, 주님 되신 예수님께서 십자가에서 세상의 구원을 위해 자신의 모든 것을 다 내어주시고 또 자신을 십자가에 못 박은 사람들까지도 조건없이 용서해주신 것처럼, 주님의 모범을 따라 같은 길을 걸어야 한다. 그것이 성령을 받은 증거다. 따라서 우리의 기도가 진정으로 성령의 통치 아래 행해지고 있다면 거기에는 용서가 빠질 수 없다.

13

오직 사랑하게 하소서

이 책의 "프롤로그"에서 간단히 언급했던 것처럼 나는 1999년 6월 8일에 거룩한 불을 체험한 이후 100여 일 가까운 날들을 마치 영원의 구름 위를 걷는 듯한 신기한 체험을 한꺼번에 몰아서 했었다. 그러던 어느 날, 내 마음에 문득 그런 생각이 들었다.

"혹시 하나님께서 나에게 이런 진귀한 체험을 시켜주시는 이유는, 나를 이 시대의 세례 요한으로 쓰시기 위함이 아닐까!"

그래서 하루는 작심을 하고 기도 중에 여쭤보았다.

"주님, 제가 불을 가지고 나가 사람들 앞에서 회개를 촉구할까요?"

사실 나는 불 체험을 하기 이전에도 기질적으로 현실 비판적 성향이 다분했었다. 나는 사람들의 잘못이나 약점을 꼬집고 지적하길 잘했다. 남의 부족한 부분을 일부러 눈을 부릅뜨고 찾아내려 애쓰지 않아도, 그냥 척 보기만 해도 눈에 잘 들어왔다. 또한 현대 문명에 대한 비관적이고 회의적인 관점이 다분했다. 후자는 아마도 내가 우리 아버지께 물려받은 경건주의적 유산 때문이었을 것이다. 그에 더해, 개인적으로 1990년대 초반부터 19-20세기에 영국, 미국, 인도, 한국 등지에서 일어났던 "부흥" 혹은 "영적 대각성"에 관한 책을 즐겨 읽으면서 민족적·사회적·교회적 회심에 대한 큰 열망이 있었다.

가령, 1907년 1월 6일부터 평양 장대현교회에서 열린 사경회는 대대적인 회개 운동이 일어난, 20세기 대표적인 영적 대각성 운동이었다. 길진경 목사님이 쓴 『영계 길선주』(종로서적, 1980)에 보면 당시의 풍경을 이렇게 묘사한다.

길 장로의 설교가 있은 뒤 집으로 돌아갈 사람은 돌아가라고 했다. 그러나 6-7백 명이 기도하기 위해 남아 있었다. 우리는 김 씨와 주 씨, 두 사람을 위해 특별 기도를 했다. 그들에게 회개할 것이 있었기 때문이었다. 그런데 갑자기 김 씨가 자리에서 일어서더니 자신은 형들을 질시했을 뿐만 아니라, 특히 블레어 선교사를 극도로 미워했음을 회개한다고 하며 보기 아주 비참할 정도로 땅바닥을 굴렀다.⋯ 또 한 교인이 자리에서 일어나 자신의 죄를 고백하기 시작했는데, 그는 음란과 증오, 특히 자기 아내를 사랑하지 못한 죄뿐 아니라 일일이 다 기억할 수 없는 온갖 죄를 자복하였다. 그는 기도하면서 스스로 억제할 수 없을 정도로 울었고 온 회중도 따라 울었다. 우리는 그 순간, 살아 계신 하나님 앞에 있음을 분명히 느꼈다.

한편, 위의 인용문에 나오는 블레어 선교사가 당시의 상황을 묘사한 기록은 이렇다.

대부흥의 회개는 눈물을 흘리며 죄를 고백하는 것으로 그치지 않았다. 남에게 손해를 끼친 사람들은 그 손해를 배상함으로써 피차 화목을 이루었다. 사람들은 각자 자기가 일찍이 손해를 끼친 사람들의 집을 찾아다니면서, 상처를 준 사람들에게 사과하고 과거에 남의 재물을 훔친 사람들은 그것을 갚아주었다. 그것은 비단 교인뿐 아니라 불신자들에게도 그렇게 했다(W. N. Blair, *The Korean Pentecost*(New York, 1910).

그런 선이해가 있던 차에, 뜻밖에 내게도 거룩한 불이 내렸으니,

혹시 하나님께서 나를 우리 시대의 영적 대각성의 도구로 쓰시려나 하는 묘한 기대감이 찾아왔던 것이다.

"주님, 제가 사람들 앞에서 회개를 촉구할까요?"라는 나의 질문에 대해, 하나님께서는 즉시 요한복음 3:16 말씀으로 응답하셨다.

"하나님이 세상을 이처럼 사랑하사 독생자를 주셨으니 이는 그를 믿는 자마다 멸망하지 않고 영생을 얻게 하려 하심이라."

하나님께서는 곧이어 이렇게 말씀하셨다.

"사랑하는 아들아, 내가 너에게 이런 귀한 능력을 주는 것은, 네가 사람들에게 나아가서 '하나님이 당신을 정죄하시고 심판하시는 분이 아니라 오히려 사랑하시고 구원하시는 분이십니다'라고 전하게 하려 함이란다."

나는 망치로 한 대 맞은 것 같았다.

● ○

우리는 왜 그리고 무엇 때문에 기도하는가? 우리가 기도하는 궁극의 목적이 무엇인가? 나는 우리가 기도하는 궁극적인 목표가, 다름 아닌 사랑의 사람이 되기 위함이라고 믿는다. 곧 우리의 악하고 이기적인 본성/천성을 거슬러, 우리가 지금보다 더 많이 사랑하기 위하여, 곧 사랑으로 충만한 삶을 살기 위하여 기도해야 하는 것이다. 하지만 현실은 정반대다. 우리 주변에서 기도를 많이 한다는 사람일수록 영적으로 교만하고 이기적이며 무례한 경우를 발견하는 것은 어렵지 않다. 소위 영력이 뛰어나다고 자칭하는 사람일수록 다른 사람을 통제하고 조종하며 그 위에 군림하려고 한다. 심지어 기도의 행위를 앞세워 금품을 갈취하고 사기를 치는 경우도 있다. 심히 잘못된 일이다. 다시 말하지만, 우리가 기도하는 이유는, 사랑의 사람이 되어 다른 사람을 더 잘 섬기기 위함이다.

사랑이야말로 하나님의 진정한 속성이자 존재방식이다. 하나님은 사랑으로 충만하신 분이시다. 그분은 사랑 그 자체시며, 그야말로 사랑 덩어리다. 또한 성부, 성자, 성령 하나님께서는 페리코레시스적 침투와 교통, 내주와 환대 속에 서로 얼싸안고 사랑의 춤을 추는 분이시다. 그래서 사도 요한은 "하나님은 사랑이시다"(요일 4:8)라고 선언한다.

하나님의 모든 선한 성품들은 전부 그분의 사랑에서 비롯된다. 곧 그분의 은혜와 환대, 온유와 겸손, 인애와 긍휼, 공의와 진리, 인내와 신실 등은 모두 그분의 사랑이 외부로 발현된 것이다. 이를 그림으로 그려보면 다음과 같다.

하나님의 사랑의 극치는 당연히 십자가다. 성부 하나님께서는 십자가에서 성자 예수님을 세상의 구원을 위해 아낌없이 내어주셨을 뿐 아니라, 성자 예수님 안에서 실상은 하나님 자신을 우리를 위해 다 내어주셨다. 그래서 예수님께서는 우리에게 다음과 같이 부탁하신다.

"내 계명은 곧 내가 너희를 사랑한 것같이 너희도 서로 사랑하라 하는 이것이니라"(요 15:12).

● ○

또한 우리가 기도하는 궁극의 목표는 거룩한 존재가 되기 위함이다. 많은 그리스도인들이 세속에서의 "성공"을 위해 기도한다. 곧 부, 출세, 명예, 권력, 건강을 위해 열심히 기도한다. 이런 이유로 기도하는 사람들에게, 하나님은 겨우 알라딘의 램프에 나오는 거인이나 길거리 여기저기 널려 있는 자판기에 불과하다. 하나님을 성공의 수단쯤으로 여기는 사람들은 자신들이 적정한 가격을 지불하기만 하면 하나님이 그가 원하는 것을 언제든 내어놓으실 줄 안다. 혹은 자신이 부르기만 하면 하나님이 언제든 달려와 굽실거릴 줄 안다. 이런 자들의 하나님은 성경을 통해 자신을 계시한 높고 거룩한 분이 아니라, 그저 인간이 만들어낸 우상에 불과할 뿐이다. 기독교의 타락이 여기서 시작된다.

그러나 우리가 기도하는 참 목적은 "성공"이 아니라 "성화"여야 한다. 성화 곧 거룩해짐이란 무엇인가? 그것은 우리가 하나님의 참된 형상이신 "예수님을 닮는 것"이다. 우리의 육신적 본성이 아닌, 하나님이 성령을 통해 예수 그리스도 안에서 새롭게 부여하시는 영적 본성, 곧 하나님의 진짜 형상을 힘입는 것, 그것이야말로 우리가 기도하는 궁극의 목표다. 그럼 예수님의 형상, 즉 예수님의 인격의 핵심은 무엇인가? 바로 "사랑"이다. 예수님은 자신의 존재 전부를 다하여 "하나님을 사랑하고, 인간을 사랑하신 분"이다. 그분의 십자가는, 하나님 사랑과 인간 사랑이 서로 만난 "교차로"다. 예수님은 성부 하나님을 너무도 사랑하신 나머지 아버지 앞에서 머리를 숙이셨고, 인간을 너무나 사랑한 나머지 두 팔을 활짝 벌려 온 세상을 껴안으셨다(십자가에 매달려 죽으신 예수님의 모습을 연상해보라).

하지만 우리의 현실은 이와 얼마나 다른가? 교회생활을 열심히 하면서 헌금도 많이 하고 봉사도 적극적으로 하며 새벽기도를 거르지 않는 사람들 중에도 이기적이고 무례하며 권모술수와 사기질에 능숙한 사람들이 얼마나 많은가!

앞서 소개했던 전라도 남원에서 목회하는 (방언통변 은사가 있는) Y 사모님께 내가 직접 들은 이야기를 한 꼭지 소개할까 한다.

언젠가 전라도 지역의 어느 교회 장로님 두 분이 Y 사모님 소식을 듣고 방언통변을 해보고 싶은 요량에 지리산 자락을 찾았다고 한다. 서로 가벼운 통성명을 하고, 본격적인 방언통변에 들어가기 전, 장로님 한 분이 자기자랑(?)을 열심히 했단다.

"저는 하루에 평균 3시간씩 방언으로 기도합니다. 제 방언은 얼마나 유창하고 매끄러운지 모릅니다.…"

그런데 곁에 있던 다른 장로님은 "저는 오래전 방언은사를 받긴 했는데, 아무리 기도해도 맨날 '랄랄라'만 나오고 더 이상 진척이 없는 것 같아서 요즘은 거의 방언기도를 안 합니다. 아마 제 방언은 통변을 하셔도 별 내용이 없을 겁니다"라며 머리를 긁적이는 것이었다.

잠시 후 드디어 방언통변이 시작되었는데, 웬걸 매일 3시간씩 유창하게 방언기도를 한다고 자랑하던 장로님은 통변 내용이 이랬다.

"야, 이놈아, 너는 장로라는 인간이 어쩌면 그렇게 교만하고 이기적이고 긍휼이란 것은 눈꼽만큼도 없냐? 네가 너보다 가난하고 볼품 없는 사람들을 얕잡아보니 내 마음이 얼마나 불편한지 아느냐?…"

그런데 방언을 하면 버벅대기 일쑤여서 아예 방언기도를 안 한 지 꽤 오래되었다는 장로님이 투박한 방언으로 더듬거리며 기도를 시작하자마자 이런 통변이 쏟아져 나왔단다.

"사랑하는 아들아, 네가 참으로 겸손하고 온유하구나. 네가 다른 사람들을 불쌍히 여기고 돕는 마음이 가득하니, 내가 너를 참으로 기뻐한단다.…"

방언통변이 끝나고 나서, 사모님도 두 장로님도 모두 놀랐다고 했다. 그래서 속마음을 털어놓고 대화를 해보니, 통변을 하면서 야단을 많이 맞은 장로님이 "자신이 정말 평소에 그렇게 살았다"고 하면서 눈물을 뚝뚝 흘리더라는 것이었다.

그렇다. 하나님은 외모를 보시지 않고 중심을 보시는 분이다. 그분은 우리의 입술의 기교 혹은 혓바닥 놀림에 현혹되는 분이 아니라, 우리의 삶을 철두철미 살피시는 분이다. 따라서 은사를 체험하고 말을 잘하는 것이 중요한 것이 아니라, 그 은사를 주신 삼위일체 하나님의 사랑과 긍휼의 성품대로 사는 것이 더욱 중요하다.

다시 말하거니와, 우리가 하나님께 기도하는 궁극의 목표는 당면한 문제를 해결하거나 소원하는 것을 수중에 얻고자 함이 아니다. 여러가지 신기하고 현란한 성령 은사를 체험하고 자랑하기 위함도 아니다. 우리가 기도하는 최종적인 목표는 우리 자신이 하나님의 아들이신 예수 그리스도의 형상을 닮아 거룩해지기 위함이다. 그리고 그 거룩해짐의 핵심에는 바로 "사랑"이 있다.

성령의 각종 은사와 사랑과의 관계를 다루는 고린도전서 12-14장에도 이 점이 분명히 나타나 있다. 고린도전서 12-14장에 나타난 성령의 은사와 사랑의 관계는, 고린도전서 11-14장 사이의 올바른 예배에 관한 가르침이란 더욱 포괄적인 틀 안에서 살펴봐야 한다. 고린도전서 11-14장을 인클루지오 기법(수미상관법/교차대구법)을 통해 개관하면 다음과 같다.

A. 예배를 인도하는 남자와 여자: 예언하는 자와 단정한 복장 11:2-16

  B. 예배의 질서: 성례—주의 만찬 11:17-34

    C. 은사와 몸의 본질 12:1-30

     X. 사랑의 찬가 12:31-14:1

    C′. 신령한 은사와 그리스도의 몸을 높이 세움 14:1-25

  B′. 예배의 질서: 말씀—예언하는 자와 방언하는 자 14:26-33a

A′. 예배를 드리는 남자와 여자: 교회에서 잠잠함 14:33b-40

여기서 성령의 은사와 사랑의 관계를 집중적으로 다루는 고린도전서 12-14장을 역시 동일한 방법으로 개관하면 다음과 같다.

A. 신령한 은사들 12:1-31

   B. 사랑과 신령한 은사들 13:1-3

      X. 사랑의 정의 13:4-7

   B′. 사랑과 신령한 은사들 13:8-13

A′. 신령한 은사들 14:1-25

우리는 이 개관을 통해 모든 은사의 중심에는 "사랑"이 자리하고 있음을 알 수 있다. 이제 사랑의 찬가로 유명한 고린도전서 13장을 개관해보자.

A. 더 높은 은사들을 위해 계속 열심을 내고 내가 그 길을 보여주겠다 12:31

   B. 사랑과 신령한 은사들 13:1-3

      C. 사랑의 긍정적 정의 13:4a

         X. 사랑의 부정적 정의 13:4b-6

      C′. 사랑의 긍정적 정의 13:7

   B′. 사랑과 신령한 은사들 13:8-13

A′. 은사들을 위해 계속 열심을 내고 사랑을 향해 달려라 14:1

이러한 분석을 따를 때* 우리는 성령의 은사들 중 가장 큰 은사는 바로 **사랑**이라는 것과, 사랑의 은사를 실천함에 있어 사랑이 아닌 것들(질투, 자랑, 교만, 무례함, 자기 유익을 구함, 성냄, 악한 것을 생각함 등)을 피하는 것이 매우 중요함을 알 수 있다. 따라서 제아무리 기발하고 현란한 성령의 은사를 체험했다 해도 고결한 사랑의 성품을 갖추지 못한 사람은 결코 하나님을 드러내지 못한다. 이는 한국교회 안의 은사주의자들이 깊이 유념해야 할 대목이다.

이 글을 쓰는데 문득 김현승 시인의 시가 떠오른다.

가을에는

기도하게 하소서

낙엽들이 지는 때를

기다려 내게 주신

겸허한 모국어로

나를 채우소서

가을에는

사랑하게 하소서

오직 한 사람을

---

* 위의 분석은 케네스 E. 베일리의 『지중해의 눈으로 본 바울』(김귀탁 역, 새물결플러스), 534-535을 따랐다.

택하게 하소서

가장 아름다운 열매를

위하여 이 비옥한

시간을 가꾸게 하소서

가을에는

호올로 있게 하소서

나의 영혼

굽이치는 바다와

백합의 골짜기를 지나

마른 나뭇가지 위에

다다른 까마귀같이

이 글을 쓰는 오늘이 2017년 9월 20일이다. 지금 이 순간, 창밖을 보니 하늘은 눈이 시리도록 청명하며 공기 중에는 시원한 바람이 춤을 추며 흘러다닌다.

"오! 주님, 이 가을뿐 아니라 일평생 더욱 사랑하게 하옵소서."

14

지혜롭게 하소서

하나님이시여,
변화시킬 수 없는 일들에 대해서는
그것을 받아들일 수 있는 평정을 주시고
내 힘으로 변화시킬 수 있는 일들에 대해서는
그것을 고칠 수 있는 용기를 허락하여주옵소서.
그리고 이 두 가지의 차이를 깨달을 수 있는
지혜를 허락하여 주옵소서.

라인홀드 니버

세상에 자신을 가리켜 "바보", "멍충이"라 하는 것을 좋아할 사람은, 단언컨대 단 한 사람도 없다. 바보도 자신더러 바보라 하면 화를 낸다. 반대로 자신을 향해 "영리하다" 혹은 "똑똑하다" 하면 칭찬으로 알고 다들 좋아한다.

지혜에 대한 인류의 갈망은 태고적으로 거슬러 올라간다. 창세기 3장에 따르면, 첫 인류 아담의 타락은 금단의 열매인 선악과를 따먹은 데 있다. 그가 선악과를 따먹은 이유는, 그것이 "지혜롭게 할 만큼 탐스러웠기" 때문이다(창 3:6). 이처럼 지혜는 인류의 시초부터 지금까지 중독성이 강한 로망이다.

그리스도인이 지혜를 구하는 것은 죄가 아니다. 신약성경 야고보서 저자는 이렇게 기도하라고 가르친다. "너희 중에 누구든지 지혜가 부족하거든 모든 사람에게 후히 주시고 꾸짖지 아니하시는 하나님께 구하라. 그리하면 주시리라"(약 1:5). 지혜는 적극적으로 구해야 할 것이지, 회피해야 할 것이 아니다. 여기서 관건은 왜, 무엇 때문에, 어떤 목적으로 지혜를 구하느냐다.

현대 그리스도인들이 지혜를 얻으려는 가장 큰 이유는, 그것이 자본주의 사회에서 성공을 보장하는 훌륭한 수단이 되기 때문이다. 특히 한국의 그리스도인들에게는 더욱 그렇다. 한국은 세계에서 유례가 없는 극단적인 학벌사회다. 바꿔 말하면, 스펙 중심의 사회다. 한국인들은 좋은 학교와 직장에 들어가려고 유치원 때부터 안간힘을 써가며 이력을 관리한다. 그런데 이 경쟁에서 승리하기 위해서는 남보다 머리가 좋아야 한다. 그러려면 지혜가 있어야 한다. 적어도 한국인들은 머리만 좋아질 수 있다면 무슨 일이든 감수할 기세다. 한국사회에서 머리 좋아지는 약, 머리 좋아지는 기계, 머리 좋아지는 운동, 머리 좋아지는 학습법이 불티나게 팔리는 이유기도 하다. 한국의 그리스도인들도 예외는 아니다. 아니, 이 점에서는 교회 다니는 사람들이 더하다. 그들은 부모에게 물려받은 머리만으로는 부족해, 신의 도움을 받아서라도 지능지수를 높이려 한다. 그래서 기도 때마다 빼놓지 않는 제목이 "지혜를 구하는 것"이다.

상황이 이렇다 보니, 한국 그리스도인들이 가장 흠모하는 성경 인물이 구약성경에 나오는 "솔로몬"이다. 주지하듯이, 그는 지혜의 상징이자 대명사다. 한국의 그리스도인들은, 최소한 자신이 안 되면 자기 자식만이라도 솔로몬처럼 지혜를 선물로 받아, 정글 같은 한국사회에서 최후의 승자가 되길 욕망한다. 그럼 정말 솔로몬은 우리 그리스도인들이 이상적인 모델로 삼고 지향해야 할 신앙의 사람인가?

● ○

신약성경의 맨 마지막 책인 요한계시록 18:4에는 이런 말씀이 기록되어 있다.

"또 내가 들으니 하늘로부터 다른 음성이 나서 이르되 '내 백성아, 거기서 나와 그의 죄에 참여하지 말고 그가 받을 재앙들을 받지 말라.'"

이 말씀에 나오는 "거기"는 무엇을 뜻할까? 요한계시록 17-18장 문맥에서 "거기"는 "음녀" 혹은 "큰 성 바빌론"이라 불리는 "로마 제국"

을 뜻한다. 음녀인 로마 제국은 1) 스스로를 가리켜 하나님이라 일컬으며, 2) 어린양이신 예수 그리스도를 대적하고 그리스도인들을 죽이며, 3) 마음껏 사치와 영화를 누리며, 4) 세계 모든 민족을 지배하며, 5) 제국 내의 왕들과 함께 음란의 포도주에 취했으며, 6) 그 죄로 인하여 결국 하나님의 심판을 받아 멸망당하자, 로마 제국에 빌붙어 호가호위하던 부자들이 크게 탄식하고 슬퍼하는 의인화된 역사적 실재다. 그런데 성령께서는 기원후 1세기에 로마 제국 안에서 살고 있던 그리스도인들을 향하여 "거기서 나오라"고 명령하신다. 즉 그리스도인들로 하여금 사탄의 화신인 로마 제국의 시스템을 거부하고 그에 맞서 저항하라는 것이다. 그들이 따라야 할 것은 어린양이신 예수 그리스도이지, 로마의 힘과 시스템이 아니다.

요한계시록에서 로마 제국은 666으로 묘사되기도 한다(계 13:18). 666의 정체를 둘러싸고 지난 2천 년간 엄청난 설왕설래가 있었다. 로마 황제들의 이름에서부터 현대 미국의 대통령들 이름에 이르기까지, 심지어 바코드나 신용카드 및 의료용 칩에 이르기까지 별의별 해괴한 이론이 총동원되었다. 하지만 666을 이해하는 가장 좋은 방법은 그것이 모든 시대를 통틀어 역사 속에 등장한 "사탄의 체제"라고 받아들이는 것이다. 당연히 기원후 1세기에는 사탄의 현신인 로마 제국이 666이다.

본시 성경적 세계관에서 6은 인간의 수이자 사탄의 숫자다. 반면 3 혹은 7은 하나님을 상징하는 숫자다. 하나님은 7, 곧 완전한 존재시다. 그에 비하여 6인 자, 곧 사탄이나 인간은 7이 아닌 숫자 즉 불완전한 존재다. 그래서 불완전한 존재인 인간은 하나님처럼 되고자 하는 욕망을 품는다. 마치 사탄이 하나님처럼 되고자 했던 것처럼 말이다. (이것이 죄의 본질이다.) 그래서 어떻게든 반올림을 해서라도 7이 되고자 6을 반복한다. 6의 꿈은 최대한 7처럼 되는 것이다. 즉 스스로 하나님처럼 되는 것이다. 그래서 삼위일체 하나님을 모방하여 6의 삼위일체, 즉 6을 세 번 반복한다.

이러한 정신과 세력이 구약성경 시대에는 바빌론 제국의 형태로 나타났다. 구약성경 다니엘 3장에 보면 바빌론의 대왕 느부갓네살(스스로 하나님이라 일컫는 자)이 금으로 신상을 만들고서는 제국 내의 고관대작들을 한데 모아놓고 그 신상에게 절을 하도록 명하는 장면이 나온다. 그런데 이때 느부갓네살 대왕이 금으로 만든 우상은 높이가 "60" 규빗이요, 너비가 "6"규빗이었다(단 3:1). 이처럼 느부갓네살이 통치하는 바빌론 제국은 사탄의 숫자로 이루어진 거대한 시스템이었다.

그리고 이런 사탄적 힘 혹은 시스템이 신약성경 시대에는 로마 제국의 모습으로 역사 속에 나타난 것이다. 요한계시록 13장에는 로마 제국의 형태로 물화(物化)된 사탄적 존재 및 힘을 가리켜 삼위일체적 존재들로 묘사한다. 즉 그들은 사탄, 사탄의 시스템, 사탄의 사제들이다(용, 짐승, 짐승의 앞잡이). 사단 및 사단의 시스템과 그 사제들은 서로 힘을 합하여 거짓 기적을 행하면서 사람들로 하여금 자신들을 예배하게 하며, 만일 이를 따르지 않을 경우 상업 및 구직 활동을 금지시킴으로써 생존에 치명적 위협을 가한다. 이로 인하여 수많은 사람들이 목숨을 연명하고, 나아가 그 체제에 순응함으로써 보다 안온한 삶을 얻기 위해 황제숭배를 적극 일삼는다.

한편, 기원후 1세기의 로마 제국은 철저한 피라미드 체제였다. 삼각형의 맨 꼭대기에는 스스로를 하나님이라 칭하는 로마 황제가 자리하고 있었으며, 바로 밑으로는 제국의 귀족과 장군들, 부자들이 자리하고 있었다. 그다음으로는 로마 시민들이 있었고, 가장 밑바닥에는 자유를 상실한 노예와 식민지 백성들이 있었다. 로마는 식민지 백성의 희생과 노예의 노동력을 바탕으로 만들어진 세상이었다. 이 세계에서 황제를 신으로 적극 인정하고 최선을 다해 순응 및 협력하는 자들은 피라미드 체제의 상층부로 신분상승할 기회가 주어졌지만, 그렇지 않은 경우 언제든 목숨을 내놓아야 했다. 이것이 바로 성령의 감동을 받아 요한계시록의 저자가 갈파하고 해석한 로마 제국, 곧 사탄의 앞잡이의 실체다. 그리고 이런 상황에서 그리스도인들에게 주어진 종말론적 윤리의 핵심은, 로마체제가 던져주는 떡고물에 취해 하루하루를 짐승처럼 사는 것이 아니라, 어린양이신 예수 그리스도를 따르는 믿음으로 거기서 과감히 탈출하는 것이다.

그렇다면 신약성경 시대에 로마 제국으로 대표되는 사탄적 시스템, 곧 스스로를 하나님으로 간주하면서 강고한 피라미드 시스템, 즉 소수의 행복을 위해 절대다수의 사람들을 착취하고 억압하는 세계는 어디에서 발원하는가? 적어도 성경의 역사 속에서는 창세기 말미와 출애굽기 초반에 등장하는 이집트가 그 시원적 역할을 한다. 모세 시대의 이집트야말로, 태양신 라(Ra)의 현신이라 자칭하는 파라오의 절대적인 지배 아래 소수의 귀족과 장군들을 먹여살리기 위해 절대다수의 노예가 봉사하는 피라미드 체제였기 때문이다. 그렇다. 이집트야말로 성경 역사에 최초로 등장하는 사탄적 시스템이다. (이집트의 피라미드 체제가 요셉의 정밀한 설계 아래 구축되었다는 것은 매우 아이러니한 일이다.)

그런데 하나님께서는 모세를 통해 이집트의 피라미드 체제 아래서 그분의 백성을 구출하셨다. 하나님께서 모세를 통해 이스라엘을 이집트의 사탄적 권세로부터 해방시킨 것은, 한편으로 영적·신학적인 구원의 의미를, 다른 한편으로 정치·사회·경제적 구원의 의미를 내포하고 있다는 것 역시 사실이다. 따라서 출애굽의 구원은 통전적 구원이다. 그렇기에 출애굽의 구원은, 차후 성경의 역사에서 반복되는 모든 구원의 원형이 된다(바빌론 포로에서 돌아옴, 예수 그리스도를 통한 십자가의 구원 등).

하나님께서는 모세의 뒤를 이은 여호수아를 통해 이스라엘을 약속의 땅 가나안에 들여보내시면서 몇 가지를 신신당부하셨다. 첫째, 이스라엘은 약속의 땅에서 인간 "왕"을 세우면 안 되었다. 만일 인간 왕을 세우게 되면 그가 필경 피라미드 시스템을 복구할 것이기 때문이다. 둘째, 이스라엘은 약속의 땅에서 모든 사람(가문)이 공평하게 땅을 나눠가져야 했다. 토지가 경제활동의 기초인 세계에서, 땅을 공평하게 분배하도록 했다는 것은 현대의 개념으로 표현하자면 민주적인 복지국가를 지향했다는 것이다. 만일 어떤 사유에 의해서 중도에 땅을 잃어버리게 되면 50년째 되는 해에는 아무런 조건이나 제약 없이 원주인에게 땅을 돌려주어야 했다(희년). 이로써 하나님께서는 자신의 백성들이 약속의 땅에서 억압과 착취로 상징되는 피라미드 체제의 희생자가 아닌, 자유, 평등, 복지의 원리에 따라 살도록 의도하셨다. 모세는 누구보다 이 사실을 잘 이해했고 또 미리 내다보았기 때문에, 이스라엘을 약속의 땅으로 들여보내기 직전 모압 평원에서 언약을 갱신하는 가운데 그들에게 무슨 일이 있어도 두 번 다시 이집트를 모방하거나 흠모해서는 안 된다고 신신당부한다(참조. 신 17:16). 왜냐하면 하나님께서 은혜로 이스라엘을 "거기서"(곧 이집트에서) 나오게 하셨기 때문이다.

그런데 이러한 하나님의 구원 계획은 훗날 다름 아닌 솔로몬에 의해 훼손되고 좌초하고 만다. 주지하듯이 솔로몬은 하나님으로부터 인류 역사상 가장 뛰어난 지혜를 선물로 받았다. 그는 하나님께 지혜를 받은 초기에는 그 지혜를 사용하여 탁월한 재판권을 행사함으로써, 하나님이 그에게 지혜를 주신 본뜻, 즉 참된 재판관으로서의 왕의 역할을 잘 수행한다. 하지만 얼마 못 가 솔로몬은 하나님이 주신 지혜를 앞세워 범죄하기 시작한다. 그는 이집트의 공주를 아내로 맞이하여 하나님이 모세를 통해 금하신 이집트와의 연줄을 복원시키더니, 성전 건축을 빙자하여 자신의 왕궁을 하나님의 전보다 정확히 두 배 더 크고 화려하게 건축하는가 하면, 이 과정에서 수많은 이스라엘 사람들을 노예화 하여 억압하고 착취하는 일을 서슴지 않았다. 놀랍게도, 성경은 솔로몬이 자신의 왕국 건설(하나님의 왕국이 아니다)을 위해 세금 명목으로 백성들에게 갈취한 금의 수량이 666달란트였다고 증언한다(왕상 10:14; 대하 9:13).

이처럼 타락한 솔로몬은 실패한 지혜자 곧 제2의 아담이었을 뿐 아니라, 사탄의 현신 노릇을 한 인물이었던 것이다. 첫 아담이 지혜를 갈망했으나 바로 그 지혜 때문에 타락한 것처럼, 솔로몬 역시 지혜를 구하여 얻었으나 바로 그 지혜 때문에 타락한 왕이 되었다. 그리고 타락한 솔로몬은 하나님께서 그토록 싫어하신 피라미드 체제 곧 사탄적 체제를 하나님의 왕국 안에 재도입하는 중죄를 저지르고 만 것이다. 솔로몬이 구속사에서 차지하고 있는 이런 위치를 안다면, 과연 한국 교회의 목회자들과 신자들이 솔로몬처럼 똑똑해지려는 욕망에 그토록 열렬하게 사로잡혀 있는 것이 정당화될 수 있을까?

● ○

그럼에도 우리는 성경의 명령을 따라 지혜를 구해야 한다. 다만 지혜를 구하는 참된 목적을 알아야 한다. 우리가 기도 중에 지혜를 구하는 진정한 이유는 무엇인가?

이른바 지혜의 책인 구약성경 잠언은 그 이유를 "의인이 되고자 함"이라고 분명히 밝힌다. 우리가 하나님께 지혜를 구하는 진짜 목적은 똑똑해져서 탁월한 스펙을 쌓아 남들과의 경쟁에서 승리하여 출세하고자 함이 아니다. 도리어 하나님께서 우리의 기도에 응답하시어 지혜를 선물로 주시는 것은 우리로 하여금 의롭게 살게 하려는 것이다. 잠언 서두의 말씀은 이 점을 잘 보여준다.

이는 지혜와 훈계를 알게 하며 명철의 말씀을 깨닫게 하며 지혜롭게, 공의롭게, 정의롭게, 정직하게 행할 일에 대하여 훈계를 받게 하며. 잠 1:2-3

지혜의 목적은 우리를 의인으로 살아가도록 돕기 위함이다. 의인은 지혜로운 사람이며, 지혜로운 사람은 의인이 되어야 한다. 그렇다면 누가 의인인가? 성경의 기준으로 볼 때 "의인"은 "하나님 및 사람과 올바른 관계를 맺고 살아가는" 사람이다. 그는 고결한 인격과 성실한 삶의 태도를 갖추고 하나님을 경외하며, 이웃을 사랑하는 사람이다.

첫째, 의인은 하나님을 경외한다. 지혜는 그 점을 깨우쳐주는 가장 훌륭한 방편이자 힘이다.

여호와를 경외하는 것이 지식의 근본이거늘 미련한 자는 지혜와 훈계를 멸시하느니라. 잠 1:7

여호와를 경외하는 것이 지혜의 근본이요, 거룩하신 이를 아는 것이 명철이니라. 잠 9:10

둘째, 의인은 다른 사람과의 관계에서 정의와 공평 그리고 긍휼을 따라 행한다. 먼저, 그는 가난한 자를 불쌍히 여긴다.

가난한 자를 불쌍히 여기는 것은 여호와께 꾸어드리는 것이니 그의 선행을 그에게 갚아주시리라. 잠 19:17

네 손이 베풀 힘이 있거든 마땅히 받을 자에게 베풀기를 아끼지 말며 네게
있거든 이웃에게 이르기를 '갔다가 다시 오라, 내일 주겠노라' 하지 말며.
잠 3:27-28

또한 그는 정의를 사랑하며 공정한 법과 원칙을 추구한다.

악인을 두둔하는 것과 재판할 때에 의인을 억울하게 하는 것이 선하지 아니
하니라. 잠 18:5

무엇보다 그는 상거래에 있어 남을 속이거나 사기를 쳐서 부당한
이득을 취하지 않는다.

속이는 저울은 여호와께서 미워하시나 공평한 추는 그가 기뻐하시느니라. 잠 11:1

적은 소득이 공의를 겸하면 많은 소득이 불의를 겸한 것보다 나으니라. 잠 16:8

심지어 그는 자신의 원수라 할지라도, 그가 어려움에 처했을 때
함부로 경멸하거나 조소하지 않는다.

네 원수가 넘어졌을 때에 즐거워하지 말며 그가 엎드러질 때에 마음에 기뻐
하지 말라. 여호와께서 이것을 기뻐하지 아니하사 그의 진노를 그에게서 옮
기실까 두려우니라. 잠 24:17-18

이처럼 의인은 고결한 인품을 바탕으로 타인에게 공의와 선을 행하는 자이지, 자신이 남보다 더 똑똑하고 영리하다고 하여 그걸 바탕으로 남과의 경쟁에서 승리하는 것을 즐기거나 남을 짓밟고 올라서려 하지 않는다.

마지막으로, 지혜로운 사람 곧 의인은 자기 자신의 삶에 대해서도 최선을 다하는 자이다. 그는 자기 마음을 잘 지키며(잠 4:23; 16:32), 말을 함부로 하지 않으며(10:19; 11:13), 교만하지 않으며(27:1-2), 남의 허물을 덮어주며(18:19), 자기 일에 능숙하며(22:29), 악한 친구와 교제하지 않는다(잠 1:10-19; 13:20; 20:19). 종합하면, 의인은 지혜를 배워 삶 전체를 통해 하나님께 공의로운 예배를 드리는 자다(잠 21:3). 우리가 하나님께 기도로 지혜를 구하는 것은 바로 이런 삶을 살기 위함이다.

여담이지만, 나는 이 점에서 전 서울대학교 물리학과 교수였던 장회익 선생이 쓴 『공부도둑』이란 책에 나오는 한 대목을 좋아한다. 내가 여기서 그가 드린 기도에 관한 내용을 소개하는 이유는 단 한 가지다. 즉 한국 개신교인들의 기도가 남과의 경쟁에서 승리하기 위한 욕망의 도구로 변질된 현실에 대해 우리 모두 반성하고 돌이키자는 취지다.

사실 서울대학교 물리학과를 가겠다고 정해놓기는 했으나 입시라는 관문을 과연 그렇게 그렇게 쉽게 뚫을 수 있을까? 객관적 정황을 살펴보면 가능성은 그리 높지 않았다. 우선 학생을 40명 모집한다는데 전국 수백 군데의 고등학교에서 나처럼 생각하는 사람이 어디 한둘이겠는가? 그것은 그렇다 치고, 내가 한 공부는 입시 자체만 놓고 보면 "저 친구 저러다가 대학 갈 수 있어?" 하는 소리가 저절로 나오게 되어 있었다.

우선 공업고등학교였던 만큼 기계공학에 관련된 이른바 '전공과목'이 적지 않았는데 이들은 모두 입시와 무관하고, 거기다가 교우지를 만든다 하여 편집일로 늘 부산하게 쫓아다니면서 시며 소설이며 논설에다 물리학 논문까지 쓴다고 박혀 있던 일이 시험준비에 도움이 될 리 없었다. 거기다가 뻔질나게 모임을 만들고 모임에 뛰어다녀야 하는 교회 학생회 활동까지. 사실 앞에서 언급은 안 했지만 입학 초기에는 야구부에도 드나들었고, 기계 실습공장 특별활동에도 참여했다. 야구부에서는 자질 부족으로 쫓겨다나시피 했으며, 실습공장 활동 또한 적성에 맞지 않아 오래하지는 못했지만 말하자면 입시공부와는 거리가 먼 것들만 골라 하고 다녔다.

설혹 입시에 관련 있는 과목이라 해도 청주공고의 학교수업이 다른 명문 고등학교에서 가르치는 수업에 비해 월등할 리도 없는 일, 게다가 하루 2시간을 잔다, 3시간을 잔다 하는 식의 몸으로 때우는 공부방식은 처음부터 아예 나와는 인연이 멀었다. 그런데 도대체 무엇을 믿고 국내에서 가장 힘들 것으로 예상되는 시험에 감히 도전한다는 것인가?

오직 하나 기대를 걸어보는 것은 내가 그동안 해온 나 나름의 독특한 공부방식이 이번에도 힘을 발휘해주지 않을까 하는 점이었다. 내가 지금까지 시험에 좋은 결과를 얻은 것은 결코 시험준비를 철저히 해서 그런 게 아니었다. 오히려 시험과 무관하게 공부했기에 내 나름의 능력을 기를 수 있었고, 이렇게 길러진 능력이 시험에서도 그 효과를 발휘한 것뿐이다. 그렇더라도 시험에 앞서 준비를 안 할 수는 없는데, 이때 작은 노력만으로 큰 효과를 보는 것이다.

어느 면에서 이런 학습방법은 '야생 경험'에서 나 혼자 터득한 것이라 할 수 있다. 이미 언급했지만 나는 내가 받아들일 것과 그렇지 않은 것을 판정하는 기준을 나름대로 가지고 있었다. 이 기준에 따라 받아들인다는 것은 내 관념의 틀 안에 확고한 위치를 부여한다는 것이고, 이것이 되면 이를 통해 사물을 '입체적으로' 내려다보게 되어 있다. 이 안에는 많은 정보가 담겨 있지는 않지만, 짧은 시간 안에 필요한 정보를 적정한 방식으로 배치해 넣을 수 있고, 이를 바탕으로 어떤 문제가 나오든 척척 연결해서 풀어내게 되어 있다. 이것이 내 나름의 학습방식이고 시험준비였다. 이것은 말하자면 '야생 경험'을 통해 내가 만들어낸 도구라고 할 수 있다.

그런데 내게 문제가 하나 발생했다. 내가 이 시험과 관련하여 하느님께 어떻게 기도를 드릴 것이냐 하는 문제였다. 나로서는 이번 대학입시가 매우 중요한 관문이 되는데, 여기를 통과하게 해달라고 기도를 드릴 것이냐 아니냐 하는 것이었다. 내가 합격하는 것이 좋기만 한 일이라면 그렇게 해달라고 해서 안 될 것이 없겠지만, 내가 합격하면 누구 하나가 떨어져야 하는데 나를 붙여달라는 것은 누구 하나를 떨어뜨려달라는 것과 마찬가지 이야기가 아닌가. 내 앞에 빵 조각이 하나 있는데 내가 먹으면 동생이 먹을 게 없고, 동생이 먹으면 내가 먹을 게 없을 때 나는 내가 먹게 해달라고 기도를 드릴 것인가? 결국 나는 공정하게 해달라고 기도를 드리는 길밖에 없었다. 상대가 나보다 더 적합한 사람인데 내가 합격한다면 이는 옳지 않은 일이니, 단지 누구 하나 실수해서 순서만 뒤바뀌지 않게 해달라는 것 이상 더 드릴 기도가 없었다.…

이 모든 우여곡절 끝에 나는 결국 그 힘든 관문을 무사히 통과했다. 대략 4
대 1의 경쟁을 보였는데, 후에 물리학과 주임교수 말에 따르면 예년에 비해
매우 우수한 학생들이 많이 왔다고 했다. 커트라인만으로 보면 그해에 문리
과대학 물리학과는 공과대학 화학공학과와 섬유공학과에 이어 서울대학교
전체에서 세 번째를 기록했다.*

---

* 장회익, 『공부도둑』(생각의 나무), 145-147.

15

난제와 역경보다 더 크신 하나님

"내가 세상을 이기었노라."

이 말씀의 뜻은 다음과 같다.

나는 세상에서 쉬운 때가 없었다. 길도 없었다.

나는 종교와 정치 지도자들로부터 증오와 박해를 당하는 위기
를 견뎌야만 했다.

나는 고난과 질병 때문에,

더욱이 인간들을 광란으로 몰아갔던 사탄 때문에 힘들게 수고
하고 고생해야만 했다.

나에 대한 수단과 방법을 가리지 않는 많은 거짓말, 비방, 불신,
증오, 박해들이 있었다.

나는 온갖 종류의 아픔, 불의, 폭력과 맞서 싸워야만 했다.

그러나 나는 이겼다.   칼바르트

하지만 의기소침해하지 말자.

세상은 모스크바에 의해, 워싱톤에 의해, 베이징에 의해 통치되
는 것이 아니라

하나님에 의해서만 통치되니까.   칼바르트

구약성경 이사야서는 성경 전체를 압축해놓은 듯한 책이다. 주지하듯
이 신구약성경은 총 66권으로 되어 있으며, 그중 구약이 39권, 신약
이 27권이다. 마찬가지로 이사야서는 총 66장으로 이루어졌으며, 그
중 1-39장까지는 바빌론에 포로로 잡혀 가기 이전의 기록이(=기원전
8세기 기록), 40-66장까지는 바빌론 포로기와 그 이후(=기원전 6세기 이
후)의 기록이 담겨 있다. 한편 이사야서 전체는 시로 구성되어 있는데,
유독 36-39장까지만 이야기 형태 곧 내러티브로 되어 있다. 그리고
바로 이 산문 형태로 기록된 부분에 당시 유다의 임금이었던 히스기
야의 이야기가 소개된다.

히스기야 이야기를 제대로 이해하기 위해 먼저 당시의 역사적 상
황을 살펴보자. 이사야서가 쓰인 시대는 유다 역사에서 정치적·군사
적으로 대격변의 시기였다. 잔인하고 가공할 만한 군사력을 자랑하는
아시리아의 침공과 그 뒤를 이어 고대 근동 지역의 패권을 거머쥔 바
빌론의 침공 앞에서 유다의 운명이 풍전등화와 같이 위태로울 때, 하
나님께서 예언자 이사야를 통해 그분의 백성에게 주신 메시지가 이
책의 근간이다.

기원전 900-609년까지 아시리아는 고대 근동 지역의 절대 맹주
였다. 디그리스강 상류에 기반을 두고 정복 전쟁을 통해 사방으로 세
력을 확장해 가며 특별히 호시탐탐 이집트 정복을 꿈꾸던 아시리아의
눈에, 이집트로 가는 길목을 막고 있는 팔레스타인 지역의 국가들은
눈에 가시와 같은 존재였다.

강력한 군사력과 제국주의적 야욕으로 끊임없이 주변 국가들을

압박하던 아시리아는 기원전 782-745년 사이에 일시적으로 주변 국가들에 대한 침공을 중단한다. 그 덕에 이 시기의 이스라엘(여로보암 2세, 793-753)과 유다(웃시야, 792-740)는 국방에 대한 부담감에서 크게 벗어나 내치에 전념한 결과 한동안 평화와 번영의 시대를 구가한다.

그러나 기원전 745년에 아시리아의 디글랏빌레셀 3세가 새로운 군주 자리에 등극하면서 다시 팔레스타인 지역에 대한 군사적 압박이 시작된다. 디글랏빌레셀 3세는 절대적인 군사적 우위를 바탕으로 고강도의 침략전쟁을 시작한다. 하지만 이때 이스라엘과 유다는 모두 정치적인 혼란기를 겪고 있었다. 이스라엘은 왕위 계승을 둘러싼 혼란과 암투가 극에 달했으며, 유다 역시 웃시야의 퇴장이 불러온 왕권의 약화가 두드러졌다.

한편, 아시리아의 맹렬한 침공에 맞서 이스라엘과 아람(시리아)은 반(反) 아시리아 동맹을 결성하여 아시리아에 맞서며(왕하 15:5, 6; 사 7:1), 유다에게도 이 동맹에 가입할 것을 요구했다. 이때 반 아시리아 동맹에 가입할 것인가 말 것인가의 문제를 놓고 유다의 새 왕 아하스는 장고에 돌입한다. 당시 아시리아는 당대 최고를 자랑하는 군사력을 보유했으며 더군다나 아시리아 군대는 상대를 잔혹하게 대하기로 악명이 높았다. 따라서 만일 반 아시리아 동맹이 실패할 경우 그 결과는 불을 보듯 뻔한 것이었다. 반대로, 만일 아하스가 반 아시리아 동맹에 가입하지 않을 경우 이스라엘과 아람(시리아) 연합군이 유다를 침공하여 아하스 정권을 무너뜨릴 가능성이 농후했다.

이런 상황에서 예언자 이사야는 하나님의 신탁을 받아 아하스에게 반 아시리아 동맹에 가입하지 말 것과, 하나님께서 이스라엘-아람 연합군을 물리치실 것이기에 오직 하나님만을 의지하라고 선포한다. 그러나 아하스는 이사야의 예언을 무시하고 아시리아에 사신과 조공을 보내 자신을 위협하는 이스라엘-아람 연합군을 물리쳐 달라는 정치적·군사적 도움을 요청한다.

아시리아의 디글랏빌레셀 3세는 아하스의 요청을 받아들여 기원전 732년에 아람의 수도 다메섹을 무력으로 점령한다. 그리고 디글랏빌레셀 3세의 뒤를 이어 아시리아의 왕이 된 살만에셀은 기원전 722년에 마침내 이스라엘의 수도 사마리아를 점령하고, 이스라엘 거민들을 제국의 사방으로 흩어 보낸다.

아하스의 뒤를 이어 유다의 새 왕이 된 히스기야는 전임자와 달리 대외적으로는 강력한 반 아시리아 노선을 분명히 하면서 내부적으로는 종교개혁을 단행하고, 나라 전체를 군사요새화 시키는 데 힘썼다.

이렇게 노골적으로 반 아시리아 정책을 펴는 히스기야 정권을 응징하기 위해 기원전 701년 아시리아의 대군이 유다를 침공했다. 아시리아의 침공에 맞서기 위해 히스기야는 주변 국가들을 무력으로 회유하여 반 아시리아 연맹체를 결성했다. 그러나 아시리아와 유다의 싸움은 너무나 확연한 선력 격차를 드러내며 일방적인 양상으로 흘러갔다. 유다는 초토화되었으며, 라기스마저 함락되고 겨우 예루살렘만 남았다. 아시리아의 대군은 예루살렘을 물샐틈없이 포위했다. 이에 당황한 히스기야는 엄청난 양의 보물을 보내 산헤립의 마음을 진정시키고자 했으나, 오히려 산헤립은 이 기회에 예루살렘을 진멸하고 반

역의 수괴인 히스기야를 완전히 제거하고자 했다.

왕조와 국가의 운명이 큰 위기에 봉착한 절체절명의 상황에서, 그런데 느닷없이 산헤립이 포위를 풀고 본국으로의 철군을 결정한다. 일반 역사는 그 이유에 대해서 침묵하나, 성경은 그 까닭을 히스기야의 간절한 기도를 들으신 하나님께서 "야웨의 천사"를 보내 아시리아의 대군을 진멸했기 때문이라고 증언한다.

이제 이사야 36-39장에 나오는 히스기야 내러티브의 구조를 좀 더 자세히 분석해보자. 산헤립은 예루살렘을 포위한 후에 곧바로 무력행동에 돌입하는 대신 "수사학"에 능한 랍사게를 보내 히스기야를 조롱한다(사 36:4-10).

    A. 히스기야의 무능력 36:5

      B. 이집트의 무능력 36:6

        C. 하나님의 무능력 36:7

    A′. 히스기야의 무능력 36:8

      B′. 이집트의 무능력 36:9

        C′. 하나님의 무능력 36:10

이어서 랍사게는 아예 노골적으로 유다 방언으로 아시리아 왕의 말을 듣고 항복하는 것만이 살길이라고 겁박한다(사 36:13-19).

    A. 히스기야의 말을 듣지 말라 36:14-15

이로써 아시리아와 유다의 싸움은 단지 군사적인 대결만이 아니라 실은 "말의 대결"이라는 것이 분명해진다. 싸움의 관건은 과연 "누구의 말을 들을 것인가?"에 달렸다. 하나님의 말씀을 들을 것인가, 아시리아 왕의 말을 들을 것인가? 둘 중 과연 누가 역사의 주인인가?

이때 예언자 이사야는 하나님의 신탁을 받아 아시리아의 멸망을 예고한다(37:6,7). 하지만 산헤립은 히스기야에게 하나님의 말씀을 믿지 말라고 협박한다(37:10). 과연 이 상황에서 히스기야는 누구의 말을 들을 것인가? 눈에 보이는 힘을 가진 산헤립의 말을 들을 것인가, 아니면 눈에 보이지 않는 하나님의 말씀을 들을 것인가?

마침내 히스기야는 하나님의 말씀을 청종하기로 하고, 하나님께 나아가 엎드려 기도하기 시작한다. 산헤립의 대리인인 랍사게의 "말 폭탄"에 맞서, 히스기야는 성전에 올라가 "말"로 하나님께 간절히 아뢰기 시작한다.

그룹 사이에 계신 이스라엘 하나님 만군의 여호와여, 주는 천하 만국에 유일하신 하나님이시라. 주께서 천지를 만드셨나이다. 여호와여, 귀를 기울여 들으시옵소서. 여호와여, 눈을 뜨고 보시옵소서. 산헤립이 사람을 보내어 살아 계시는 하나님을 훼방한 모든 말을 들으시옵소서. 여호와여, 앗수르 왕들이 과연 열국과 그들의 땅을 황폐하게 하였고, 그들의 신들을 불에 던졌사오나,

그들은 신이 아니라 사람의 손으로 만든 것일 뿐이요 나무와 돌이라. 그러므로 멸망을 당하였나이다. 우리 하나님 여호와여, 이제 우리를 그의 손에서 구원하사 천하만국이 주만이 여호와이신 줄을 알게 하옵소서. 사 37:16-20

그러자 어떤 일이 일어났는가? 하나님께서 히스기야의 기도를 들으시고, 당신의 천사를 보내어 아시리아 군대 185,000명을 하룻밤 사이에 진멸시켰다(사 37:36). 즉 히스기야가 기도하기 전에는 아시리아의 군대가 예루살렘을 에워쌌으나, 히스기야가 기도한 후에는 하나님의 군대가 아시리아 군대를 포위하여 진멸시켰다. 이를 그림으로 간략히 표현하면 다음과 같다.

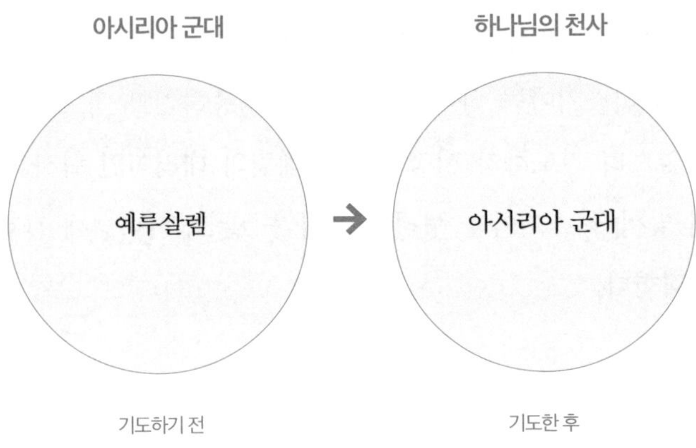

이처럼 기도는 우리가 처한 상황(환경)을 근본적으로 바꿀 수 있다. 아무리 우리가 처한 상황이 열악하고 암울하다 할지라도, 우리가 하나님께 전심을 다하여 기도하면, 우리의 환경보다 훨씬 더 크고 강

하신 하나님께서는 우리의 상황을 능히 바꾸실 수 있다. 따라서 우리는 하나님께서 우리의 환경보다 작거나 혹은 거기에 매이는 분이 아니라, 오히려 우리의 환경을 얼마든지 당신의 선하신 뜻 가운데 자유롭고 창의적으로 변혁시킬 수 있는 분이심을 확신해야 한다.

● ○

대한민국 15대 대통령을 역임했던 고(故) 김대중 대통령은 무려 4수 끝에 대통령의 자리에 오른 사람이다. 그는 야당 정치인 시절 수차례에 걸친 투옥, 납치, 가택연금, 망명 등의 고초를 겪어야 했고, 5번이나 죽음의 고비를 넘겼다. 그가 야당 총재 시절 광주민주화운동 묘역을 방문한 자리에서 "나는 혹독했던 정치 겨울 동안 강인한 덩굴풀 인동초를 잊지 않았습니다. 모든 것을 바쳐 한 포기 인동초가 될 것을 약속합니다"라고 말한 것을 계기로, 인동초는 정치인 김대중을 상징하는 대표적 꽃이 되었다. 김대중이 인동초였고, 인동초가 김대중이었다. 그럼에도 그는 한평생 동안 일관되게 민주화 운동과 통일 운동에 자신의 온 삶을 헌신했던 한국 현대사의 거인이었다.

그는 1973년 8월 8일 일본 도쿄의 그랜드호텔에서 낭시 한국 중앙정보부 부장이었던 이후락의 지시를 받은 정보부 요원들(9개조 46명 가담)에게 납치를 당한 후 "용금호"에 태워져 동해바다에 수장될 뻔했다. 김대중 자서전에 나오는 당시 상황을 여기 옮겨본다.

갑판 밑 선실로 끌려갔다. 거기에 누워 있으라 했다. 누워 있다가 설핏 잠이 들었다. 잠이 깼다 싶으니 사내들이 왔다. 먼저 얼굴에 붙였던 강력 테이프를 떼 내고 몸에 감은 끈을 풀었다. 잠시 몸이 가뿐해졌나 싶더니 이번에는 더 꼼꼼하게 묶기 시작했다.

두 손을 가슴에 모으게 하고 묶었다. 두 발도 묶었다. 칠성판 같은 판자 위에 눕히더니 몸을 위, 아래, 가운데로 나눠 송장처럼 세 군데를 묶었다. 입에는 나뭇조각을 물게 하고 붕대를 둘렀다. 흡사 시체에 염을 하는 듯했다. 두 손목에는 30-40킬로그램 무게의 돌인지 쇳덩인지를 달았다.

…(중략)…

"이만하면 바다에 던지더라도 풀리지 않겠지?"

"이불로 싸서 던지면 떠오르지 않는다는구면, 솜이 물을 먹어서."

하지만 범인들은 이불을 씌워 묶지는 않았다. 그들의 대화 속에는 '상어'라는 말도 튀어나왔다. 바다에 던져질 게 분명해 보였다. '상어 밥이 될 수도 있겠구나.' 나는 마지막 순간이 왔다고 생각했다. 나는 크리스천이다. 매일 기도를 올렸고, 납치되어 이동 중에도 하느님을 찾았다. 그런데 이 마지막 순간에는 기도할 생각이 나지 않았다. 기도할 생각보다는 바닷속에서 맞이할 최후의 모습이 어른거렸다.

'물속에서 쇳덩이를 벗길 수 있을까. 아마 힘들 것이다. 바닷속이니 몇 분이면 모든 것이 끝날 거야. 고통도 사라지겠지. 그러면 내 고단한 삶도 끝이 날 거야. 어떤가, 이 정도 살았으면 된 것 아닌가.'

그러자 다른 생각이 떠올랐다.

'아니다. 살고 싶다. 살아야 한다. 아직 할 일이 너무 많다. 상어에게 하반신

을 뜯어 먹혀도 상반신만이라도 살고 싶다.'

그런 생각을 하며 팔목에 힘을 주었다. 하지만 양 손목을 묶고 있는 밧줄은 꼼짝도 하지 않았다. 모든 것이 소용없었다. 눈앞이 깜깜했다. 그때, 바로 그때 예수님이 나타나셨다. 나는 기도드릴 엄두도 못 내고 죽음 앞에 떨고 있는데 예수님이 바로 내 앞에 서 계셨다. 아, 예수님! 성당에서 봤던 모습 그대로였고, 표정도 그대로였다. 옷도 똑같았다. 나는 예수님의 긴 옷소매를 붙들었다.

"살려주십시오. 아직 제게는 할 일이 남아 있습니다. 우리 국민들을 위해 해야 할 일들이 있습니다. 저를 구해주십시오."

나는 세례를 받은 후 처음으로 예수님께 살려달라, 구해달라고 매달렸다. 그러자 순간 눈에 붉은 빛이 번쩍 스쳐 지나갔다. 갑자기 엔진 소리가 폭음처럼 요란하더니 배가 미친 듯이 요동치며 내달렸다. 선실에 있던 사내들이 "비행기다"라고 외치며 갑판으로 뛰쳐나갔다. 폭음 같은 것이 들리고 배는 전속력으로 달렸다. 무슨 일이 긴박하게 벌어지고 있었다. 그러나 나는 알 수 없었다. 그렇게 30분이나 40분쯤 달리다 배가 다시 속도를 줄였다. 아무 일도 없었다는 듯 사위가 조용해졌다.…*

이렇게 해서 김대중은 구사일생으로 살아난다. 이 책의 뒷 페이지에서 김대중은 자신이 살아난 연유가, 자신이 납치되었다는 사실을 알아차린 미국 정부가 일본 정부에 긴급히 연락을 해서 한국 정부에

---

* 김대중, 『김대중 자서전 1』(삼인), 293-295.

압력을 행사하여 살인 계획을 중단시켰기 때문이라고 술회한다.[*]

이 사례에서도 볼 수 있듯이, 우리가 절체절명의 순간에 하나님께 간절히 기도하면 우리가 처한 상황과 환경보다 훨씬 더 크신 하나님께서 개입하셔서 우리의 현실을 역전시켜주신다.

● ○

K (안수)집사님과 K 권사님은 내 인생에서 결코 잊을 수 없는 은 인들이다. 두 분을 처음 만나게 된 연유는 이렇다. 2012년 가을, 나는 교단을―어쩌면 개신교를―나와서 목사가 아닌 야인으로 살아갈 계획을 가지고 있었다. 교단에 대한 환멸, 동료 목사들에 대한 염증, 교회에 대한 회의가 극에 달했던 때였다. 그런데 결정적인 문제가 있었다. "돈"이 문제였다. 출판사 누적 적자가 수억에 이르는 상황에서, 그나마 그동안은 교회가 선교비용으로 출판사 빚을 해결해주었지만 막상 담임목회를 그만두고 광야로 나갈 경우 출판사를 운영할 뾰족한 수가 전혀 없었다. 우리 가정의 생활을 유지해가는 것도 문제였다. 당장에라도 목회를 그만두고 교단을 탈퇴하고 싶은 마음이 굴뚝같은데 현실이 녹록지 않았다. 실로 그놈의 돈이 문제였다.

그래서 고심 끝에 수도권에 있는 모 기도원에 들어가 일주일간 금식기도를 했다. 아침과 낮에는 성경을 읽고 오후 2시부터 밤늦게까지

---

[*]   김대중, 『김대중 자서전 1』, 304-305.

는 기도를 했다. 그런데 기도하려고 무릎만 꿇으면 성령께서 주시는 첫마디가 "내가 네게 돈을 줄 테니 아무 걱정하지 말라"였다. 일주일 내내 같은 현상이 반복되었다. 다른 기도를 일체 할 수 없었다. 처음부터 끝까지 계속 "돈을 줄 테니 걱정하지 말라"는 음성만 들려왔다. 기가 막혔다. 아무리 생각해도 돈이 생길 구석이 안 보이는데 어떻게 돈을 주시겠다는 건지 의아했다. 어쨌거나 일주일 내내 "돈 줄 테니 걱정 말라"는 음성만 실컷 듣고 기도원을 내려왔다.

서울로 돌아오는 길에 핸드폰을 켜보니 어느 낯선 분에게서 페이스북 메시지가 잔뜩 들어와 있었다. "목사님을 꼭 한번 뵙고 싶으니 잠깐 시간을 내달라"는 것이었다. 그냥 무시했다. 요즘 젊은이들이 하는 말로 그냥 씹었다. 당장 내 진로 문제를 해결해야 한다는 고민이 컸었기에, 지금 생면부지의 사람을 만나서 에너지를 빼앗기고 싶지 않았다. 그런데 긴히 꼭 만나자는 메시지를 보낸 분이 그대로 포기하지 않고 계속 메시지를 보내셨다. 나중에는 어떻게 전화번호를 알았는지 내 핸드폰과 카톡으로도 문자가 왔다. 한편으로 내가 너무 싸가지가 없구나 싶은 마음이 들었다. 나보다 나이도 더 많은 분이 이렇게까지 간곡하게 부탁을 하시는데 내가 뭐라고 이런 시건방을 떠는가 싶었다. 그래서 그분께 연락을 드려 분당 서현역 앞의 한 카페에서 만나 뵙기로 약속을 잡았다.

그렇게 해서 K 집사님과 K 권사님을 처음 뵈었다. 참으로 고상하고 단아하게 생긴 분들이셨다. 나는 두 분을 처음 뵈었지만 두 분은 페이스북을 통해 내 글을 즐겨 읽으신다고 했다. 서로 가벼운 악수를 하고 자리에 앉자마자, K 집사님이 단도직입적으로 말을 꺼냈다.

"목사님, 저는 공대 출신이어서 말을 잘 못합니다. 그냥 바로 말씀드리겠습니다. 제가 조그만 사업을 하는데 그동안 열심히 일을 해서 얼마간의 돈을 모아놓은 게 있습니다. 저희 부부가 곰곰히 생각해본 결과 아무래도 이 돈은 새물결플러스 사역을 위해 헌금하는 것이 가장 좋겠다는 판단을 내렸습니다. 그러니 아무 말씀하지 마시고 저희가 드리는 돈을 받아주십시오. 저희 부부도 목사님이 이 돈을 갖고 어디에 쓰는지 관여하지 않겠습니다. 최대한 빠른 시간 안에 1억8천만원을 목사님 통장으로 넣어드리겠습니다."

그렇게 몇 마디 하시더니 자리를 파하고 일어서는 것이었다. 그러고는 정말 며칠 후 1억8천만원의 돈이 내 통장으로 입금되었다.

그런데 그게 다가 아니었다. 얼마 후 K 집사님이 또다시 연락을 주셨다. 하나님이 자꾸 본인에게 "김 목사 생활비는 어떡할 거냐?"는 마음을 주신다며, 앞으로 1년 동안 매달 500만원씩 입금해주겠다는 것이었다. 기도원에서 질리게 들었던 "내가 네게 돈을 줄 테니 걱정말라"는 음성이 현실화된 것이다. 그것도 전혀 모르는 분들에게서, 전혀 예상치 못한 방법으로 말이다. 덕분에 나는 목회를 정리하고 교단을 나온 후, 오로지 새물결플러스 출판 사역에만 전념할 수 있는 최소한의 물적 기초를 갖출 수 있었다. K 집사님이 조건 없이 주신 돈이 출판사 빚을 모두 갚기에는 약간 부족했지만 그럼에도 그 정도면 교회의 지원 없이도 자체적으로 독립할 수 있는 기틀을 마련할 수는 있었다. 더욱이 우리 가정의 일 년치 생활비까지 해결되었으니 말이다.

아무튼 이렇게 해서 나와 K 집사님 가정과의 교제가 시작되었다. K 집사님과 K 권사님은 틈틈이 우리 회사를 방문하여 직원들 식사도 사주시고, 나는 K 집사님 가정과 회사를 방문하여 축복기도를 드렸다. 그렇지만 서로 만남과 교제의 횟수가 늘어날수록 내게는 K 집사님께 큰 빚을 지고 있는 듯한 무거운 마음이 늘 떠나지 않고 있었다. 그때까지 45년을 살아오면서 이토록 큰 도움을 받아본 적이 없었기 때문에 기회만 되면 어떻게든 그 빚을 갚아야 한다는 중압감이 항상 내 마음을 떠나지 않았던 것이다. 그러나 돈이 안 되는 신학서적을 주로 만드는, 경제적으로 열악하기 짝이 없는 출판사 대표가 무슨 재간이 있어 그 큰돈을 장만한단 말인가. 마음은 굴뚝같았으나 당최 방법이 없었다.

그런데 마침내 내게도 K 집사님께 진 마음의 빚을 작게나마 갚을 수 있는 기회가 찾아왔다. 그때가 2014년 5월의 어느 날이었다. K 집사님이 당신 집에 와서 저녁을 같이 먹고 축복기도를 해주었으면 고맙겠다고 연락을 주셨다. 그래서 퇴근 후 집을 방문해 식사를 한 후 K 집사님 부부와 함께 기도를 했다. 알고 보니 그 가정에 중요한 기도제목이 있었다. K 집사님네 외동딸인 H 양이 미국 뉴욕에서 다음 달에 대학(뉴욕대[NYU] 간호학과)을 졸업하는네, 당시 미국 경세가 몹시 안 좋다보니 오바마 행정부에서 외국 유학생들은 졸업 후 무조건 본국으로 돌아가라는 정책을 밀어붙이는 통에 H 양도 미국 생활을 접고 한국으로 돌아와야 할 판이라는 것이었다. H 양은 길만 있으면 어떻게든 미국에 남아 대학원 공부도 하고 미국에 정착하고 싶은 마음이 컸다. 그런데 그 모든 꿈을 접고 아무런 대책 없이 한국으로 돌아와야 한다고 생각하니, 속상하고 막막했던 것이다. 그래서 K 집사님이 내게 "딸이 한국으로 돌아와야 할지, 아니면 미국에 남아 취업할 수 있는 길을 알아봐야 할지, 하나님의 뜻이 어디에 있는지 기도해달라"고 부탁을 했다.

그래서 우리는 그 문제를 놓고 함께 기도했다. 기도가 시작되자마자 하나님께서 환상 하나를 보여주셨고 나는 그 환상의 내용을 있는 그대로 전했다.

"하나님께서 H 양을 위해 미국 뉴욕 한복판에 아주 좋은 병원을 예비해두셨다고 하니 아무 걱정 말고 미국에 그냥 머물러 있으라 하십니다. 하나님께서 H 양을 위해 큰 의자를 장만하시고 혹시 이 자리가 있다는 것을 미국 사람들이 알면 중간에 빼앗아갈까 봐 아예 하얀 천으로 덮어놓으셔서 미국 시민권자들도 그런 자리가 있다는 것을 모릅니다. 하나님이 맨해튼에 아주 좋은 자리를 예비해놓으셨으니 아무 걱정 안 하셔도 되겠습니다."

분명 큰 위로와 소망이 되는 메시지였다. 하지만 K 집사님 내외는 안 믿기는 듯한 눈치였다. 그도 그럴 것이 미국 정부가 직접 나서서 유학생들을 전부 제 나라로 돌려보내는 판국에 무슨 통뼈라고 H 양 혼자 미국에 남아 번듯한 직장에 취업을 한단 말인가. 더욱이 미국 경기가 어려워 미국 젊은이들도 취직이 안 되는 판국에 말이다.

나도 나중에 안 사실인데, H 양은 하나님이 자신을 위해 뉴욕에 좋은 병원을 예비하셨다는 사실을 액면 그대로 믿기 어려워 약 2개월간 미국 전역의, 심지어 시골에 있는 작은 병원에까지 100개 가까운 이력서를 보내봤지만 단 한 군데도 인터뷰를 하자고 불러주는 데가 없었다 한다. 시간은 속절없이 계속 흐르기만 하고 이윽고 9월 말이 되자 K 집사님 부부나 H 양이나 더 이상 미국에서 구직활동을 하는 것은 의미가 없겠다 싶어 모든 것을 포기하고, K 권사님이 H 양을 데리고 귀국하기 위해 9월 24일에 미국으로 들어갔다. 그런데 10월 초에 느닷없이 뉴욕의 마운트시나이 병원에서 갑자기 연락이 왔다. 상근 직원만 수만 명에 달하는 매머드급 병원이었다. H 양은 그 길로 한 걸음에 병원으로 달려가 인터뷰를 했고, 이틀 후부터 출근하라는 통보를 받았다. 2014년 6월에 뉴욕 대학교 간호학과를 졸업한 여섯 명의 학생 중―그중 다섯 명은 미국 시민권자였다―유일하게 취업을 한 것이다. H 양이 마운트시나이 병원에 취업한 것은 한국인으로서는 처음이었다.

이렇게 해서 하나님께서는 5월에 미리 보여주셨던 환상의 내용대로 자신의 약속을 신실하게 지키셨고, 나 또한 미력하나마 K 집사님께 졌던 신세의 극히 일부를 갚을 수 있었다. H 양은 초봉 72,000달러의 연봉을 받기로 하고 채용이 되었는데 첫 달 봉급 6천 달러 전액을 새물결플러스에 문서 선교비소로 헌금했다.

분명, 당시 H 양이 처해 있었던 절박한 상황은 우리 인간의 지혜와 능력보다 훨씬 더 강하고 커보였지만, 그러나 하나님께서는 우리의 기도를 받으시어 하나님 자신이 그 상황보다 훨씬 더 크고 강하신 분이라는 사실을 입증하셨다. 바로 이것이 기도의 능력이고 비밀이다.

16

항상 기뻐하십시오, 범사에 감사하십시오

제가 이 시간에 무슨 답사를 하고 무슨 인사를 하겠습니까마는 하나님 앞에 감사하는 마음이 있어서 몇 말씀을 드립니다. 첫째, 나 같은 죄인의 혈통에서 순교의 자식들이 나오게 하셨으니 하나님께 감사합니다. 둘째, 허다한 성도들 중에 어찌 이런 보배들을 주께서 하필 내게 맡겨주셨는지 그 점 또한 주님께 감사합니다. 셋째, 3남 3녀 중에서도 가장 아름다운 두 아들 장자와 차자를 바치게 된 나의 축복을 하나님께 감사합니다. 넷째, 한 아들의 순교도 귀하다 하거늘 하물며 두 아들의 순교이리요. 하나님, 감사합니다. 다섯째, 예수 믿다가 누워 죽는 것도 큰 복이라 하거늘 하물며 전도하다 총살 순교당함이리요. 하나님, 감사합니다. 여섯째, 미국 유학 가려고 준비하던 내 아들, 미국보다 더 좋은 천국에 갔으니 내 마음이 안심되어, 하나님 감사합니다. 일곱째, 나의 사랑하는 두 아들을 총살한 원수를 회개시켜 내 아들 삼고자 하는 사랑의 마음을 주신 하나님께 감사합니다. 여덟째, 내 두 아들의 순교로 말미암아 무수한 천국의 아들들이 생길 것이 믿어지니 우리 하나님께 감사합니다. 아홉째, 이 같은 역경 중에서 이상 8가지 진리와 하나님의 사랑을 찾는 기쁜 마음, 여유 있는 믿음 주신 우리 주 예수 그리스도께 감사합니다. 열 번째, 이렇듯 과분한 축복을 누리게 되는 것을 감사합니다.   손양원

"낭패"란 말이 있다. 낭패(狼狽)는 본디 전설 속에 나오는 동물 이름이다. "낭"은 뒷다리 두 개가 아예 없거나 아주 짧은 동물이고, 반대로 "패"는 앞다리 두 개가 아예 없거나 짧다. 따라서 이 둘은 항상 같이 다녀야 제 구실을 할 수 있다. 용맹스러운 대신 머리가 나쁜 낭과, 영리한 대신 겁이 많은 패가 서로 호흡이 잘 맞는 날은 천하무적이다가도 둘이 마음이 안 맞거나 싸우기라도 한 날은 큰 문제가 된다. 그래서 낭과 패가 서로 떨어져서 아무 일도 못하게 되는 경우를 낭패라 한다.

기도에도 낭패가 있다. 우리가 드린 기도가 척척 응답될 때는 좋은데, 그렇지 못할 때는 여간 낭패가 아니다. 실제로, 우리가 드리는 모든 기도가 다 우리의 바람대로 응답되고 기적이 나타나는 것은 아니다. 오히려 우리가 드리는 기도들 가운데 상당수가 거절되거나, 무산되거나, 지연되거나, 하나님이 못 듣고 넘어가시는 것같이 여겨진다. 이럴 때 우리는 마음속 깊이 낭패감을 맛본다.

그렇다면 우리가 기도하는 것은 무엇이든지 들어주시겠다는 하나님의 약속은 거짓말이란 말인가? 이번 장에서는 이 문제를 생각해보려 한다.

데살로니가전서 5:1-19은 우리가 익히 잘 아는 구절이다. 여기서 사도 바울은 우리에게 "하나님의 뜻"을 따라 살라고 권면한다. 하나님의 뜻이란 무엇인가? 사실 하나님의 뜻은 아주 간단하고 명확하다. 그것은 우리가 "항상 기뻐하고" "쉬지 말고 기도하며" "범사에 감사하는 것"이다. 이 말씀들은 일종의 인클루지오 기법을 이루고 있다.

A. 항상 기뻐하라

B. 쉬지말고 기도하라

C. 범사에 감사하라

하나님의 뜻은 우리가 "항상 기뻐하고" 또 "범사에 감사하는 것"이다. (물론 아주 어려운 일이다.) 그럼 어떻게 해야 항상 기뻐하고 범사에 감사할 수 있는가? 그 비결은 우리가 "쉬지 않고 기도하는 것"에 있다. 우리가 쉬지 않고 기도할 때, 하나님께서는 우리에게 항상 기뻐하며 범사에 감사할 수 있는 마음을 주신다. 기도가 핵심 요건인 것이다.

이 사실을 보다 더 잘 이해할 수 있도록 한 가지 예를 들어보겠다.

내가 예전에 새물결교회를 담임 목회할 때 교회에서 강화도에 작은 수양관을 장만한 적이 있다. 수양관은 민통선 안에 자리한 아담한 바위산 자락에 있었다. 당연히 이곳은 상수도가 연결되지 않으므로 지하수를 개발해 식수원으로 사용했다. 우리 수양관의 경우 지하 100미터 이상을 파들어 간 뒤 천연 암반수를 끌어 사용했다. 나는 지하수 개발 전문가가 지하수를 찾아낸 다음, 커다란 굴착기를 동원하여 지하 100미터까지 바위를 판 후에 물을 끌어올리는 장면을 내내 옆에서 지켜보며 지하수의 구조와 성질을 어렴풋하게나마 배웠다.

통상 지표에서 10-30미터 지점까지 산재한 물을 지표수라고 부른다. 쉽게 말해, 지표수란 암반이 나타나기 전까지 땅속에 흐르는 물을 총칭하는 말이다. 대개 지표수는 여러 이유로 인해 오염되어 있는 경우가 많으므로 농사 등의 용도로는 사용할 수 있지만 식용으로는 불가하다.

우리가 지하수라고 부르는 것은 지표수 아래를 흐르는 물, 곧 암반 사이에 있는 물이다. 암반을 깊이 굴착해 들어가다 보면 암반과 암반 사이의 빈 공간에 물이 모여 있다. 이것이 지하수다. 그리고 거기서 더 깊이(300-500미터 이상) 파들어 가다 보면 암반 자체에 형성된 공간에 물이 모여 있는 경우가 있다. 이것이 (지하수 중에서도 특별히) 암반수다. 이런 암반수는 최소 100년 정도의 시간을 두고 한데 모인 물이다.

쉽게 말해, 땅을 파서 물이 나온다고 해서 다 같은 물이 아닌 것이다. 농업용수나 설거지 혹은 화장실용으로 사용하는 지표수가 있는가 하면, 암반과 암반 사이를 흐르는 지하수가 있으며, 암반 자체에 모여 있는 암반 지하수가 있다. 겉보기에는 같은 물이지만 그 성질이나 쓰임새 및 가치는 전혀 다르다.

나는 기도의 세계에도 비슷한 원리가 적용된다고 생각한다.

먼저, 일종의 지표수와 같은 기도의 단계 혹은 수준이 있다. 이 단계에서는 우리가 열심히 기도하면 하나님께서 우리의 기도를 문자 그대로 다 들어주신다. 우리가 건강을 구하면 하나님께서 건강을 주시고, 돈을 구하면 돈을 주시고, 사업 성공을 구하면 또 그렇게 해주시고, 그밖에 우리의 육신적 필요를 구하는 것에 맞춰 하나님께서 문자 그대로 응답해주시는 것이다. 그럼 우리는 자신의 기도가 응답된 것을 만끽하며, 이를 크게 즐거워하고, 또한 하나님께 감사할 수 있다. 아주 당연한 현상이다. 하지만 지표수는 깨끗한 물이 아니라 오염된

물이듯이, 이런 수준에서의 기도응답은 영적인 오염의 가능성이 높다. 그래서 우리는 이런 수준의 기도를 가리켜 "기복적인 기도"라고 부르기도 한다. 이런 기복적 기도의 가장 큰 특징은 응답을 받으면 기쁨과 감사가 뒤따르는 데 반해, 응답을 못 받을 경우 낙심에 빠져 감사는커녕 불평하고 원망한다는 것이다.

그다음으로, 암반과 암반 사이의 공간에 모여 있는 지하수와 같은 기도의 단계가 있다. 이 단계에서는 우리가 열심히 기도해도 하나님께서 우리의 기도를 간과하시거나 무시하고 넘어가는 것 같은 인상을 받을 때가 많다. 자식이 공부를 잘해서 좋은 학교에 진학하게 해달라고 열심히 새벽기도를 다녀도 막상 자식이 비뚤어지거나 방황하는 경우가 그렇다. 돈을 잘 벌게 해달라고 기도했는데 사업이 망하거나 장사가 주저앉는 경우도 마찬가지다. 이럴 때 우리의 자연적 성품을 따르자면 누구나 속상하고 서운할 것이다. 아마 지표수 수준의 기도단계에 머물러 있는 사람이라면 이럴 때 하나님께 따지고 항의하거나, 시험에 빠지거나, 심지어 신앙을 버리는 경우도 있을 수 있다.

하지만 지표수 단계의 신앙과 달리 지하수 단계의 신앙에서는, 기도를 열심히 했으나 비록 기대와 달리 응답을 못 받았지만 그런 결과까지도 믿음으로 수용하는 성숙한 태도를 보여준다. 나는 이런 신앙 태도를 가리켜 "그럼에도 불구하고"의 신앙이라 말하고 싶다.

이와 관련하여 한 가지 재밌는 이야기를 소개하고 싶다. 한 자매가 오랜 기도 끝에 마침내 결혼에 골인하여 신혼살림을 시작했는데 남편이 신혼여행을 다녀온 첫날부터 술에 취해 고주망태가 되어 자

정을 넘겨 집에 들어오더니 10년 동안 그 생활을 하루도 거르지 않았
다. 그러던 어느 토요일 저녁이었다. 그날도 어김없이 남편은 인사불
성이 되어 현관 입구에 죽은 듯이 쓰러져 있었고, 이 모습을 발견한
아내는 남편을 겨우 끌어다 집에 들여놨다. 그리고 그 옆에 털썩 주저
앉아 이런 남편과 사는 자신의 신세가 하도 처량하고 딱하여 하나님
께 한참 원망을 늘어놓았다.

"하나님, 제가 결혼 전부터 신앙이 좋은 남자를 만나게 해달라고
그렇게 열심히 기도했는데 어쩌다가 이런 남자를 만나 제 인생이 이
토록 볼썽사나운 건가요? 저도 이제는 더 이상 못 참겠습니다. 제 인
생이 너무 기구하고 불쌍합니다."

그렇게 한동안 넋두리를 쏟아내고 있었는데 불현듯 데살로니가전
서 5:19 말씀이 떠올랐다.

"범사에 감사하라."

이 자매는 이런 남자와 살면서 도대체 무엇을 감사할 수 있을까
곰곰이 생각해봤다. 그랬더니 정말 감사할 일이 떠올랐다. 그래서 이
렇게 기도했다고 한다.

옆에서 정신없이 코골며 자는 남편을 쳐다보면 한심하긴 하시만 그래도 없
는 것보다는 낫겠다 싶어 감사합니다. 언젠가 좋은 남편이 될 가능성이 있
다고 생각하니 감사합니다. 저렇게 술은 취했지만 다른 데 안 가고 항상 집
을 찾아와서 잠을 자니 감사합니다. 술은 좋아해도 여자라고는 아내밖에 모
르니 감사합니다. 다른 남편들은 술만 먹으면 손찌검이나 심한 주사를 해서

식구들을 한숨도 못 자게 한다고 하는데 그런 일은 없으니 감사합니다. 술을 그렇게 많이 마셨어도 아직까지 병원에 한 번 안 간 것도 감사합니다. 술 먹은 다음날 아직까지 하루도 결근한 적이 없으니 감사합니다. 토요일에는 술을 더 많이 마셔서 주일날은 어김없이 잠만 자니 제가 교회에 가는 데 방해받지 않아서 감사합니다.

이것이 바로 "그럼에도 불구하고"의 신앙이다. 비록 자신의 기대에 딱 맞는 남편과 사는 것은 아니지만, 그런 자신의 현실 앞에 좌절하고 원망하기보다는 오히려 하나님을 향한 믿음 안에서 감사하는 모습이 그것이다. 그리고 이런 태도가 가능한 것은 그녀가 하나님께 기도했기 때문이다.

더 나아가 암반 자체의 공간에 모여 있는 천연수와 같은 단계의 기도생활이 있다. 이 단계의 기도생활에서는, 자신이 처한 상황이나 환경이 어떠하든 상관없이, 그것과 전혀 무관하게 성령께서 주시는 큰 기쁨으로 인해 항상 싱글벙글할 수 있다. 그것은 마치 예수님께서 요한복음 7:37-38에서 말씀하신 "누구든지 목마르거든 내게로 와서 마시라. 나를 믿는 자는 성경에 이름과 같이 그 배에서 생수의 강이 흘러나오리라"라는 약속이 실재화되는 것과 같다. 천연 암반수 단계의 기도생활에서는 예수님께서 부어주시는 성령의 은혜가 너무 크고 강렬한 나머지, 자신의 환경에 전혀 구애받지 않고 매 순간 하늘로부터 임하는 기쁨을 만끽하며 살 수 있다.

아마 성경 전체에서 이런 기쁨의 경지를 맛본 대표적인 인물을 한

명 꼽으라면 단연코 사도 바울을 들 수 있을 것이다. 바울이 쓴 빌립보서에는 그 사실이 잘 나타난다. 빌립보서는 바울이 로마의 감옥에 투옥된 상태에서 사형집행을 앞두고 쓴 서신이다. 당시 감옥생활의 위생 및 보건 상태, 말할 수 없이 열악한 인권, 무엇보다 죽음을 목전에 둔 바울의 마음이 어땠을까? 나 같으면 하루하루가 지옥이었을 것 같다. 그런데 놀랍게도 바울은 사형집행을 코앞에 둔 상황에서 쓴 편지에서 반복하여 "기쁨"을 이야기하고 있다. 실제로 빌립보서를 읽어보면 4장 밖에 안 되는 짧은 성경 안에 기쁨이란 단어가 무려 16회나 나오는 것을 볼 수 있다. 바울은 억울하고 잔인한 죽음 앞에서도 줄곧 기뻐하고 있었던 것이다. 어떻게 그것이 가능했을까? 바로 예수님이 약속하신 성령의 생수가 바울 안에 차고 넘쳤기 때문이다.

나는 두어 달 전 『마포삼열 자료집 4권』을 교정을 위해 꼼꼼히 읽으면서 우리 한국교회 초창기 성도들 가운데 이런 기쁨을 맛본 사람들이 많이 있었다는 것을 확인했다. 그들은 선교 초기의 극심한 반대와 핍박 가운데서도 예수님이 주시는 새 생명의 기쁨이 너무 강렬한 나머지 자신들이 당하는 어려움을 전혀 고난이라 생각하지 않았다. 그들은 예수님을 믿는 이유 때문에 매를 맞고 욕을 먹으면서도 항상 신글벙글했다. 여기 그 일부를 소개한다.

이번에 약 25세의 젊고 똑똑한 여성이 세례를 받았는데, 그녀는 행복했지만 이미 많은 것을 견뎌왔습니다. 3년 전 그녀가 처음 교인이 되었을 때, 남편이 그녀를 모욕하며 핍박했습니다. 예배에 가려면 구타했고, 어떤 때는 꽁꽁 묶어서 마루에 앉히고 그 앞에 어린아이를 두어서 아이에게 아무것도 할 수 없도록 만들었습니다. 이런 식으로 핍박할 때 한번은 남편이 화가 나서 물었습니다. "어떻게 하면 예수교를 포기하겠어?" 그녀는 조용히 말했습니다. "나를 때리고 묶을 수 있고 몸을 잘라 두 동강을 낼 수 있지만, 그래도 나는 반드시 예수교인이 되어야 해요." 그 후 남편은 점차 때리는 것을 멈추게 되었습니다. 얼마 전 이 귀여운 여인이 밝고 상냥한 미소를 지으며 말했습니다. "이제 그는 혀로만 못살게 군답니다." 그 옆에 서 있던 한 여성이 말했습니다. "그럼에도 불구하고 주님이 행복을 주십니다. 그렇지요?" 그러자 그녀는 웃으며 대답했습니다. "아, 그럼요. 제 마음은 언제나 행복해요."*

만일 지표수, 지하수, 천연 암반수를 우리 인생에 비유한다면, 지표수는 질풍노도의 시기를 겪는 청소년기 혹은 혈기방장한 청년기에 비견할 수 있겠다. 또한 지하수는 이제 혈기가 어느 정도 죽고 감정이나 충동 대신 이성과 의지를 따라 사는 중년기에 비견할 수 있을 것이며, 천연 암반수는 인생의 원숙미가 빛나는 노년기로 묘사할 수 있겠다. 노년에 접어들면 몸의 힘은 빠지는 대신 삶의 다양한 국면들을 수용하고 달관할 수 있는 너그러움은 배가된다. 마찬가지로 우리가 천연 암반수에 해당하는 신앙의 경지에 들어가면 우리는 어떤 상황에서도 물리적 요인에 영향을 받지 않고 항상 기뻐하고 감사할 수 있을 것이다.

---

* 옥성득, 『마포삼열 자료집 4』(새물결플러스), 189.

문제가 있을 때 열심히 기도해서 그 문제를 해결 받는 것도 좋은 일이지만, 문제가 여전히 그대로 남아 있다고 해도, 그럼에도 불구하고 기뻐하고 감사할 수 있다면 더 큰 믿음을 가진 것이다. 나아가 문제와 상관없이 항상 기뻐하고 감사할 수 있다면 그것이야말로 하나님께서 우리에게 원하시는 궁극적인 신앙의 모습이다. 그런데 이런 믿음은 고난의 용광로를 거치면서 다듬어진다. 그래서 하나님께서는 우리의 기도를 종종 거절하시거나 혹은 못 듣고 계신 것처럼 행동하신다. 만약 하나님께서 우리가 기도하는 대로 족족 다 들어주신다면 필경 우리의 믿음은 늘 지표수 수준을 못 벗어날 것이다. 그러나 하나님께서는 우리의 믿음이 지하수를 거쳐 천연 암반수의 수준까지 더 성숙해지길 원하시기 때문에, 우리가 그러한 믿음을 갖도록 성품을 훈련시키기 위해 고난의 풀무불을 사용하신다. 그것은 마치 하늘에서 떨어진 빗방울이 지표를 뚫고 들어가 오랜 시간에 걸쳐 바위 사이를 힘겹게 투과한 뒤 마침내 순결해지는 것과 같은 이치다.

우리는 우리의 환경을 바꾸길 원하지만, 하나님은 우리의 인격과 마음을 바꾸길 원하신다.

정사와 권세 결박하기

마귀의 간계를 능히 대적하기 위하여 하나님의 전신갑주를 입으라.

엡 6:11

나를 처음 만나는 어떤 이들 중에는 대뜸 내게 "고향이 어디냐?"고 묻는 경우가 있다. 내가 "어디인 것 같냐?"고 반문하면, "혹시 충청도 아니세요?"라는 말이 되돌아온다. 내가 "서울"이라고 답하면 뭔가 석연치 않다는 듯 고개를 갸우뚱한다. 그러면서 덧붙이는 말이 "이상하네요, 말투에 충청도 말씨가 섞여 있는데요" 한다.

나는 분명 서울에서 태어났다. 서울 수색이 내가 태어난 곳이다. 하지만 나는 두 살 때 부모님 손을 잡고 충청도로 이사를 갔다. 아버지가 서울에서 목회하시다가, 1970년에 충청도 당진군 정미면 수당리란 곳에 교회를 개척하셨기 때문이다. 그렇게 해서 나는 졸지에 충청도 사람이 되었다. 초등학교 입학 직전까지 충청도에 살았으니, 아마 그 동네에서 자라면서 알게 모르게 몸에 밴 충청도 말씨가 내 말투 안에 섞여 있는 것은 당연하리라.

내 아버지는 충청도에 아주 정착을 하기 위해 당진에 내려가신 것은 아니었다. 처음에는 그저 몇 달 머물면서 사방 백리 어간에 교회가 전혀 없는 오지 마을—1960년대 후반~1970년대 초반만 해도 우리가 살던 동네는 말 그대로 오지였다—사람들을 상대로 주 예수의 복음을 전하겠다는 생각이 강했는데, 어쩌다 보니 그곳에서 교회를 개척하여 버듯한 예배당을 건축하고 6년 이상을 목회하게 되었다. 아버지는 어린 시절부터 기도를 많이 하신 분이셨다. 군생활을 해병대에서 하시면서도(1960년대 초의 해병대는 개병대 소리를 듣던 때라 했다) 당신 혼자 새벽기도를 하루도 빠지지 않았다 했다. 술을 일절 입에 대지 않고, 주일이면 꼬박꼬박 교회에 가니 선임 해병대원들에게 단단히 찍

혀서 고생을 많이 하셨다고 했다. 내 아버지는 살아생전 늘 힘들고 빠듯하게 목회를 했다. 그래도 나는 아버지 입에서 좀처럼 "힘들다"는 말을 들어본 적이 없다. 그런 아버지가 해병대 시절 이야기만 나오면 꼭 "그땐 정말 힘들었다"고 말하시는 일화가 있었다. 예수쟁이라는 이유로 미운털이 단단히 박혔던 아버지에게, 하루는 선임병들이 작당을 하여 완전군장을 한 상태에서 M1 소총을 입에 물고 밤새 연병장을 도는 기합을 가한 일이 있었다고 한다. 아버지는 유독 그날 밤 이야기만 나오면 "그땐 진짜 힘들었다"고 술회하셨다. M1 소총이 오죽 크고 무거운가? 사람 손으로 들고 다니기에도 불편한 소총을 이빨로 물고 견뎌야 했으니 얼마나 힘들었겠는가? 그래서 내가 사물을 인지하면서부터 봤던 우리 아버지의 앞 이빨은 45도 각도로 비뚤어진 상태였다.

아버지는 20대 신학생 시절에는 산기도를 많이 하셨다고 했다. 하루 평균 7시간씩 기도하는 날도 많았다고 했다. 산 중턱의 무덤 앞에서 엎드려 기도에 몰입하다 보면 지나가는 나무꾼들이 지게 작대기로 툭툭 치면서 "젊은 것이 미쳐도 곱게 미쳐야지, 예수한테 미치면 저렇게 된다니까"라며 조롱하곤 했단다.

아버지가 충청도 당진에 교회를 개척한 지 얼마 안 돼, 서울에서 용한 예수쟁이가 내려왔다는 소문을 듣고 마을 사람 하나가 집으로 찾아왔다. 자기 딸 때문이었다. 그 집 딸은 귀신이 단단히 들려, 벌써 몇 년째 바깥 거동을 일체 중단한 상태였다. 수년째 머리도 안 감고, 손톱 발톱도 안 자르고, 용변도 자기 방에서 해결했다. 그러니 몰골이 얼마나 엉망이며 또 냄새가 얼마나 심했겠는가? 보다 못해 가족들이

방 밖으로 끌어내려 하면 처녀가 어찌나 힘이 센지 남정네들도 도무지 당해내지 못했다. 그런 딸 때문에 마음고생이 심했던 그 집 아버지가 혹시 무슨 수가 있을까 싶어, 마치 물에 빠진 사람이 지푸라기라도 잡는 심정으로 우리 아버지를 찾아온 것이다. 앞서 말했듯이 당시만 해도 그 동네는 예수의 예자도 못 들어본 사람들이 모여 사는 지역이었다.

자초지종을 들은 내 아버지는 다음날 아침 일찍 그 집을 찾아가겠다고 약속했다. 하룻밤이 지났다. 운명의 아침이 찾아왔다. 그런데 참으로 놀라운 일이 일어났다. 수년째 자기 방 밖 출입을 완강히 거부하던 그 집 처녀가 누가 시킨 것도 아닌데 새벽 일찍 제 발로 방을 걸어 나와 목욕을 하고 손톱 발톱을 다 정리한 다음 새 옷을 입고 우리 아버지가 도착할 시간에 맞춰 마당에 무릎을 꿇고 기다리는 일이 벌어진 것이다. 하나님의 영에 사로잡힌 사람이 온다는 것을 귀신이 먼저 감지하고 반응했던 것이다. 아무튼 그런 일들이 몇 번 있고 나서 드디어 그 마을에 번듯하게 예배당이 세워지고 많은 사람들이 예수를 믿기 시작했다.

이번에는 내 이야기를 좀 해보려고 한다. 내 경우에도 몇 번의 축사 경험이 있다. 그중 J 교회의 J 목사와 관련된 이야기를 한 꼭지 하려 한다. 2010년 무렵부터 내가 속한 노회가 J 교회 일로 시끄러워지기 시작했다. J 목사가 거액의 공금을 횡령한 것을 발견한 J 교회의 장로 및 일부 신자들이 이의 시정을 요구하자, 오히려 J 목사가 이들이 낭설을 유포하여 교회를 해코지 한다며 노회에 처벌을 요구했기 때문이었다. 가재는 게 편이라고, 노회에 속한 정치 목사들은 일사불란하게 J 목사 편을 들어 문제제기를 한 교인들을 전부 출교시켰다. 같은 노회에 속한 목사로서 그 일을 바로 눈앞에서 지켜본 나는 수치심과 의분에 몸을 부르르 떨었다. 그리고 무슨 일이 있어도 이 일을 바로잡아놓으리라 결심했다. 그 때문에 약 일 년간에 걸쳐 불가피하게 J 목사 편에 섰던 노회와 총회의 정치 목사들과 전선을 형성하면서 법적으로 다투게 되었다.

본래 나는 근 15년 이상을 J 목사와 돈독한 관계로 지내왔던 차였다. 그래서 처음에는 J 목사가 속히 자신의 과오를 뉘우치고 횡령한 돈을 되돌려놓은 다음 얼마간 근신하는 것이 좋겠다 싶어, 잘 알아듣게끔 권면하려 했다. 그러나 아무리 옳은 이야기를 해주어도 J 목사는 요지부동이었다. 가만 보니 그 주변에서 소위 기도 좀 한다는 사람들이 큰 문제였다. 당시 J 목사 주변에는 교단의 정치적 힘을 앞세워 돕는 목사들과 함께, 세칭 영빨이 좀 있다 하는 예언기도 사역자들이 몇 있었다. 들리는 말에 의하면 그들은 J 목사에게 말하길, "하나님께서 당신을 장차 대한민국 대통령으로 세우시려고, 당신이 그만한 그릇이 되는지 알아보시기 위해 이런 시련을 주시는 겁니다.…이 시련을 잘 이겨내시면 전 세계에 있는 돈의 1/3이 목동으로 몰려올 겁니다"라고 부추긴다는 것이었다. 옆에서 이런 식으로 거짓 예언을 남발하면서 비행기를 태워주니 기고만장해진 J 목사가 회개할 리가 만무했다.

그래서 한번은 내가 J 목사 쪽 사람들을 향해 이렇게 말해주었다.

"내가 기도하면서 보니, J 교회 본당 강단에 참으로 크고 화려하게 생긴 용 한 마리가 떡 하니 버티고 있더이다. 그리고 그 앞에 많은 새 끼 뱀들이 진을 치고 있더이다. 용이 뭐라고 한마디 할 때마다 뱀들이 환호성을 보내고 춤을 추며 일사불란하게 용의 비위를 맞춥디다. 그 런데 하나님께서 한 천사에게 굵은 밧줄을 쥐어주고 용을 결박하라 명하셔서 천사가 용을 밧줄로 꽁꽁 묶습디다. 헌데 어찌나 용이 기운 이 센지 발악을 친 끝에 제 힘으로 밧줄을 끊어버립디다. 그래서 하나 님이 다른 천사에게 더 굵고 강한 밧줄을 쥐어주시면서 용을 묶으라 명하셨고, 그 천사가 실제로 그렇게 하더이다. 천사가 용을 결박해서 감옥에 집어넣는데 용이 입은 수의를 보니 푸른색 엷은 옷이 아니라 누비솜털로 만든 두툼한 흰색 수의였소. 아마 내 생각에는 J 목사 당 신, 여름이 아니라 겨울에 감옥갈 거요.”

당시 J 목사는 횡령죄로 고발되어 불구속 상태에서 재판을 받고 있었다. 본래는 재판이 봄에서 여름 사이에 끝나기로 되어 있었는데 J 목사 측에서 여러 인맥을 앞세워 어찌나 사방팔방 로비를 해댔는지 재판이 자꾸 지연되는 것이었다. 그래서 주변에서는 혹 J 목사가 무죄 판결을 받는 것이 아닌가 하는 전망도 심심치 않게 흘러나왔다. 하지 만 결국 2011년 12월 2일, J 목사는 징역 4년 형을 선고받고 법정구 속되어 남부구치소에 수감되었다. 환상의 내용 그대로였다.

나로서도 기억하고 싶지 않은 이야기를 굳이 다시 꺼내는 이유는, 개인이나 가정뿐 아니라 교회를 상대로도 악한 영들이 장난질을 친다 는 점을 말하고자 함이다. 성경은 이런 싸움을 가리켜 “영적 전투”라 말한다. 사도 바울은 이렇게 말했다. “우리의 씨름은 혈과 육을 상대로 하는 것이 아니요, 통치자들과 권세들과 이 어둠의 세상 주관자들과 하늘에 있는 악의 영들을 상대함이라"(엡 6:12). 실제로 바울은 (사도행전을 보면) 선교지에서 이런 영적 존재들과 여러 차례 전투를 벌인다.

이런 이야기를 하면 무슨 전설의 고향이나 고대 그리스-로마 신화에나 나올 법한 이야기라고 코웃음을 치는 사람들이 있다는 것을 잘 안다. 신약학자 루돌프 불트만 같은 이가 대표적이다. 그는 이런 세계관은 단지 낡은 신화적·마술적 세계관에 불과하다고 말한다. 그는 성경이 말하는 영적 존재란 것은 실체가 아니라, 한편으로는 인간이 세계와 그의 미래를 지배하기에 무능하다는 표현으로, 다른 한편으로는 신약성경의 실존적 해방에 대한 요청으로 이해해야 한다고 주장했다. 하지만 이에 맞서 칼 바르트는 신약성경의 저자들이 그 시대의 우주관 때문에 우리보다 덜 방해를 받았으므로 "사실은 이성적이고 과학적인 관점으로 만족하는 우리보다 더 많이, 더 분명히 보았으며, 그들의 생각과 언어는 실재에 훨씬 더 가까이 다가갔다"고 일갈했다.*

예전에 나와 함께 신앙생활했던 어느 집사님은 남편이 하도 속을 썩여 혼자 방에서 슬피 울고 있는데 느낌이 이상해서 창밖을 보니 "자살의 영"이란 푯말을 붙인 귀신같이 생긴 존재가 자신을 뚫어지게 쳐다보고 있는 것을 보고 화들짝 놀라, 마음을 다잡고는 힘껏 "예수의

---

* Karl Barth, *Church Dogmatics 4, The Christian Life*, trans. Geoffrey W. Bromiley (Grand Rapids: Wm. B. Eerdmans Publishing Co., 1981), 216-217.

이름으로 명하노니 우리 집에서 속히 떠나거라"고 소리를 질렀더니 그 시커먼 존재가 옆집으로 슬금슬금 들어가더라는 것이었다. 그런데 그날 밤 옆집 아이가 자살을 하는 사건이 벌어졌다고 한다. 우리가 이런 일들을 볼 때 어떻게 그것을 가리켜 신화 혹은 상상 속 관념이라고 할 수 있겠는가?

신약성경은 우리에게 사탄과 그의 졸개격인 귀신이 존재함을 분명히 가르쳐주고 있다. 이것들은 개인과 가정, 교회 공동체의 존재를 뒤흔들고 삶을 파괴할 뿐 아니라 더 크게는 공공기관, 정부, 국가, 국제관계 등의 배후에서 인간의 삶을 황폐케 하는 일들을 서슴지 않는다. 신약성경은 이들 존재를 "정사와 권세들"이란 말로 통칭한다(롬 8:38-39; 고전 15:24-26; 엡 6:12; 골 1:16; 골 2:13a-15).

신학의 영역에서는 특별히 성경신학과 사회윤리학 분야를 중심으로, 정사와 권세의 정체를 밝히려는 시도들이 이어졌다. 헨드리쿠스 벌코프는 정사와 권세를 "제도"로 간주하려는 해석학적 조류를 본격적으로 주도했다. 그는 바울이 권세를 비신화할 뿐 아니라 이러한 용어를 사용하여 관습과 도덕, 정의와 질서라는 지상적 구조들을 서술하려 했다고 본다.* 바울신학 전문가인 휘틀리 역시 성경은 "개개의 악한 영들의 활동"보다는 "전체로서의 악마적 복합체가 만들어내는, 모든 곳에 퍼져 있는 거시적인 영향들"에 기반을 둔다고 주장했다.**

---

* Hendrikus Berkhof, *Christ and Powers*, 12, 26.
** D. E. H. Whitely, *The Theology of Paul*, 27.

이에 반해 하인리히 슐리어는 정사와 권세는 "하나의 인격적인 강력한 존재로 우리에게 체험된다"고 주장했다. 그에 따르면 공관복음서에서 보통 사탄, 마귀, 귀신이나 영으로 불리는 존재들이 바울에 의해서는 정사, 권세, 그리고 능력으로 불리고 있다. 요한복음은 그것에 대해 "이 세상 임금"이라 부른다. 슐리어는 바울이 말하는 정사와 권세는 의심의 여지 없이 "악한 영"(엡 6:12)을 가리키며, 이는 공관복음과 사도행전의 악한 영들, 악한 영, 더러운 영 및 귀신과 동일한 것이라고 간주한다.*

신약학자 오스카 쿨만은 이 두 입장을 절충하고 종합하는 새로운 이론을 내놓았다. 그는 정사와 권세가 "영적"인 동시에 "시민적"이라고 주장했다. 쿨만은 고린도전서 2:8을 해석하기를, "이 세상 임금"이라는 그리스적 표현이 일반 독자들에게는 단지 "이 세상의 정치지도자"를 의미하나 유대인 독자에게는 다음 두 가지 모두를 의미하는 것이었다고 보았다. 먼저, "땅의 임금"이란 팔레스타인에 상주했던 로마 행정관을 의미한 것이 분명하다. 또한 그렇지만, 신약성경 시대의 유대인은 보이지 않는 귀신의 권세가 모든 지상적 사건의 배후에 도사리고 있으며 이들이 인간을 자신의 효과적인 일꾼으로 부린다고 믿었으므로, 유대 기독교인인 바울이 이러한 표현을 사용하면서 필경 "보이지 않는 세력과 권세"를 염두에 두었음이 분명하다는 것이다.**

---

* Heinrich Schlier, *Principalities and Powers in the New Testament*, 15-16.
** Oscar Cullman, *The State in the New Testament*, 63-66.

요약하자면 정사와 권세란 1) 영적·인격적·초자연적 존재다. 타락한 정사와 권세는 인간 생활에 정규적으로 영향력을 행사하기 위하여 "미혹"을 그들의 전술로 사용한다. 그들은 자신의 정체를 숨기며, 인간사회에서 활동하는 자신의 존재를 다른 것으로 위장한다. 2) 영적 존재가 만들어내는 "어떤 제도적 영성"이다. 이는 영적 존재가 세상을 다스리기 위해 사용하는 수단이며, 특히 특정한 이데올로기를 통한 환상을 제시하는 것은 권세의 또 다른 표현이다. 3) 사회 체제와 구조이다. 제도적 영성은 객관적인 제도로 실체화된다. 대체로 사람, 성치 및 사회적 제도, 역사적 조건과 정황, 종교적 제도는 권세의 또 다른 표현이다.

한편, 현대에 이르러 정사와 권세에 대해 가장 포괄적인 연구를 진행한 사람은 월터 윙크다. 그는 신약성경에 나오는 정사와 권세들에 대한 단어 전부(*arche*[통치자], *archai*[정사들], *exousia*[권위, 능력], *dunamis*[능력], *thronos*[왕좌], *kuriotes*[통치 권력], *onoma*[이름], 천사들, 타락한 천사들, 악한 영들, 마귀들, 나라들 배후에 있는 수호천사)를 연구한 후에 다음과 같은 결론을 내놓았다.

첫째, 정사와 권세는 신약성경 전체에 걸쳐 등장한다.

둘째, 신약성경의 정사와 권세 언어는 불명확하고, 유동적이며, 상호교환이 가능하며, 비조직적이다.

셋째, 비록 불명확성과 교환 가능성이 있지만 그럼에도 그 언어의 용법에는 분명한 패턴이 나타난다. 이런 용어들이 어느 정도 상호 교환이 가능하기 때문에, 한 단어나 한 쌍 또는 연속된 용어들이 그들 모두를 대표하는 의미로 사용될 수 있다.

넷째, 정사와 권세들은 천상적인 동시에 지상적이며, 신적인 동시에 인간적이며, 영적인 동시에 정치적이며, 불가시적인 동시에 구조적이다.

다섯째, 정사와 권세들은 선하기도 하고 악하기도 하다.

특별히 윙크는 정사와 권세가 유발하는 주요 증상을 1) 개인의 외적 사로잡힘, 2) 개인의 내적 사로잡힘, 3) 집단적 사로잡힘으로 구별한다. 여기서 개인의 외적 사로잡힘이란 어떤 사람이 "자아와 유리된 외적인 실체에 영적 실체"에 의해 점거되는 것을 말한다. 가령 마가복음에 나오는 거라사 광인의 이야기(막 5:1-20)는 개인의 외적 사로잡힘에 대한 대표적 예다.* 이에 반해 개인의 내적 사로잡힘이란 귀신을 내쫓는 이야기가 아니라 오히려 예수님께서 사람의 마음속에 자리한 내면의 악에 대해 강론하심으로써(막 7:14-15, 21-23) 밝혀진 사안이다. 이는 외부의 공격에 의해 점거된 상태가 아니라 우리 인간성 안에 본래적으로 내재하고 있는 강력한 욕망이다.**

윙크가 밝힌 정사와 권세의 주요 증상에서 중요한 대목은 집단적 사로잡힘의 경우다. 윙크는 집단적 사로잡힘을 통해서, 한 집단이나 나라 전체가 악령에 의해 장악되어 일괄적으로 마귀에게 굴복하는 상황을 설명한다. 이런 상황에서 집단적 귀신들림은 국민 전체의 대중

---

* 월터 윙크, 『사탄의 가면을 벗겨라』(박만 역, 한국기독교연구소), 48-50.
** 위의 책, 52-53, 56-58.

정신병의 형태를 취하는데, 이는 소위 "사회적으로 공유된 정신병리 현상"으로 불린다. 전체 사회가 악마에 의해 사로잡히게 되면 국민들은 자신이 그것에 사로잡혔는지를 깨닫거나 느끼지 못한다. 악이 사회에 깊이 침투했음에도 불구하고 대중은 죄의식을 느끼지도 못하며, 집단가학증이 대중의 도덕성을 장악한다.* 이에 대한 가장 좋은 예는 히틀러 치하에서의 나치즘의 발호다. 이런 이유로 본회퍼는 다음과 같이 말했었다. "다름 아닌 마귀들이 이 세상의 지배권을 장악하게 되었다는 사실과, 여기 이처럼 악독한 음모를 꾸민 것이 바로 어둠의 권세라는 사실에 대해 어떻게 눈을 감을 수 있겠는가?"**

예수님은 우리에게 이런 악한 영들과 싸워 이기기 위해서는 "기도 (와 금식)" 외에는 해결책이 없다고 분명히 말씀하셨다. 변화산에서 내려오신 예수님은 귀신들린 아이를 못 고치고 쩔쩔매는 제자들을 보시고 안타까워하시며 이렇게 말씀하셨다. "기도 외에 다른 것으로는 이런 종류(= 사탄과 귀신들)가 나갈 수 없느니라"(막 9:29).

따라서 우리가 사탄의 세력과 싸워 이김으로써 우리 자신과 가정, 교회 및 사회를 지키기 위해서는 항상 깨어 기도해야 하며, 기도를 통해 하나님이 주시는 능력을 소유해야 한다. 예수님께서 이미 십자가에서 정사와 권세의 세력을 꺾고 부활하여 승리하셨으므로, 그리고 정사와 권세를 온 우주의 조롱거리로 만드시고(골 2:15) 자신의 발 앞

---

* 위의 책, 50-52.
** 마르바 던, 『세상 권세와 하나님의 교회』(노종문 역, 복있는사람), 15에서 재인용.

에 복종시키셨으므로(빌 2:10) 우리는 그 사실을 믿음으로 수납할 뿐 아니라 온 우주의 유일한 주권자이신 예수님께 사탄의 세력을 제압할 수 있는 능력을 구해야 한다.

또한 우리는 진리를 배우는 일에 늘 헌신함으로써 사탄의 미혹을 분별할 줄 아는 영적 시각을 갖출 뿐 아니라, 우리 자신이 죄에 빠져 사탄에게 틈을 제공하지 않도록 성결과 경건의 연습에 최선을 다해야 한다. 특별히 정사와 권세들이 법, 제도, 문화의 형태로 역사화·사회화 된다는 사실을 염두에 두고 우리 사회 안에서 정의와 공평과 평화의 가치가 담긴 법과 제도를 창안하는 일에도 힘써야 한다. 더 나아가 정사와 권세에 포획되기 십상인 타락한 정부가 들어서지 않도록, 선거와 투표라는 정치 행위를 통해서도 하나님의 통치가 공적 영역에서 실현되도록 힘써야 한다.

18

사회정의와 국가를 위해 기도하기

> 우리는 평화를 위해, 화해를 위해, 지혜를 위해 기도해야 하며, 세계와 교회를 위해서는 수천 가지를, 가족과 친구와 이웃을 위해서는 수백 가지를, 마지막으로 자신을 위해서는 수십 가지를 구해야 한다.
>
> 톰 라이트

2016년 늦가을부터 2017년 초봄까지 대한민국 전역이 촛불로 뒤덮였다. 대한민국 18대 대통령이었던 박근혜 정부의 실정과 비리에 맞선 시민의 저항이 촛불시위로 나타난 것이다. 마침내 2017년 3월 10일 오전 11시 헌법재판소는 재판관 전원 만장일치로 박근혜 대통령을 파면했다. 헌정 사상 처음 있는 일이었다. 이어서 5월 9일에 조기 대통령 선거가 실시되었고 문재인 대통령이 19대 대통령에 당선되었다. 그렇게 대한민국은 빼곡한 정치 일정 속에 숨가쁘게 돌아갔다.

19대 대통령에 당선되고 나서 문재인 대통령이 한 인상적인 말 하나는 "피난민의 아들이 대한민국의 대통령이 되었습니다"였다. 생각할수록 의미심장한 말이 아닐 수 없다.

문 대통령은 미국 시간으로 2017년 6월 28일에 미국을 국빈 방문하여 첫 방문지로, 버지니아 주 콴티코에 있는 국립해병대박물관에 있는 장진호기념전투비를 찾았다. 왜 하필 이곳을 제일 먼저 찾았을까?

장진호전투는 한국전쟁 당시인 1950년 11월 27일부터 12월 11일까지 2주간에 걸쳐 함경남도 개마고원 인근의 장진호에서 벌어진 전투다. 맥아더가 지휘하던 유엔군과 국군은 인천상륙작전에 성공한 후 9월 28일에 서울을 수복한다. 그 후 여세를 몰아 파죽지세로 북진을 계속하여 10월 19일에 평양을 점령한다. 이어서 1950년 11월 1일, 맥아더는 중공군의 개입 및 전력을 과소평가하고 북한-중국 국경선까지 밀어붙이기로 결정한다. 이 결정에 따라 동부전선을 책임지고 있던 미군 10군단장 알몬드 소장이 예하에 국군 1군단, 미군 7사단, (미)해병 1사단을 대동하고 11월 1일 북진을 시작하였다. 그러나 이때는 이미 중공군 제9병단이 미군 10군단 앞에 잠복하고 있었다. 그 사실을 전혀 몰랐던 (미)해병 1사단이 조선민주주의인민공화국의 임시 수도였던 강계를 공격했다가 장진호 주변에 매복하고 있었던 중공군에게 포위를 당해 전멸당할 위기에 빠진다. 당시 (미)해병 1사단은 1만 명의 병력으로 12만에 달하는 중공군에 맞서 치열한 전투를 벌이며 천신만고 끝에 포위망을 뚫고 탈출하는 데 성공한다. 이 전투로 (미)해병 1사단은 약 4천 명의 사상자를 냈으며, 당시 미국의 뉴스위크지는 이 전투를 가리켜 "진주만 피습 이후 미군 역사상 최악의 전투였다"고 혹평했다.

하지만 (미)해병 1사단이 2주간에 걸쳐 중공군의 남하를 저지하는 사이, 수많은 피난민, 유엔군, 미군이 함경도 홍남부두로 안전하게 이동하여 그 유명한 홍남철수작전이 가능하게 되었다. 홍남철수작전은 193척의 배에 군인 10만 명, 민간인 10만 명을 태우고 남쪽으로 내려온 작전이다. 문 대통령의 부모도 12월 22일에 홍남에서 미상륙선(LST)를 타고 월남했으며, 그로부터 2년 후 거제도에서 문 대통령이 태어난다. 문 대통령이 "피난민의 아들이 대한민국의 대통령이 되었다"는 말은 여기서 비롯된 말이다.

전쟁 통에 태어난 피난민의 아이가 대한민국의 대통령이 된 일은, 문 대통령 본인에게도 감회가 깊겠지만, 다른 한편으로 이 표현이야말로 대한민국의 70년 현대사를 응축해서 보여주는 말이 아닌가 싶다. 그렇지 않은가? 동족상잔이라는 전쟁의 참화 속에 완전히 만신창

이가 되었던 나라가 불과 반세기 만에 교역 규모 세계 11위권의 경제 대국이 되었으니 말이다. 기실 우리 민족 5천 년 역사에서 지난 30년 간처럼 잘 먹고 잘 입고 전쟁을 겪지 않고 산 때는 없었다.

그러나 세상사 모든 일에는 빛이 있으면 그림자도 있는 법이다. 지난 반세기 동안 압축 성장, 압축 민주화, 압축 정보화를 성취한 한국사회는 그 화려함만큼이나 심각한 부작용을 앓고 있다. 일례로, 인터넷을 검색하면 OECD 국가 기준으로 대한민국이 1위를 차지하고 있는 불명예 항목이 무려 50개에 달한다. 대표적인 것 몇 가지를 살펴보면, 자살률 1위, 산업재해사망률 1위, 심근경색사망률 1위, 교통사고사망률 1위, 노동시간 1위, 노인빈곤율 1위, 청소년행복지수 끝에서 1위, 어린이행복지수 끝에서 1위, 이혼증가율 1위, 독주소비량 1위 등이다.*

특히 자살률의 경우 13년째 압도적으로 1위를 차지하고 있는 바, 한국사회에서 발생하는 자살문제는 실상 따지고 보면 사회적 타살에 가깝다는 점에서 문제의 심각성이 남다르다 하겠다. 즉 자살하는 게 아니라 자살 당하는 사회 구조와 문화가 진짜 문제다.

2011년 2월 17일 자 「경향신문」에 실린 이대근의 칼럼 제목은 "우리는 조용히 죽어가고 있다"였다. 여기 칼럼 전문을 옮긴다.

---

* 　한국사회를 일컫는 별칭인 피로 사회, 트라우마 사회, 팔꿈치 사회, 벼랑끝 사회, 잉여 사회, 부동산계급 사회, 영어계급 사회, 오버 사회, 과로 사회 등의 표현이 현재 우리 사회의 실상을 잘 말해준다.

지난해 8월 1일 동작대교에서 19세 소녀가 투신했다. "고시원비도 밀리고 너무 힘들다"는 문자메시지를 남긴 뒤였다. 이혼한 부모와 헤어져 혼자 살던 소녀는 고교 졸업 후 식당일을 했다. 소녀가 투신한 지 한 달여 지난 9월 6일엔 여의도 공원에서 50대 남성이 나무에 목을 맸다. 그 자리엔 빈 소주병 하나, 그리고 유서 넉 장이 있었다. 한동안 날품을 팔지 못한 그는 유서에 자신이 죽으면 장애 아들이 정부 지원을 받을 수 있을 거라고 적었다. 그로부터 엿새째 되던 날 창원 마창대교에서 40대 남성이 난간을 붙잡고 버티던 11살짜리 아들을 떠밀었다. 곧 그도 뛰어내렸다. 아내를 위암으로 잃고, 대리운전으로 살아온 날의 끝이었다. 다시 한 달쯤 지난 10월 19일 전주의 한 주택에서 30대 주부와 두 아이가 살해됐다. 남편은 집 가까운 곳에서 목을 맨 채 발견되었다. 그는 2개월 전 실직했고 월세와 아이들의 학원비가 밀려 있었다.

해가 바뀌고 나흘째 되는 날 서울 하월곡동 지하방. 60대 부부가 기초생활 수급비 43만원으로 생활할 수 없다며 연탄을 피워 자살했다. 그로부터 아흐레 뒤 평택 주택가 차 안에서 30대 남성이 자살했다. 쌍용차 구조조정 때 희망퇴직했던 이다. 안산, 거제를 전전했지만 일거리를 찾지 못했고 아내는 떠났다. 그에겐 어린 두 아이가 남았다. 그리고 지난달 29일 안양의 한 월세방. 가스가 끊겼고 수건이 얼어붙어 있었다. 음식을 해 먹은 흔적은 없었다. 그곳에 젊은 여성의 주검이 있었다. "저 쌀이나 김치를 조금만 더 얻을 수 없을까요"라는 쪽지를 이웃집에 붙여놓은 지 며칠 지난 뒤의 일이다. 다시 열흘이 흘러 강릉의 한 원룸. 대학생이 번개탄을 피워놓고 죽었다. 방에는 즉석복권 여러 장과 학자금 대출 서류가 있었다.

이대근은 2010년 8월부터 2011년 2월까지의 죽음의 기록을 열거한 후 이것은 "사회의 청부살인"이라 명명했다. 이런 나라에 살면서 한국교회는 과연 무슨 기도를 하고 있는가?

얼마 전 우리 회사에 평소 가깝게 지내는 K 목사님이 다녀갔다. K 목사님은 한국 여성으로 오래전 독일에서 교육학 박사를 취득하고 그곳 중고등학교에서 교목 생활을 하며 주일에는 독일교회에서 설교 봉사를 한다. 그녀가 섬기는 교회에는 100% 독일인들이 출석한다. 그날 K 목사님이 내게 이런 말을 했다.

"제가 한국에 들려 한국교회에서 예배를 드릴 때마다 참 생소하게 느껴지는 모습이 있어요. 독일교회에서는 주일 예배 시간에 개인을 위한 기도를 결코 드리지 않아요. 독일 그리스도인들은 예배 시간에 오직 정부와 나라를 위한 기도만 해요. 왜냐하면 그들이 생각하기에, 나라가 바로 서고 정부가 제 역할을 수행하면 개개인의 삶에 필요한 모든 것을 국가가 책임질 것이라는 철학이 있기 때문이에요. 헌데 제가 한국을 방문하여 한국교회에서 예배를 드려보면, 한국 그리스도인들은 전부 자기 자신만을 위해서 기도하는 것 같아요. 참 불편한 풍경이에요."

뼈아프지만 사실이 아니던가? 한국교회는 세계에서 가장 기도를 많이 하는 교회다. 그런데 한국교회 신자들의 기도는 거의 다 자기를 위한 기도다. 즉 자기 자신, 자기 가족, 자기 직장, 자기 교회를 위한 기도가 주를 이룬다.

무슨 말인가? 앞서 말했듯이 현재 한국사회는 지난 반세기 동안 수단 방법을 가리지 않고 물질적 성장에만 몰두한 나머지 사회 곳곳이 썩고 부패했으며 그 틈 사이를 비집고 불의와 패악의 독버섯이 기승을 부리고 있다. 특히 소위 사회지도층이라 자처하는 사람들이 맺고 있는 악의 카르텔은 상상을 초월한다. 그 결과 극단적인 사회양극화가 벌어져 수많은 사람들이 생존의 벼랑 끝으로 내몰리고 있는 실정이다. 그런데 이런 불의한 세상에 존재하는 교회가 한국사회의 모순과 패악을 혁파하는 기도를 드리기는커녕, 오히려 정글 같은 세상에서 어떡하든 자기와 자기 가족만 살아남기 위한 일에 모든 기도의 에너지를 탕진하는 것이다. 그래서 한국교회 신자들의 기도는 지극히 이기적이고 탐욕스럽다. 그들의 기도에는 어떤 공적 책임감이나 올바른 역사의식을 찾아보기가 어렵다. 도리어 공동체는 어떻게 되든, 남은 어떻게 되든 말든, 나와 우리 가족만 기어이 잘 먹고 잘 살면 된다는 사탄적 심보가 가득하다. 그 못된 심보를 예수님의 이름으로 드리는 기도에 담아 표현하고 있으니 참으로 기가 찰 노릇이다. 실로, 한국교회의 대다수 기도 현장은 욕망의 용광로에 다름 아니다.

앞의 17장에서 언급한 것처럼 한 사회의 부패와 타락에는 반드시 그 배후에 정사와 권세라 불리는 악한 영적 세력이 존재한다. 따라서 한국사회의 모순과 불의는 현상적으로는 한국인들의 타락한 심성에서 비롯되었으며, 더 근원적으로는 한국인들을 집단적으로 사로잡아 악을 행하게 만드는 사탄의 역사라고 할 수 있다. 사탄은 한국인들의 마음을 집단적으로 미혹해, 그들로 하여금 온갖 나쁜 이데올로기의 노예가 되게 만들고, 물질을 숭상하고, 이웃을 착취하여 종처럼 부리려는 마음을 심어주고, 자신과 조금이라도 다른 사람들을 혐오하고 멸시하는 풍조를 조성한다.

이런 상황에서 하나님 나라의 대사로서 교회는 당연히 이 타락한 현실에 맞서, 이 땅에 예수님의 의와 평화와 사랑의 통치가 실현되도록 선포하며 기도해야 마땅하다. 한국교회는 한국사회를 위해 뜨겁게 기도하되, 한국사회에 하나님의 의와 진리와 평화가 임하도록, 그리고 이 일을 위해 정부가 제 역할을 수행하도록, 법과 공권력이 올바로 기능하도록, 경제구조가 공의로워지도록, 생명을 존중하고 인권을 증진하는 교육이 시행되도록 기도해야 한다. 그리고 이런 나라가 되면 그 혜택은 그리스도인들에게도 차별 없이 돌아오게 되어 있다. 이것이 성경이 가르치는 원리다.

> 그러므로 내가 첫째로 권하노니 모든 사람을 위하여 간구와 기도와 도고와 감사를 하되, 임금들과 높은 지위에 있는 모든 사람을 위하여 하라. 이는 우리가 모든 경건과 단정함으로 고요하고 평안한 생활을 하려 함이라. 이것이 우리 구주 하나님 앞에 선하고 받으실 만한 것이니. 딤전 2:1-3

그런데 한국교회 일반에서 이런 이야기를 하면 곧바로 소위 "빨갱이" 혹은 "종북좌파"로 낙인이 찍힌다. 악과 맞서 싸워 부패를 척결하고 가난한 사람들을 보호함으로써 사회적 사랑을 실천하자는 이야기가, 한국교회 안에서는 빨갱이의 주장으로 취급받는 것이다. 일례로, 내가 잘 아는 어느 중견 신학자는 서울에 있는 한 대형교회의 후임 담임목사로 내정되었다가, 사석에서 "세월호 참사 희생자들을 생각하면 마음이 너무 아파 밥이 잘 안 넘어간다"라는 말을 했다는 이유로 빨갱이로 몰려 담임목사 청빙이 무산된 일도 있다. 이 얼마나 어처구니없는 일인가? 상처받고 외롭고 아픈 사람들을 외면하는 교회가 어찌 참된 교회라 할 수 있는가? 이런 교회들은 예수님께 복을 구하기 이전에, 예수님이 이 땅에 계셨던 동안 가난한 사람, 아픈 사람, 버림받은 사람, 멸시당하는 사람, 억울한 사람, 심지어 죄인까지도 얼마나 사랑하셨는지, 그리고 지금도 사랑하고 계시는지를 먼저 배워야 할 것이다.

내가 오래전 읽었던 책 중에 『그리스도인 사회 개혁의 방관자인가?』라는 책이 있다. 이 책을 쓴 비샬 망갈와디는 인도의 가장 탁월한 기독 지성인이자(1992년 크리스천투데이 소개) 사회개혁운동가로서, 사탄적인 악습인 카스트제도가 판을 치는 인도에서 불가촉천민들의 인권향상을 위해 투쟁한 그리스도인이다. 아마 한국교회의 보편적 시선으로 보면 이 사람은 대표적인 빨갱이일 것이다. 그렇지만 비샬 망갈와디는 기도하는 사람이었다. 그의 책을 보면, 그가 인도의 시골길을 낡은 트럭을 운전하여 가는 중에 엔진이 고장 나서 길 중간에 차가 멈춰서는 일이 나온다. 그러자 그는 운전석에서 내려 본네트를 열고 엔진 위에 손을 얹고 예수 그리스도의 이름으로 기도한다. 그러면 엔진이 다시 살아나 그는 가던 길을 계속 간다. 아, 한국교회에도 이런 급진적 영성을 가진 그리스도인들이 많아진다면 얼마나 좋겠는가!

반면, 한국교회 안의 이른바 의식이 좀 있다고 하는 사람들에게서 손쉽게 찾아볼 수 있는 모습은, 기도의 가치와 능력을 폄하하는 것이다. 의식 있는 사람들 앞에서 기도 이야기를 하면 맹신자 내지 고루한 사람 취급받기 십상이다. 그들은 고작 기도 따위가 무슨 세상을 바꾸겠냐고 되묻는다. 그러면서 오직 행동만이 세상을 바꿀 수 있다고 말한다. (하지만 그들도 행동하지 않기는 매한가지다. 그들은 컴퓨터 앞에 앉아 열심히 손가락질로만 악과 싸우고, 가난한 자들을 위하며, 세상을 구원하는 자들이다.)

오래전 소련의 스탈린이 교회를 비웃으면서 이렇게 말했다고 한다. "교황에게 군대가 몇 사단이나 있느냐?" 그러나 스탈린이 잘 몰랐던 것이 있다. 다름 아닌, 예수님께는 지금 당장에라도 하나님께 간구하여 동원할 수 있는 "열두 영"도 더 되는 하늘 군대가 있었다는 사실 말이다. 여기서 "영"(레기온, *legion*)은 로마의 1개 군단을 뜻한다. 예수님 당시 로마 군단은 6천 명 내외로 편성되었다. 따라서 12개 군단에 해당하는 천사 부대의 규모는 대충 잡아도 72,000이 넘는 숫자다. 우리가 한국사회를 어지럽히는 악한 영의 세력들을 하나님께서 결박하도록 기도하기 시작할 때, 하나님께서는 당신의 막강한 군대를 보내셔서 한국사회를 어지럽히는 사탄의 세력을 일소하시고 우리사회를 새롭게 하실 것이다.

우리는 교회가 가공할 악에 맞서 한 국가 전체의 역사를 변혁시킨 가장 훌륭한 사례 하나를 독일 라이프치히에 위치한 성 니콜라이 교회에서 찾아볼 수 있다. 니콜라이 교회는 1980년대에 진행된 "월요 평화 통일 기도회"로 전 세계의 주목을 끌었던 교회다.

독일이 서독과 동독으로 갈라져 있던 시절, 니콜라이 교회는 동독 내에서 정치 문제를 놓고 자유롭게 토론할 수 있는 장소였다. 동독 사회주의 체제의 효용성을 놓고 갑론을박을 벌이던 사람들 중에는 급기야 교회 밖으로 뛰쳐나가 동독공산주의정권에 대한 불만을 노골적으로 표출하는 사람들이 생겨났고, 자유로운 종교활동을 보장한다고 선전하던 동독 정부도 거리 시위만큼은 묵과하지 않겠다고 하면서 분위기가 험악해졌다.

이때 통일을 향한 열의를 비폭력 평화 기도회로 나타내고자 한 사람들이 전면에 나서기 시작했다. 그들은 1982년 어느 월요일부터 매주 월요일 오후 5시만 되면 니콜라이 교회에 모여 기도하기 시작했다. 처음에는 소수의 사람만이 모였지만 시간이 흐를수록 참석자 수가 조금씩 늘어났다. 기도회에 참여한 사람들은 기도 제목을 적은 카드와 촛불을 예배당 입구에 모아놓았다. 월요일 오후 5시 기도회는 수년간 이어졌다. 처음에는 독일 통일이 주된 기도제목이었지만 점차 독일의 정치, 경제, 사회, 문화 전 분야에 걸쳐 하나님의 뜻이 이루어지길 간구하기 시작했다.

시간이 더 흘러 1989년 9월 4일에는 약 2천 명의 시민들이 기도회에 참석했다. 사람들이 너무 많이 모이다 보니 비좁은 예배당 안에다 수용할 수 없어 교회 안팎으로 시민들의 행렬이 가득했다. 그들의 손에는 평화와 비폭력의 상징인 촛불이 들려 있었기에, 교회 주변 기리는 촛불로 가득했다. 그날 시민들은 기도회가 끝났는데도 해산하지 않고 교회 앞 광장에서부터 행진을 시작했다. 이 날의 행진이 그 유명한 "평화 행진"의 시작이었다.

동독 정부는 강경대응에 나섰다. 하지만 매주 월요일마다 더 많은 사람이 기도회에 몰려들었다. 1989년 10월 9일에는 7만 명이 촛불 기도회와 평화 행진에 참여했다. 그다음 주에는 동독 전역에서 시위가 벌어졌고 심지어 군인과 경찰까지 가세했다. 그리고 한 달 뒤인 1989년 11월 9일, 마침내 분단의 상징인 베를린 장벽이 한순간에 무너졌다.

베를린 장벽이 무너진 날 라이프치히 거리에는 이렇게 적힌 현수막이 걸렸다.

"우리는 교회에 감사하노라."

라이프치히 교회의 사례는 교회가 깨어 기도할 때 하나님께서 인간 역사 한가운데서 사람들의 양심과 지각을 일깨우심으로 우주적 악의 세력을 어떻게 물리치시는지를 극명하게 보여주는 예다.

지금까지 서술한 바를 근거로, 나는 한국교회가 최소한 다음 세 가지 면에서 국가와 민족을 위해 깨어 기도해야 한다고 생각한다.

첫째로, 대한민국에 선한 정부가 계속해서 들어서도록 기도해야 한다. 곧 국민을 귀하게 여겨 국민의 인권과 복지를 국정의 최우선적 가치로 삼으며, 법과 원칙을 따라 행정을 집행하는 대통령과 정부가 들어서도록 기도하고 또 선거에서 그런 정치세력에게 표를 주어야 한다. 기독교인들 중에는 아직까지도 "정교분리"란 허명에 사로잡혀 교회가 정치에 대해 무관심한 것을 마치 신령한 신앙의 표본인 것처럼 생각하는 사람들이 있는데 이는 크게 잘못된 것이다. 본래 근대 미국이나 유럽 국가에서 정교분리 원칙을 헌법적 가치로 도입한 것은, 기원후 382년에 로마 제국에서 기독교가 국교로 공인된 이후 정치와 종교가 야합을 하여 온갖 사악한 일을 서슴지 않았던 것에 대한 통렬한 반성에서 비롯된 것이다. 그러나 우리나라의 경우 단 한 번도 기독교와 정치가 결합된 일이 없으므로, 즉 기독교가 우리 사회의 지배세력으로 군림한 일이 없으므로 서구의 특수한 역사적 배경에서 기인한 정교분리 원칙을 일방적으로 답습하는 것은 옳지 않다. 더군다나 지금까지 입으로는 정교분리를 열렬히 주창하는 사람들이 실제로는 뒤로 부패한 정치세력과 결탁하여 민주주의를 뒷걸음질하게 만들고, 악한 정치 세력이 기득권을 구가할 수 있는 종교적 세례를 주었다는 역사적 과오를 깨닫는다면, 정교분리 원칙이 우리사회에서 얼마나 허울 좋은 구실인지 대번에 알 수 있다. 물론 그렇다고 해서 기독교가 정치화되어야 한다는 말은 결코 아니다. 그러나 기독교 신앙의 전통 안에는 분명 예언자적 책무가 있다는 것과, 또한 앞서 서술한 것처럼 악한 영들이 정치의 배후에서 하나님의 통치를 거스르는 일을 광범위하게 수행하고 있다는 점을 고려할 때, 우리 기독교인들이 정치의 영역에서 하나님의 공의로운 통치가 실현되도록 노력해야 하는 것은 당연한 책무다.

둘째로, 특별히 이 땅의 젊은 세대를 위해 기도해야 한다. 외면적 풍요와 달리 지금 대한민국의 젊은이들의 삶의 질은 이만저만 고통스러운 것이 아니다. 소수의 금수저 출신을 제외하고는 다수의 젊은이들이 이른바 N포(= 자기계발, 취업, 결혼, 주택 마련, 출산, 인간관계 등 모든 것을 포기한) 세대라 하여 꿈과 희망을 상실한 채 살아가고 있다. 그들은 이런 자신들의 삶을 가리켜 "이생망"(이번 생에는 망했다)이라고 자조하며, 자신들에게 그런 환경을 안겨준 대한민국을 가리켜 "헬조선"
이라고 부르길 서슴지 않는다. 일례로, 대한민국의 20대 젊은이들 가
운데서만 수백만 명이 소위 "민달팽이족"이라 하여 약 1.5평 남짓한
고시원 규모의 방에서 쪽잠을 자며 하루하루를 버티고 있는 실정이
다. 그런데도 이들이 어렵게 일하여 낸 월세가 기성세대인 50-70대
부동산 다주택보유자들의 노후생활비로 흘러들어가는 왜곡된 사회
구조를 고려할 때, 우리 사회에 만연한 빈부 격차뿐 아니라 젊은 세대
의 현재와 미래를 위해 간절히 기도하지 않을 수 없다.

끝으로, 한반도를 둘러싼 군사적 대결구조가 종식되고 평화구조
가 정착될 수 있도록 기도해야 한다. 곧 같은 민족끼리 70년 가까이
서로 증오하고 상대를 제거하는 것을 지상목표로 삼았던 반성경적 세
계관의 노예가 되었던 것을 회개하고, 한반도에 평화의 꽃이 활짝 피
어 남북이 자유롭게 왕래하며 협력할뿐더러 궁극적으로 다시 하나로
연합하는 날이 올 수 있도록 기도해야 한다. 또한 북한에도 선한 정부
가 들어서서 북한 주민들의 인권과 복지가 크게 향상되며 그로 인해
종교의 자유가 실질적으로 보장됨으로써 교회가 재건될 수 있도록 기
도해야 한다.

나는 개인적으로 2013년에 각종 방언통변과 예언 및 환상을 통해
서 하나님의 성령께서 수십 번 반복해서 확증하신 대로, 장차 이 나라
의 젊은 세대들 가운데 남북의 화해와 연합을 위해 힘쓸 하나님의 귀
한 일꾼들이 등장할 것이라 믿는다. 이제라도 한국교회는 더 이상 특
정 이데올로기의 노예가 되어 교회가 남북 간 증오와 대결의 온상으

로 기능하는 것을 중단하고, 하나님의 화해의 대사로서 우리 민족이 다시 하나가 되어 하나님의 샬롬의 강이 백두에서 한라까지 넘실거리는 날이 속히 오도록 간절히 기도하는 동시에, 실제로 장차 그런 일에 헌신할 수 있는 인재들을 양성하기 위해 교회가 보유하고 있는 귀중한 자원들을 투자해야 한다고 생각한다.

전도와 선교를 위해 기도하기

오 주님, 제게 영혼들을 주옵소서.

그렇지 않으면 제 영혼을 취하옵소서.   조지 휘트필드

마태복음에 따르면 십자가에서 사망의 세력을 꺾고 승리하신 예수님께서 제자들에게 마지막으로 주신 명령은 전도와 선교에 관한 것이었다. 부활하신 예수님께서는 제자들을 갈릴리에서 다시 만난 후 "모든 족속을 제자로 삼아 성부와 성자와 성령의 이름으로 세례를 주라"고 분부하신다. 이른바 대위임령으로 불리는 마태복음 28:18-20의 말씀은 구약성경 역대하 36:23과 정확히 상응한다. 역대하 36:23은 바빌론 제국을 무너뜨리고 고대근동의 새로운 맹주로 등극한 페르시아의 키루스(고레스) 대왕이 기원전 586년에 바빌론에 포로로 잡혀왔던 유다 민족을 기원전 538년에 다시 예루살렘으로 돌려보내면서 내린 명령이다. 마태복음 28:18-20과 역대하 36:23을 비교해보자.

예수께서 나아와 말씀하여 이르시되 **"하늘과 땅의 모든 권세를 내게 주셨으니** 그러므로 너희는 가서 **모든 민족을 제자로 삼아** 아버지와 아들과 성령의 이름으로 세례를 베풀고 내가 너희에게 분부한 모든 것을 가르쳐 지키게 하라. 볼지어다! 내가 세상 끝날까지 **너희와 항상 함께 있으리라"** 하시니라.

마 28:18-20

바사 왕 고레스가 이같이 말하느니 "하늘의 신 여호와께서 **세상 만국을 내게 주셨고** 나에게 명령하여 '유다 예루살렘에 **성전을 건축하라'** 하셨나니 너희 중에 그의 백성된 자는 다 올라갈지어다. 너희 하나님 여호와께서 **함께 하시기를 원하노라"** 하였더라. 대하 36:23

이 두 말씀을 비교해보면 "복음을 전하여 제자를 삼는 것"과 "성전을 건축하는 것"이 같은 것임을 알 수 있다. 바꿔 말하면, 사람들로 하여금 예수님을 믿게 하여 세례를 주고 제자가 되게 하는 것은, 그들을 하나님의 성전으로 살아가게 하는 것이다. 따라서 예수님을 믿고 구원받는다는 것은, 예수를 믿어 이 땅에서 복 받고 죽은 다음에 저 우주 너머 미지의 세계에 있는 천당에 들어가는 것이 목적이 아니라, 오히려 이 땅에서 하나님의 성전으로 거룩하게 살아가는 것이다.

실제로 십자가에서 죽으시고 부활·승천하신 예수님께서는 성부 하나님으로부터 성령을 받아, 그 성령을 세상에 파송하셨으며, 예수님에 의해 보냄을 받은 성령께서는 신자들의 마음속에 내주하심으로써 그들로 하여금 하나님의 산 성전이 되게 하셨다.

"성전"의 가장 중요한 기능은 "제사"다. 그러므로 하나님의 산 성전인 신자들은 자신의 존재와 삶 전체를 하나님께 제사로 드려야 한다. 바울의 다음과 같은 말은 이 점을 잘 보여준다.

"그러므로 형제들아, 내가 하나님의 모든 자비하심으로 너희를 권하노니 너희 몸을 하나님이 기뻐하시는 거룩한 산 제물로 드리라. 이는 너희가 드릴 영적 예배니라"(롬 12:1).

그들은 가정, 직장, 교회, 공적생활 전체에 걸쳐 하나님의 성전으로서 거룩하게 살아가야 한다. 이것이 제자의 삶이다. 우리가 누군가에게 주 예수의 복음을 전하여 그를 그리스도인으로 만드는 것은 바로 이런 의미를 담고 있다.

우리가 더욱 많은 사람에게 주 예수의 복음을 전하여, 그들로 하여금 하나님의 성전으로 살아가도록 할 때, 그리고 그들이 삶 전체를 통해 하나님께 "산 제사"를 드릴수록, 이 땅에는 하나님의 의와 진리와 평강이 더욱 넘칠 것이다. 그것이 바로 하나님의 통치가 지상에서 실현되는 방식이다. 그리하여 종말에 온 우주 전체가 마침내 하나님의 성전으로 회복되는 것이 하나님의 궁극적 목표다.

그리스도인들은 바로 이 일을 위하여 부름 받았다. 따라서 우리는 한 명이라도 더 많은 사람에게 주 예수의 복음을 전하여 그들로 세례를 받게 하고 하나님의 법도와 계명을 준수하며 살아가도록, 즉 성전으로 살아가도록 해야 한다(참조. 딤후 4:2). 우리는 우리 자신이 그 일을 잘 감당할 수 있도록 기도해야 하며, 또한 이 일에 전적으로 헌신한 사람들을 위하여 항상 기도로 도와야 한다(엡 6:19).

여기서는 전도 및 선교와 관련하여 기도의 중요성을 보여주는 두 가지 실제 사례를 소개하려 한다.

● ○

내가 K 집사를 처음 만난 것은 2001년 8월 안양에 주둔한 1113 야전공병단 군목으로 부임하고 나서다. 부대 교회가 영외에 있었던 까닭에 동네 주민인 K 집사는 민간인 신분이었음에도 군인교회를 출석했다. 그녀는 처음 만났을 당시에는 그다지 열심히 교회를 나오는 신자는 아니었다. 겨우 주일 오전 예배만 출석하는, 그것도 일이 있을 때는 빼먹기 일쑤였다. 군인가족이었던 P 전도사님 이야기를 들어보니, K 집사는 동네에서 학생들 상대로 조그만 문방구점을 운영하고 있었다. 남편이 다니던 회사가 IMF 구제금융 사태 때 망해서 실직자가 된 까닭에 K 집사가 문구점을 운영해서 근근이 생계를 꾸려간다고 했다. 집은 동네 외진 곳의 조그마한 빌라 반지하에 세를 얻어 살고 있다 했다.

새로 목회지를 옮겼으니 교인들 얼굴도 익힐 겸 곧바로 대심방을 시작했다. 심방 순서를 따라 K 집사네 문구점에도 들렀다. K 집사와 이야기를 나눠보니, 그녀의 남편이 아주 기인이었다. K 집사의 남편은(당시는 그냥 D 선생이라고 불렀다) 한때 잘나가던 건설회사 영업팀의 핵심 인재였다. 혼자 영업을 뛰어서 천 명의 직원을 먹여 살렸다고 한다. 그런데 회사가 망했다. 그때 D 선생은 회사를 살려보겠다고 담보를 서는 바람에, 가진 것을 모두 날렸다고 한다. 그래서 안양에서 제일 후미진 곳에 반지하 셋방을 얻어 살게 된 것이다. 그런데 내가 놀란 것은 그게 아니라, D 선생의 종교심 때문이었다. D 선생은 인물이 출중하고 키가 훤칠한 사람이었다. 대학생 때인 1980년 서울의 봄 사태 때, 하도 덩치가 좋으니 운동권이 아닌데도 사람들이 앞에 서서 깃발을 들라고 하여 아무 생각 없이 시위 때 깃발을 들고 서 있다가 계엄군에 붙잡혀 삼청교육대에 끌려갔다고 한다.

대구 인근이 고향인 D 선생은 삼청교육대에서 부처님께 간절히 기도했다고 한다. "여기서 살아서만 나가게 해주시면 평생 부처님 은혜를 잊지 않겠습니다."

그런데 정말 삼청교육대에서 멀쩡히 살아 나왔다. 그날부터 D 선생은 지극정성으로 부처님을 모시기 시작했다. 일례로, 매일 새벽 4시면 어김없이 기상해서 깨끗이 목욕을 한 후 자세를 가다듬고 한 시간 동안 불경을 썼다. 그 생활을 하루도 거르지 않고 계속했단다. 얼마나 불심이 깊었던지 한때는 전국불교청년연합회 회장직까지 역임했단다. 조계종의 큰 어른이었던 성철 스님이 살아 계실 때는 성철 스님을 만나고자 스님이 머물고 있던 산꼭대기 암자까지 무려 3천배나 절을 올려가며 산을 오른 끝에 진짜로 성철 스님을 뵌 일도 있다 한다.

더 재밌는 것은 부처님을 깍듯이 모시고 사는 D 선생이 부인인 K 집사 보고는 제발 새벽기도회에 나가서 예수님께 복 좀 달라고 기도하라고 재촉한다는 것이다. 실제로 D 선생은 자신이 먼저 일어나 불경을 쓰다가도 새벽 5시가 가까워오면 부인을 깨워 교회 새벽기도회에 가라고 말한다는 것이다. 그러나 하루 종일 문구점에서 동네 초등학생들과 씨름하며 일하느라 지칠 대로 지친 K 집사 편에서는 새벽기도회를 다닌다는 것은 언감생심 꿈도 꿀 수 없는 일이었다.

이런 저간의 사정을 조곤조곤 이야기하던 K 집사는 대화 말미에 "그래도 남편이 예수 믿고 같이 교회 다니면 참 좋겠어요"라고 했다.

그래서 내가 이런 이야기를 해주었다.

"서울 중랑구에 가면 ○○○ 교회라고 있는데 거기 장로님 한 분이 옛날에 예수 믿기 전에 부인이 교회 다니는 것을 그렇게 싫어했대요. 그래서 부인을 엄청 핍박했답니다. 그런데 부인 집사님이 남편의 반대와 핍박에도 불구하고, 매일 새벽기도를 나가면서 꼭 잊지 않고 자기 남편 신발을 함께 챙겨서 교회에 왔답니다. 그리고 기도할 때면 남편 신발을 앞에 꺼내놓고 하는 말이 '하나님, 이 신발 주인이 하나님 만나러 와야 하는데, 신발 주인이 올 생각을 안 하니 제가 대신 신발이라도 갖고 왔습니다. 그러니 부디 이 신발 주인도 저랑 같이 교회 다니게 해주세요'라고 했답니다. 그런데 몇 년 후, 도저히 예수 안 믿을 것 같은 남편이 기적같이 교회를 나오기 시작하더니 나중에는 그 교회에서 가장 충성스런 장로가 됐답니다. 그러니 집사님도 내일부터 D 선생님 신발 챙겨서 새벽기도 다녀보세요."

솔직히 나는 그냥 작게라도 위로가 되라고, 지나가는 말로 별 생각 없이 내뱉은 말이었다. 그런데 그다음 날부터 진짜 K 집사가 새벽기도를 나오기 시작했다. 남편 신발 대신 주민등록증을 챙겨서 말이다. 그리고 기도할 때면 꼭 남편 주민등록증을 앞에 꺼내놓고 뭐라뭐라 중얼거렸다.

K 집사는 그렇게 열심히 새벽기도를 다녔다. 몸이 너무 피곤해서 도저히 못 일어날 것 같은 날은, 어김없이 불경을 쓰기 위해 미리 기상해 있던 D 선생이 아내를 깨워서 교회에 보내줬다. 아마 D 선생은 아내가 교회 가서 예수님께 열심히 복 달라고 기도한다고 생각했을 테지, 설마 자기 주민등록증 가져가서 예수 믿게 해달라고 기도할 줄은 꿈에도 몰랐을 것이다.

K 집사가 새벽기도를 나오는 것을 한동안 지켜보던 나는 안쓰럽고 애처로운 마음이 들었다. 그래서 어느 날 K 집사에게 D 선생을 한 번 만나게 해달라고 부탁했다. 그렇게 해서 우리 둘의 역사적인 만남이 이루어졌다. 나는 D 선생에게 제안을 했다. "만약 D 선생님이 새

벽마다 지극정성으로 예불을 드리고 불경을 필사하는 등 최선을 다해 모시는 부처님이 D 선생님네 가정 경제를 회복시켜주면 앞으로도 계속 부처님을 섬기고, 그게 아니라 내가 이야기하는 대로 해서 경제적인 복을 받으면 그땐 예수님 믿는 게 어떻겠냐"고 했다. D 선생은 가타부타 대답을 하는 대신 그냥 떨떠름한 미소를 띠며 웃기만 했다. 하지만 나는 아주 진지했다. 그래서 재차 제안을 했다. 어쨌거나 우리의 첫 만남은 그렇게 끝났다.

그런데 정말 내가 조언한 대로 해서 K 집사네의 가정 형편이 급격히 좋아지기 시작했다. 정확히 일 년 후에는 안양과 평촌에 있는 32평 아파트 세 채를 마련하는 데까지 이르렀다. 불과 일 년 전만 해도 조그만 빌라 반지하에 세를 살던 가정이 말이다.

그 무렵부터 약속대로 D 선생이 진짜 교회를 나오기 시작했다. 어느 날 저녁엔가는 사전에 아무런 예고도 없이 우리 집으로 찾아왔다. 그러더니 덜컥 내 손에 아파트 열쇠 하나를 넘겨주면서 "이건 목사님 겁니다. 목사님 덕분에 제가 부자가 되었습니다. 정말 고맙습니다" 하는 것이었다. 그래서 나도 진지한 표정으로 기꺼이 32평 아파트 열쇠를 받았다. 그리고 곧바로 다시 돌려주며 "이건 D 선생님네 애들 교육비로 쓰세요. 애들이 다 중고등학생이고 앞으로 대학에 가면 학비도 많이 들 텐데 아파트 하나쯤은 애들 교육비로 따로 떼놔도 괜찮지 않겠습니까? 대신 이건 제가 드리는 겁니다." 그 말이 끝나자마자 우리 둘은 서로 얼굴을 바라보며 기분 좋게 웃었다.

그 뒤 D 선생은 내게 세례를 받고 2년 후에는 교회 집사가 되었

다. 그는 부처님을 모시던 시절 보여줬던 특유의 성실함으로 이제는
예수님을 잘 섬기고 있다. 물론 중간에서 내가 작은 역할을 하긴 했지
만, 나는 D 집사님이 하나님 가족의 일원이 된 것은, 도저히 일어날
수도 없을 만큼 피곤하고 지친 몸을 억지로 이끌고 새벽기도회에 나
와 남편 주민등록증을 앞에 놓고 기도한 K 집사님의 간구를 하나님
께서 들으셨기 때문이라고 믿는다.

● ○

구약성경 에스더서에 보면 "부림절"의 기원이 소개되어 있다. 페
르시아 제국의 아하수에로(크세르크세스 1세, 기원전 486-465) 대왕 시
절 아말렉 족속 출신의 야심가 하만은 아하수에로에게 제국 내 유대
인을 모조리 죽여주면 그 대가로 은 일만 달란트를 바치겠다고 제안
한다. 하만은 유대인을 몰살시킨 후 그들의 재산을 빼앗아 그걸로 아
하수에로에게 바칠 궁리까지 다 마쳐놓은 상태였다. 그러나 유대인
모르드개의 용기와 에스더의 헌신 덕분에 유대인들은 멸절을 면하고
오히려 하만이 효수를 당한다. 이때부터 유대인들은 이날을 부림절로
지키며 민족적 위기 앞에서 자신들을 지켜주신 하나님의 섭리를 기념
하게 되었다.

그런데 지금부터 117년 전 한국에서도 자칫 이와 유사한 사태가
벌어질 뻔했었다.

1899년 서울시내에서 개통된 전차의 이권을 놓고 친미파와 친러

파가 서로 갈등을 일으켰다. 친러파인 이근택, 이용익, 김영준 등 보수파는 친미 개화파를 제거하기 위해 1900년 말 "기독교인 말살 음모"를 꾸몄다. 이들은 황실의 재정을 관장하던 자들로서, 친미 정동파 독립협회의 비판에 반감을 가지고 있었고, 미국회사의 서울 시내 전차 운영에도 반대했다. 마침 1900년 중국에서 반외세, 반기독교 성격의 의화단사건이 일어나고, 국내에서도 반외국인 감정이 고조되자, 친러파 인사들은 9월에 발생한 서울 시내 전차 반대 폭동을 배후에서 지원하기에 이른다. 하지만 미국 공사 알렌을 위시하여 다른 외국 공사들의 협력과 노력으로 전차 운행이 정상화되자, 고종 황제의 칙령을 날조하여 음력 10월 10일(양력 12월 1일)부로 선교사들과 기독교인들을 모두 죽이라는 통문을 지방관청에 하달했다.

1900년 9월 14일 미국 공사 알렌은 대한제국 외부(外府)에 조회하여, 믿을 만한 미국 선교사(사무엘 마펫=마포삼열)의 보고에 의하면 의주 등 북방 지역에서 추수를 마치는 대로 기독교인들을 축출하려 모의중이라는 설이 있으므로 이를 예방해줄 것을 요청했다. 당시 마포삼열 선교사가 알렌에게 보낸 보고서는 다음과 같다.

1. 운산광산에 이웃하고 있는 구성 천마면 집강(동학 조직에서 각 고을마다 설치한 접의 수령인 접주로, 집강소에서 일을 처리) 등이 기독교인 2명을 심하게 구타한 뒤 추수를 기다려 외국 선교사와 본토 교민을 모두 살해하거나 축출한다고 하였다.

1. 의주, 구성, 용천 등지에서는 10월에 보부상과 동학교도들이 일어나 외국

인과 기독교도들을 모두 도륙한다는 말이 떠돌고 있다.

1. 동학은 북변에서 더욱 강하게 성장하고 있으며 기독교인들의 재산을 탈취하고, 기독교인들처럼 함께 모여 동학 교리를 열심히 공부하고 있다.

1. 청국 변계의 의화단원들이 천주교도와 신교도를 잡아오는 한인들에게 지급한다며 상금 15량(10원)을 걸고 있다.

1. 의주는 매우 안정되어 있으나 지방관이 기독교인들을 억압할 뿐 아니라, 교인을 보호하라는 외부 대신의 훈령을 준수하지 않고 있다.

1. 많은 상민들이 소요를 두려워하여 의주를 떠났다.

1. 용천에서는 '비도'들이 교회당을 파괴하였으며 10명의 교인들을 잡아다 심히 매질하고 지방관에게 송천하여 기독교인들을 모조리 죽일 수 없겠는지를 질문하였으며 그곳 지방관은 그것이 불가능하다고 대답했다.*

이 사태를 주도했던 친러 보수파 김영준은 서자 출신으로 성격이 음험하고 일자무식에 애꾸였으나 고종의 총애로 경무사(경찰청장)까지 된 인물이다. 하지만 양반가에서 서자 출신이라 혼사를 꺼리자, 그는 마침 중국 남감리회 여학교에서 의대 교육을 받은 후 1897년에 내한하여 전도사 신분으로 배화학당에서 교편을 잡고 있던 유영지에게 접근했다. 하지만 선교사로 굳건히 헌신한 유영지는 그를 거부했다. 이에 앙심을 품은 김영준은 친러 보수파 이용익과 짜고서 1900년

* "미국 공사가 평북 지역 동학교인들로부터 미국인 선교사와 교인들의 보호 요청", 『구한 외교문서』(구한국외교문서), 제2권, 미안 2209호, 광무4년9월14일

12월 1일을 기해 모든 기독교인을 몰살할 음모를 세우고 고종 황제의 칙령을 위조하여 지방관청에 밀지를 하달한 것이다.

한편, 평양에서 열린 1900년 미국 북장로회 연례회의를 마친 언더우드 선교사는 부인과 아들 홀리, 화이팅 의사, 체이스 양, 눌스 양과 함께 2개월 일정으로 황해도 순회 전도에 나섰다. 언더우드는 1900년 11월 19일 해주에 도착하자마자 은율읍교회 영수 홍성서가 몰래 보낸 전갈을 통해, 서울에서 황해도 각 현에 보낸 "기독교인 살해 칙령"을 받았다. 그 안에는 다음 달 1일을 기해 모든 유학도들은 가까운 서원에 모여서 서양인과 예수교인들 전부를 죽이고 교회와 학교와 병원을 불태우라는 내용이 담겨 있었다. 화들짝 놀란 언더우드는 이 소식을 서울의 알렌 공사에게 전달해줄 방법을 강구했다. 그러나 직접 공사관으로 전보를 보내면 의심을 살 것이므로, 언더우드는 에비슨 의사에게 전보를 보내기로 했다. 그리고 혹시나 친러파 관리가 전보 내용을 중간에서 볼 수도 있으므로 영어 대신 라틴어로 전보문을 급히 썼다. 당시 언더우드가 쓴 전보문의 내용은 다음과 같았다.

Omnibus praefecturis mandatum secreto mittus est In mensis decima Idibus omnes Christianes occident

모든 현감에게 보낸 비밀 지령, 10월 10일 모든 기독교도를 죽여라.

에비슨은 라틴어 전보문을 영어로 번역하여 서둘러 알렌 공사에게 알렸다. 알렌은 처음에는 믿지 않았으나 태도를 바꿔 즉각 외부(外府)에 알린 다음 고종을 알현하고 음모 사실을 보고했다. 대한제국 정부는 강화도와 평안도에 있는 다른 선교사들도 동일한 칙령 소식을 교인들로부터 전해들었음을 확인했다. 이에 고종은 즉시 살해 칙령은 조작된 것이며, 기독교인을 보호하라는 새로운 칙령을 내렸다. 이로써 기독교인 살해 음모는 사전에 무산되었다. 그리고 보름 후에 김영준은 이 일과 더불어, 인천 월미도 매각 사건과 외국 공관 협박 사건에 연루된 것이 발각되어 1901년 처형되었다. 그래서 교회사학자 김승태 교수는 이를 가리켜 "한국의 부림절 사건"이라 불렀다.

그런데 여기서 한 가지 결코 빼놓을 수 없는 일이 있다. 바로 선교사들을 위한 중보기도의 힘이다. 기실, 1900년 11월은 미국 북장로회가 정한 한국 선교를 위한 달이었다. 미국 북장로회에서는 11월 한 달 동안 한국에 있는 선교사들을 위해 매일 한 명씩 중보기도를 드리도록 정했다. 당시 북장로회 해외 선교회가 발행한 선교사 기도 달력에 따르면, 11월 1일 언더우드 부부, 2일 기퍼드 부부, 3일 무어 부부, 4일 밀러 부부, 5일 빈턴 의사 부부, 6일 에비슨 의사 부부 등의 순서로 30일 동안 매일 이들을 위해 기도했다. 이렇듯 1900년 11월을 기해 미국 북장로회 전체가 한국선교회를 위해 기도하는 동안, 조작된 칙령이 발각되었고, 이로써 한반도에서 기독교인의 씨를 말리려던 대규모 학살 음모가 사전에 예방되었던 것이다.*

우리가 선교사들을 위해 하나님께 드리는 기도가 얼마나 소중한지를 잘 알 수 있는 대목이다. 복음의 최일선에서 하나님 나라의 성전

을 세우기 위해 최선을 다하고 있는 선교사들에게 후방 교회와 신자
들의 중보기도는 가장 든든하고 확실한 영적 증원군 겸 보급물자가
아닐 수 없다.

---

* 이 사건과 관련한 자세한 내용은 옥성득, 『다시 쓰는 초대 한국교회사』(새물결플러스),
297-310을 읽어보라.

20

당신의 기도응답의
통로가 되어 행복합니다

네 기도와 구제가 하나님 앞에 상달되어 기억하신 바가 되었으니

행 10:4

2016년 9월 8일 밤, 미국 캘리포니아 UCLA 대학에서 한국학 석좌교수로 있는 옥성득 교수님으로부터 연락이 왔다. "마포삼열 자료집"을 내고 싶은데 도와달라는 것이었다. 그냥 손해 좀 보더라도 책을 내줄 수 있겠느냐는 부탁이라는 것을 직감적으로 알 수 있었다.

마포삼열 선교사는 가히 한국교회 선교의 태두라 할 만한 인물이다. 마포삼열박사전기위원회가 1978년에 펴낸 그의 전기에는 이렇게 적혀 있다.

"평양을 중심으로 하여 3백 리 주위에 신자 한 사람도 없던 곳에서 1천여 교회와 10만여 교인을 얻었고, 3백여 소학교와 숭덕, 숭실, 숭의 등 많은 기독교 학교를 세웠다. 그리고 교역자를 위한 신학교를 창설하여 23년간 교장으로 봉사하면서 고 길선주, 한석진, 김익두, 함태영, 김선두, 남궁혁, 주기철, 채필근 등 8백여 명의 목사를 배출했고, 한국교회를 자립하게 한 전국 독노회 초대회장이었으며, 1919년(기미년)에는 총회장으로 수고하기도 했다."

그리하여 클라크 목사는 마포삼열을 가리켜 "한국교회를 낳은 아버지" 역할을 했다고 평가했다.

마포삼열 자료집은 그가 1890년에 내한하여 1938년까지 한국에 있으면서 쓴 모든 편지, 회의록, 보고서 등을 총망라한 것으로, 평균 800페이지 분량의 책 10권 정도를 예상해야 하는 방대한 작업이다. 마포삼열 선교사가 남긴 자료들은, 마포삼열 선교사의 아들인 마삼락 교수(새뮤얼 휴 마페트, 장신대학원장 역임, 후일 미국 프린스턴 신학교에서 역사신학 가르침)의 부인인 마애린 여사가 1981년 한국을 떠나 미국에 정착하면서 한국에서 가지고 온 짐들을 정리하다가 발견한 것이다. 그녀는 이 자료를 만나고서 마치 "보물을 발견한 것 같았다"고 술회했다. 그녀는 곧바로 컴퓨터를 구입하여 배우기 시작했고, 프린스턴 신학교의 스피어 도서관에 날마다 출근하면서 마이크로필름판독기로 시아버지와 그의 동료들이 50년간에 걸쳐 남긴 자료들을 판독하면서 일일이 타이핑하기 시작했다. 그녀는 60대에 이 작업을 시작하여 무려 20년간의 타이핑 작업 끝에 모두 마칠 수 있었다. 하지만 그녀가 타이핑한 마포삼열의 자료들은 수익성이 없다는 이유로 한국의 출판사들로부터 외면을 받아 몇 년째 방치된 상태였다. 그 일이 기어코 나한테까지 온 것이었다.

내가 대표로 있는 새물결플러스는 평소에도 늘 재정이 간당간당하다. 한국 개신교 출판 시장 안에서 고작 3% 내외의 독자층을 갖고 있는 것으로 추정되는 신학서적을 전문으로 내기 때문이다. 더욱이 목회자 및 평신도들의 소양을 높이기 위해 양질의 강좌를 개설하는 새물결아카데미를 운영하면서 거기에도 적지 않은 돈을 쏟아붓고 있는 실정이다. 이런 상황에서 뻔히 적자가 예상되는, 그것도 한두 권이 아니라 열 권 가까운 방대한 규모의 책을 내달라는 것은 수용하기 어려운 제안임이 분명하다.

나는 옥 교수의 제안을 받아들고 2016년 9월 8일 밤을 거의 뜬눈으로 지새웠다. 이성적으로 생각하면 절대로 맡아서는 안 될 프로젝트였다. 하지만 이상하리만큼 내 마음에는 계속 "마애린 여사가 무려 20년에 걸쳐 시아버지가 남긴 자료들을 타이핑하면서 과연 무슨 기

도를 드렸을까?"라는 생각이 떠나질 않았다. 아무리 생각해봐도, 마애
린 여사가 그 기간 동안 딱 한 가지만 기도했을 것 같았다.

"하나님 아버지, 한국교회 선교 초기의 모습을 생생히 엿볼 수 있
는 이 귀한 자료들이 꼭 책으로 발간되도록 해주십시오."

나는 마애린 여사의 기도소리가 귓전에 들리는 듯했다. 그래서 벌
써 80대 중반에 접어든 그녀가 세상을 떠나기 전 어떡하든지 그녀의
기도가 응답되었다는 것을 보여주고 싶었다. 그렇게 해서 마침내 마
포삼열 자료집이 세상에 나오게 되었다.

우리 회사는 2016년 11월부터 2017년 8월까지 박사급 편집자 2
명과 디자이너 한 명을 전담시켜 마포삼열 자료집 1-4권을 만들었다.
그리고 마침내 4권까지 나온 뒤 나는 미국에 있는 마애린 여사에게
다음과 같은 이메일을 보냈다.

친애하는 마애린 여사님께

안녕하신지요.

저는 한국의 새물결플러스 출판사 대표 김요한 목사입니다.

이번에 출간된 마포삼열 자료집 1-4권을 출판한 발행인입니다.

먼저 편지로나마 인사를 드리게 되어 영광입니다

또한 여사님이 건네 주신 소중한 자료를 바탕으로 매우 값진 책을 출판하게

되어 기쁘기 그지없습니다.

사실 처음 옥성득 교수로부터 마포삼열 자료집 출판을 부탁받았을 때 적이

망설였습니다. 왜냐하면 이런 종류의 책은 한국 개신교에서 인기가 별로 없

기 때문입니다. 실로 방대한 자료집을 출판하려면 적잖은 돈이 들어가는 데 반해 판매를 기대하기가 난망하여 출판사로서는 많은 적자가 예상되는 일이므로 주저하는 것은 어찌 보면 당연한 일입니다.

그런데 그런 와중에 제가 마포삼열 목사님의 자료집을 출판해야겠다는 마음을 굳히게 된 것은 순전히 여사님의 헌신과 수고 때문이었습니다.

마포삼열 목사님이 남긴 편지와 메모, 회의록, 보고서, 신문 기사 등을, 여사님께서 60세가 넘은 나이에 마이크로필름을 판독해가며 근 20년에 걸쳐 손수 타이핑했다는 말을 전해 들었을 때, 누군가 그 정성과 수고에 화답해야겠다는 마음이 들었습니다. 또한 여사님이 20년 동안 깨알 같은 글자를 판독하면서 타이핑 하는 기간 동안 하나님 아버지께 기도했을 많은 내용들, 곧 그 귀한 자료들이 출판의 형태로 세상의 빛을 보게 해달라고 기도했을 것이 분명하다고 생각하고 부족하지만 제가 어떻게든 그 기도 응답의 도구로 쓰임 받으면 좋겠다는 생각을 했습니다.

다행히 옥성득, 김선욱 두 분 교수님의 배려와 협조 속에, 그리고 저희 출판사 편집자 및 디자이너들의 수고 속에 멋진 책이 출판되었고 그 책이 순차적으로 여사님께 전달되었다는 소식을 들을 수 있어 기쁘기 짝이 없습니다.

마포삼열 목사님이 남긴 주옥같은 편지와 보고서, 회의록을 일일이 읽는 내내 제 마음에 큰 울림이 있었습니다.

초기 한국교회 선교사들이 한국 땅을 처음 방문하고서 받은 느낌은 한결같이 "한국인들이 더럽고 게으르고 거짓말을 잘한다"는 것이었습니다. 또한 평안도와 함경도의 추운 날씨에 적응을 못해 쩔쩔매는 모습이 애처롭기까지 했습니다. 그러나 그들은 곧바로 "그런데 이상하리만큼 한국인들이 너무나 사랑스럽다"고 고백했습니다. 그런 마음이 있었기에 초기 선교사들이 이 땅을 위해서 눈물 어린 헌신을 할 수 있었고 개중에는 생명을 내놓은 사람도 있었다고 생각합니다.

특별히 마포삼열 목사님 본인과 그 가족들이 한국 민족과 한국교회를 위해 바친 헌신은 참으로 귀감이 되는 일입니다. 한국 민족의 복음화와 삶의 질의 향상을 위해 하루도 쉬지 않고 수고한 마포삼열 목사님과 그 가족들의 노고에 다시 한번 깊이 감사를 드리는 바입니다. 그런 눈물 어린 수고가 있었기에 당시는 말할 것도 없거니와 훗날 한국교회가 놀라운 부흥과 성장을 경험할 수 있었습니다.

필경 이번에 나온 마포삼열 자료집은 이 책을 읽는 독자들의 심금을 울릴 것입니다. 그리고 초기 한국교회사를 연구하거나 공부하는 사람들에게 더할 나위 없이 좋은 자료가 될 것입니다. 이런 귀중한 자료들을 기록하신 마포삼열 목사님과, 그리고 오랜 시간 동안 시아버님의 편지들을 타이핑해서 전달해주신 마애린 여사님께 깊은 감사를 드립니다. 두 분께 천국에서의 상이 클 줄로 믿습니다.

여사님의 건강이 많이 안 좋다는 말씀을 전해 들었습니다.

부디 강건하시고 위로와 소망의 주님께서 늘 함께하시길 손 모아 기도드립니다.

2017. 8. 18. 서울에서 김요한 목사 드림

Rev. John Kim

Holy Wave Plus

Aug.18, 2017

Dear Mrs. Eileen F. Moffett

I am John Kim, chairman of Holy Wave Plus in Korea, the publisher of Sources of Samuel Austin Moffett, 4 vols. It is an honor to send my greeting to you in writing. I am also very pleased to have the valuable resources published based on the data you have prepared. When prof. Sung-Deuk Oak asked me to publish the series, I was rather reluctant since that kind of books is not popular in the Korean Protestant circles. Perhaps my reaction is justified by the fact that it is a great financial risk for a publisher to produce the series as the prospect of its sales is grim while the publishing cost is considerable.

However, it was your commitment and endeavor that changed my heart to publish them. When I heard that you deciphered the microfilms and transcribed Rev. Moffett's letters, notes, reports and articles for over twenty years, I felt I had to respond to such commitment. Believing that you must have prayed on numerous occasions for the precious resources to see the light in published forms as you deciphered them, I thought that it would be wonderful if I could be an answer to the prayers.

Gratefully, they have been published in gorgeous format and style in thoughtful cooperation with prof. Oak and prof. Seon-Wook Kim and under the labor of our editors and designers. It was pleasing to hear that the books arrived in your hands as they were published.

As I was reading through the gems, I was greatly moved. When the first missionaries set their feet on Korea, their first impression was always that "Koreans are dirty, lazy and good at lying." Besides, I felt sorry for them as it must have been very challenging to accommodate themselves to the freezing weather of Pyeongan and Hamkyung provinces. Yet they soon confessed that "Koreans are strangely very dear." I think this is why they could shed their tears and risk their lives for this land.

What Rev. Moffett and his family have done for the Koreans and the Korean Church is truly exemplary. Once again I would like to express my deep gratitude for their persistent endeavor for the evangelization of Koreans and for the improvement of the quality of life in Korea. Thanks to them, the Korean Church has later, as well as then, experienced great revival and growth.

I am certain that Sources of Samuel Austin Moffett will touch the hearts of those who read it, and it will become a great resource for those researching the history of early Korean Church. We are really grateful to Rev. Moffett for recording such valuable sources and to you, Mrs. Eileen F. Moffett, for transcribing the letters of your father in law for a long period. I believe your rewards are great in heaven.

I have heard that you are not well. I pray that you would stay strong

and that the Lord of comfort and hope would always be with you.

Yours sincerely,

Rev. John Kim

Seoul

비록 회사를 경영하는 입장에서는 이 프로젝트로 인해 다소간 적자를 본 것이 사실이지만, 그러나 내가 처음부터 이 프로젝트를 떠안기로 한 것은 돈을 벌고자 함이 아니라 한 사람의 신실한 그리스도인이 오랜 세월 동안 드린 기도가 응답되는 데 있어 소박한 통로가 되고자 함이었으니 그것으로 충분히 감사하고 만족한다.

한국교회 일반에서 접하는 기도응답에 대한 간증이란 것이 항상 내가 무엇이 필요할 때, 내가 무언가가 급할 때, 내가 아쉬울 때, 하나님이 다른 사람을 통해서 그 필요들을 기적같이 채워주셨다는 것일 뿐, 다른 사람의 필요에 내가 쓰임 받았다는 간증은 좀처럼 찾아보기가 어렵다. 이런 현실에서 우리의 작은 헌신이 태평양 너머에 있는 노(老) 그리스도인이 오랫동안 드린 기도에 대한 응답의 도구가 되었으니 이만한 상급도 없다 생각한다. 다행히 (옥성득 교수의 전언에 의하면) 마애린 여사가 마포삼열 자료집을 받아보고서 "어린애같이 좋아했다" 하니 나 또한 기쁘기 그지없다. 이제 80대 후반인 그리스도인 여성이 기쁨에 겨워 소녀 같이 웃는 모습, 세상에 그보다 더 값진 선물이 어디 있겠는가!

마포삼열 자료집은 총 8권 정도로 출판될 예정이다. 현재 4권까지 나왔으며, 5-8권은 추후 재정상태를 봐가면서 순차적으로 출판할 계획을 갖고 있다. 솔직히 마포삼열 자료집을 3권까지 내고서는 개인적으로 잠시 슬럼프에 빠진 적이 있었다. 출판계가 너무 어려운 데다 큰 적자가 발생하는 이 프로젝트를 계속 진행할 자신이 없었기 때문이다. 슬럼프가 찾아온 때가 7월 중순이었다. 당시 3권까지 출판하고 4권의 마지막 교정작업이 한창 진행중일 때였다. 내심 4권까지만 작업하고 이 일에서 손을 떼자는 마음이 강했다.

2017년 7월 21일 금요일이었다. 치과의사인 이철규 원장님으로부터 카톡 메시지가 왔다. 이철규 원장님은 한 달 전 우리 출판사에서 신앙과 일터에서의 삶 사이의 조화와 균형을 다룬 책『오늘을 그날처럼』을 출판했었다. 그날 어느 권사님 한 분이 병원에 진료 차 방문했다가 대기실에 앉아 있는 동안 책을 훑어본 모양이었다. 아마 권사님이 무슨 감동을 받으셨는지, 원장님께 새물결아카데미에 후원금을 조금 보내고 싶다고 이야기를 하셨다며, 나한테 계좌번호를 알려달라는 메시지였다.

그래서 내가 후원금 대신에 매달 5만원씩 내면 책을 보내드리는 정기 독자 제도에 참여하시면 어떻겠냐고 다시 여쭤봐달라고 메시지를 드렸다. 내 생각에는 아마 그 권사님이 잘해야 50만원 정도 후원금을 보내실 것 같은데 생면부지인 분에게 그냥 공짜로 받느니 책을 보내드리면 마음이 더 편할 것 같아서였다. 그런데 돌아온 대답은 "돈이 너무 적어서 책은 필요 없고 그냥 보내겠다"는 것이었다. 하여 혼자 속으로 50만원도 안 되려나 보다 했다.

돈을 보냈다는 메시지가 왔지만 얼마나 될까 싶어 고맙다는 문자만 보내고는 통장 확인도 안 해봤다.

이틀 후 월요일에 출근해보니 총무부 직원들이 난감한 표정을 짓고 있었다. 자초지종을 들어보니 지난 금요일에 당최 누군지 모르는 사람에게서 1,000만원이 아카데미 통장으로 입금되었는데 아무리 생각해도 잘못 들어온 돈 같아서 이걸 어떻게 처리해야 하는가 고민하고 있다는 것이었다. 그래서 내가 자초지종을 설명해주고 안심을 시켰다.

솔직히 나는 잘 모르겠다. 하나님께서 왜 하필 그 시점에 전혀 알지도 못하는 분에게서 그런 후원을 받게 하셨는지 말이다. 다만 얼추 계산해보니 그 돈이면 마포삼열 자료집 제작비 손해 본 것을 상당 부분 메꿀 수 있을 것 같았다.

어쩌면 꼭 마포삼열 프로젝트가 아니어도, 한국교회를 위해서 나름 좋은 신학서적을 공급하고 아카데미 사역을 통해 건전한 기독교적 지성을 보급하는 일을 하면서 늘 돈 문제로 애로를 겪는 우리를 보시고 불쌍히 여기셔서 슬쩍 챙겨주셨는지도 모른다.

분명한 것은 하나님 나라 생태계 안에서 우리 모두는 물질의 정거장이 되어야지, 종점이 되려 해서는 안 된다는 것이다. 내가 이역만리 떨어진, 피부색도 다르고 언어도 다른 한 그리스도인 할머니의 필요를 채우기 위해 동분서주 하고 있는 동안, 하나님께서는 이 땅에서 내가 전혀 알지 못했던 어느 할머니 권사님의 사랑의 손길을 통해 우리의 필요를 채우셨다. 이처럼 하나님 나라에서는 모든 물질은 그분의 뜻에 따라 돌고 돌게 되어 있다.

21

기도응답을 방해하는 여우들

분을 내어도 죄를 짓지 말며 해가 지도록 분을 품지 말고 마귀에게 틈을 주지 말라. _엡 4:26-27_

파리는 나의 철천지원수다. 내가 독서의 감동에 파묻혀 있을 때 파리들은 책장 위로 몰려 들어서는 아래위로 행진을 하며 더럽힌다. 마귀도 마찬가지다. 우리 마음이 가장 순결할 때 곁으로 다가와 우리의 마음을 더럽힌다. _마르틴 루터_

세계 축구 경기 역사상 한 경기에서 가장 많은 골을 넣은 사람이 누군지 아는가? 당신이 아는 모든 위대한 축구선수들의 이름을 떠올려 보라. 과연 누굴까? 답은 이단사교 집단인 JMS 총재를 역임한 정명석 씨다. 언젠가 그가 자신의 추종자들과 축구를 하는 동영상을 본 적이 있다. 그날, 그는 한 경기에서 무려 900골 이상을 넣었다. 비결은 간단하다. 그가 공을 몰고 가면 수비수들이 알아서 추풍낙엽처럼 쓰러지는 것이었다. 심지어 골키퍼도 미리 알아서 쓰러져주니, 골 넣는 게 그야말로 식은 죽 먹기보다 더 쉬웠던 것이다.

마찬가지로, 우리가 기도하기만 하면 기도응답을 가로막는 모든 방해물이 제 스스로 알아서 사라지거나 쓰러져준다면 얼마나 좋겠는가! 하지만 그런 일은 결코 일어나지 않는다. 오히려 우리가 기도에 매진할수록 사탄의 방해는 더욱 집요하고 악랄하며 교묘하다. 곧 우리가 기도의 공을 몰고 앞으로 전진하려고 하면 여기저기서 숨어 있던 강력한 수비수들이 나타나 막강한 체력을 앞세워 몸싸움을 걸어오거나 위험천만한 태클을 건다.

아니, 기도를 방해하는 것들을 고작 축구경기에 비견한다면 그건 매우 점잖고 얌전한 표현이다. 기도의 세계는 온 우주에서 가장 살벌하고 치열한 전쟁터다. 우리가 기도로 완전군장을 하고 앞으로 전진하려 하면 사방에서 총탄이 빗발치듯 날아오며, 앞에는 지뢰가 지천으로 널려 있다. 과연 이런 상황에서 목숨을 안전하게 부지할뿐더러, 기도의 임무를 완수할 수 있을까?

지뢰란 단어를 들으니 문득 오래전 일화 한 토막이 생각난다.

2000년 11월 중순이었다. 당시 나는 육군 제1군단 천하제일교회의 초빙을 받아 4일간 부흥회를 인도했다. 부흥회 기간 동안 어찌나 성령이 강력하게 부어지는지 군단 군종참모셨던 신용백 목사님은 연신 싱글벙글하셨다. 한편, 그때가 김대중 정부에서 개성공단을 조성하기 위해 문산-개성 간 도로를 착공하던 때였다. 이 때문에 1군단 공병여단이 도로가 지나가는 자리에 매설된 지뢰를 제거하는 임무를 수행하고 있었다. 당시 1군단장은 J 장군이었는데 그저 주일에만 교회를 다니는 정도의 신앙을 가진 분이었다. 그런데 마침 군단교회에서 부흥회를 해서 그랬는지, 어쨌거나 J 장군이 새벽기도회를 다 나왔다. 하루는 (전날 회식에도 불구하고) 새벽기도를 나온 J 장군 마음에 불현듯 지뢰제거 작업을 위해 도로공사 현장에 나가 있는 병사들한테 가봐야겠다는 마음이 들었다. 그래서 예정에도 없이 군단장이 꼭두새벽에 지뢰 개척 작업 현장을 찾았다. 전방의 11월은 을씨년스럽다. 새벽 공기는 더욱 차갑다. 군단장이 현장에 도착해보니 간부는 보이지 않고 병사들 몇몇이 검불과 나뭇가지를 모아놓고 불을 지피며 몸을 녹이고 있었다. 그것을 보고 J 장군이 병사들을 불러 다른 곳으로 데리고 갔다. 군단장과 병사들이 한 70미터쯤 걸어갔을까? 갑자기 뒤에서 커다란 폭발음이 귀청을 때렸다 뒤를 돌아보니, 아뿔싸 방금 전까지 병사들이 몸을 녹인다고 검불을 모아 불을 지피던 바로 그곳에서 땅 밑에 숨겨져 있던 대전차지뢰가 열기를 이기지 못하고 폭발한 것이었다. 참으로 아슬아슬했다. 만일 J 장군이 현장에 나타나 병사들을 이동시키지 않았다면 무슨 대참사가 일어났을지 모를 일이었다. 더 나아가 만일 J 장군이 그날 새벽기도회에 나오지 않았더라면, 그래서 기도회가 끝난 후 불현듯 지뢰개척 현장에 지도방문을 나가야겠다는 마음이 들지 않았더라면 과연 어떻게 되었을까. 생각만 해도 아찔하다. 아무튼 그 일로 인해 부흥회 기간 중에 군단 간부 신자들 사이에서 간증 꽃이 피었던 기억이 난다.

나는 7년을 군목으로 사역하는 동안 5년을 기계화사단에서 근무했다. 쉽게 말해 탱크부대에서 근무했다. 그래서 탱크의 위력을 잘 안다. 50톤이 넘는 육중한 탱크가 70킬로미터 이상의 속도로 달리며 포탄을 쏘아대는 장면은 보기만 해도 오금이 저린다. 그렇지만 그런 탱크도 대전차지뢰를 밟는 순간 끝이다. 우리가 하나님께 기도를 드릴 때도 어떻게든 응답을 못 받도록, 사탄의 세력들이 이곳저곳에 매설해놓은 지뢰가 제법 많다. 따라서 우리가 기도의 기쁨을 만끽할 뿐 아니라 효과적인 기도응답의 비밀을 맛보기 위해서는 기도를 방해하는 요소들에 대해 알아야 한다.

● ○

나는 이 책의 서두에서 기도의 근원적인 모델이 삼위일체 하나님의 페리코레시스적 존재방식, 즉 성부, 성자, 성령께서 상호 침투, 교제, 환대하는 데 있다고 말했다. 삼위일체 하나님께서 서로 사랑의 친교를 나누듯이, 하나님의 형상으로 창조된 우리 역시 하나님과 사랑의 친교를 나누도록 부름 받았으며, 그것이 바로 기도의 본질이다. 따라서 기도는 무엇보다 "관계성"의 문제다. 즉 올바른 기도란 삼위일체 하나님과 올바른 관계를 맺는 것이며 또 이를 바탕으로 우리 이웃과도 올바른 관계를 맺는 일에 봉사하는 것이다. 그런 의미에서 기도는 하나님과 이웃에 대한 "사랑의 섬김"이다.

하나님과 인간 사이의 올바른 관계 맺음을 가리켜 성경은 "언약의 체결"이라고 부른다. 곧 언약이란 하나님이 우리의 하나님이 되어주시고, 우리가 하나님의 백성이 되는 것이다. 이를 그림으로 표현하면 다음과 같다.

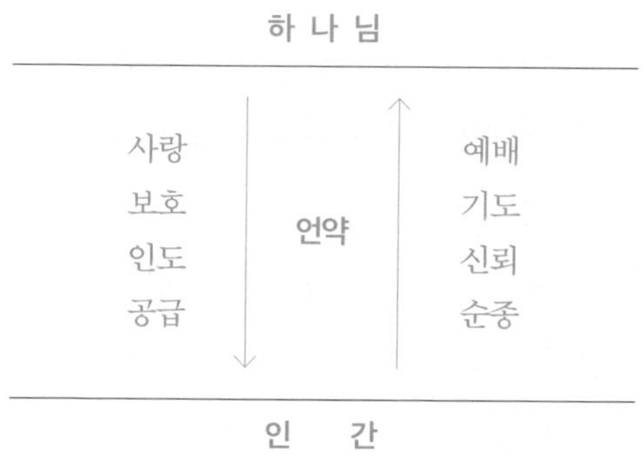

위의 그림에서 볼 수 있듯이 하나님과 인간 사이에 언약적 관계가 체결되면, 하나님은 당신의 백성을 최선을 다해 사랑하시는 가운데 일체의 위험으로부터 안전하게 지키고 선한 길로 인도하며 그들의 필요를 채워주셔야 할 의무를 떠안으신다. 반면, 인간은 하나님의 백성으로서 그분을 전심으로 예배하고 기뻐할 뿐 아니라 그분의 계명을 기꺼이 준행해야 하며 또 자신의 필요를 아빠 하나님께 간구할 수 있

게 된다. 이때 하나님의 백성이 하나님께 대해 마땅히 짊어져야 할 언약적 의무를 다루는 것이 바로 율법조항이다. 구약 이스라엘 백성은 출애굽 직후 시내산에서 하나님과 언약을 체결하면서 그 언약을 유지하도록 무려 613가지 계명을 하사받았으며 그것을 요약한 것이 십계명이다. 십계명의 전반부는 하나님 사랑을, 후반부는 이웃 사랑을 다룬다. 이로써 하나님이 은혜로 주신 구원은, 하나님의 백성이 그 은혜에 합당하게끔 거룩하게 살 때 비로소 유지된다. 은혜가 윤리를 내포하는 것이다.

우리가 하나님께 드리는 기도는 우리의 존재와 삶이 하나님과 올바른 관계 속에 있을 때 정상적으로 작동한다. 삶과 윤리가 빠진 기도는 미신이요 주문일 뿐이다. 바꿔 말하면, 우리가 하나님과 올바른 관계를 유지하지 않는다면 우리의 기도가 무용지물이란 뜻이다. 따라서 기도응답을 방해하는 것에는, 하나님과의 올바른 관계를 파괴하는 일체의 것이 다 포함된다. 곧 그것은 하나님 앞에서의 교만한 마음과 삶의 태도, 하나님을 온전히 신뢰하지 못하는 것, 정욕 및 탐욕의 노예가 되어 사는 것, 다른 사람을 미워하고 해코지하는 것, 음란한 삶 등이 모두 포함된다. 우리가 성령을 거슬러 살며 이런 행실을 청산하지 못할 때 우리가 드리는 기도는 하나님께 상달되지 못한다.

특별히 우리가 열심히 기도를 해도 응답이 지연되는 가장 큰 원인 중 하나가 "혈기"에 있다는 점을 말하고 싶다. 야고보서 저자는 "사람이 성내는 것이 하나님의 의를 이루지 못함이라"라고 했다(약 1:20). 우리가 뿜어내는 혈기는 하나님과의 관계를 파괴할 뿐 아니라 동료 인간과의 관계에도 악영향을 미친다. 혈기는 "의" 곧 참된 관계를 파괴한다. 기도가 하나님 및 동료 인간과의 건강하고 올바른 관계의 표현이라는 점을 고려할 때, 혈기야말로 기도(응답)의 가장 큰 적인 셈이다.

왜 기도생활에서 혈기가 그토록 위험한 것일까? 크게 두 가지 요인을 생각해볼 수 있겠다. 첫째, 하나님의 사랑의 속성에 반하는 것이기 때문이다. 하나님은 온유하고 자비로운 분이시므로 혈기를 부리는 자는 하나님을 닮은 사람이 아니다. 둘째, 자기가 선악을 판단하고 정의를 실현하는 등 세상에서 재판관 곧 하나님 노릇을 하려는 사람들이 대체로 혈기를 잘 부리기 때문이다. 따라서 혈기는 그 근본에서 인간의 교만과 맞닿아 있으며 이것이 죄의 본질이다. 이런 이유로 혈기를 부리게 되면 기도생활에 큰 타격을 입을뿐더러, 기도응답이 지연되거나 거절된다. 말하자면, 혈기는 애써 쌓아올린 기도의 탑을 기저에서부터 갉아먹는 두더지 혹은 기도의 포도원을 허무는 여우와 같다. 그래서 우리는 기도를 함에 있어 행여 혈기를 부리지 않도록 조심해야 한다.

그런데 이런 영적인 이치쯤은 사탄도 잘 알고 있다. 그래서 사탄은 할 수만 있다면 기도하는 신자들로 하여금 혈기를 부릴 수 있는 갖가지 위위을 제공하는 데 지극히 열심이다. 가령 기도만 하려고 하면 갑자기 화낼 일이 생긴다든지, 평상시는 멀쩡하던 사람들이 불쑥 염장을 지른다든지, 뭔가 일이 엉키고 꼬여 속상한 마음을 유발한다든지 하는 일들이 그것이다.

사탄은 단순히 신화적 존재나 비인격적 힘의 상징이 아니다. 사탄은 지정의를 갖춘 영물이다. 그것도 우리 인간보다 훨씬 더 영리하고 힘센 존재다. 사탄은 우리로 하여금 기도를 못하도록, 그리고 우리의 기도가 응답받지 못하도록 온갖 술수를 동원하여 해코지한다. 사탄은 영리하기 때문에 우리의 기질적 약점을 잘 알아 그것을 적극 이용하며, 또한 우리가 처한 환경의 특수성을 악용하여 우리의 기도를 방해한다. 그 대표적인 것이 우리로 하여금 혈기를 부릴 수 있는 상황에 처하도록 만드는 것이다. 따라서 우리가 긴히 기도해야 할 일이 생겼거나 혹은 문득 다시 기도생활을 회복해야겠다는 경건한 결심이 일어나자마자 곧이어 성질을 돋울 일이 발생하거든 그때는 마음속으로 "사탄이 역사하는구나"라고 생각하고 그럴수록 더욱 자기 마음의 대문을 굳건히 지켜야 한다. 다른 한편으로, 이상할 정도로 기도만 하려고 하면 속을 긁어놓는 일이 뒤따를 때는, "아, 이 기도가 굉장히 중요한 기도구나. 그래서 사탄이 하나님의 뜻이 이루어지지 못하도록 기를 쓰고 방해를 놓는구나"라고 깨달아 사탄의 공격에 넘어가지 말고 오히려 더욱 기도에 힘써야 한다.

사탄이 우리의 기도를 방해하기 위해서 혈기를 유발하는 것은 꼭 다른 사람에 대해 화를 내도록 미혹하는 것만 의미하지 않는다. 어떤 사람들은 성격이 외향적이고 적극적인 데 반해, 그래서 자기 감정이나 주장을 잘 표현하는 데 반해, 어떤 사람들은 그렇지 못하다. 이런 내향적이고 소극적인 성품을 소유한 사람들의 경우 화가 나면 혼자 속으로 체념하는 식으로 분노를 처리할 가능성이 높다. 즉 속상한 일이 생기면 다른 사람에게 분풀이를 하는 것이 아니라, 그냥 혼자서 마음에 빗장을 걸고 아예 입을 다물어 버리는 것이다. 이런 사람들의 특징은 화가 나면 더 이상 기도를 안 하는 것이다. 즉 기도를 중단하는 방식으로, 하나님과 사람 앞에서 자신의 서운한 감정을 시위(示威)하는 것이다. 하지만 이런 태도 역시 사탄이 원하는 모습일 뿐이다. 사탄은 영리하기 때문에 각 사람들의 기질을 훤히 꿰뚫고서 각자에게 딱 맞는 방식으로 기도를 방해한다는 점을 잊지 말아야 한다.

예수님께서는 산상수훈의 팔복을 가르치면서 "온유한 자는 복이 있나니, 그들이 땅을 기업으로 받을 것이라"고 말씀하셨다(마 5:5). 여기서 "온유하다"라는 뜻은 천성적으로 순하고 무른 성품을 가리키는 것이 아니라 오랜 훈련을 통해 다듬어진 너그러운 품성을 의미한다. 그것은 마치 한때 초원을 질주하던 야생마가 조련사의 훈련을 통해 전쟁터 혹은 경기장을 누비는 명마로 거듭난 것과 같다. 특별히 한국인들은 타고난 성미가 급하고 화를 불같이 내기로 유명하다. 한국의 그리스도인들도 예외가 아니다. 하지만 우리는 육신의 타고 난 성질대로 사는 것이 아니라 온유하고 겸손하신 예수 그리스도의 성품을 따라 살도록 부름 받은 자로서, 성령의 도움을 따라 우리의 천성을 개조해야 한다. 그래서 우리의 인간적 성질을 부단히 다듬고 훈련하여, 우리가 하나님 및 이웃과 올바른 관계를 맺는 데 우리의 성품이 거침돌이 아니라 디딤돌이 되도록 노력해야 한다.

"온유한 자가 땅을 기업으로 얻는다"는 약속은 기도응답에 있어서도 진리다. 성마른 자가 아니라 온유한 신자의 기도가 하나님의 보좌에 상달되니 말이다.

22

하나님, 진짜 너무하신 것 아닙니까?

주여, 나는 괴롭습니다.

그 고통을 본 내 마음은 찢어질 것만 같았습니다.

왜 그런 고통이 세상에 있는지 알 수 없습니다.

주여, 어째서입니까?

왜 이 죄 없는 아이가 큰 화상을 입어 한 주일 전부터 신음해야

합니까?

왜 이 남자는 자기 어머니 이름을 계속 부르며 사흘 동안 꼬박

사경을 헤매고 있어야만 합니까?

왜 이 부인은 암에 걸려 한 달 사이에 거의 몰라보도록 늙어야만

합니까?

왜 이 일꾼은 공사장 발판에서 떨어져 부서진 아이들의 장난감

처럼 되어야만 합니까?

왜 이 낯선 불쌍한 여행객은 종기투성이의 몸으로 신음해야 합

니까?

왜 이 여인은 깁스를 한 채 30년씩이나 판자 위에 누워 있어야만

합니까?

주여, 왜 그렇습니까?

나는 도무지 알 수가 없습니다. 미셀 끄와

1988년 여름, 소설가 박완서 선생은 하나밖에 없던 아들을 잃었다. 정확히 말하면 다섯 남매 중 외아들을 잃었다. 1988년 9월 21일 일기에 선생은 이렇게 적었다.

"아들이 이 세상에 살아 있지 않다는 걸 인정하게 되면 그다음은 가슴을 쥐어뜯으며 미친 듯이 몸을 솟구치면서 울부짖을 차례였다. 그 일이 나에게 얼마나 중요한 의식인지 아무도 모른다. 목청껏 아들의 이름을 부르면서 통곡하면 소리와 함께 고통이 발산되면서 곧 환장을 하거나 무당 같은 게 되어서 죽은 영혼과 교감할 수 있을 것 같은 예감에 사로잡히곤 했다."*

그 끔찍한 시간에 선생은 이렇게 기도했다고 한다.

원태야, 원태야, 우리 원태야, 내 아들아. 이 세상에 네가 없다니 그게 정말이냐? 하느님도 너무하십니다. 그 아이는 이 세상에 태어난 지 25년 5개월밖에 안 됐습니다. 병 한 번 치른 적이 없고, 청동기처럼 단단한 다리와 매달리고 싶은 든든한 어깨와 짙은 눈썹과 우뚝한 코와 익살 부리는 입을 가진 준수한 청년입니다. 걔는 또 앞으로 할 일이 많은 젊은 의사였습니다. 그 아이를 데려가시다니요. 하느님 당신도 실수를 하는군요. 그럼 하느님도 아니지요.**

1988년은 서울올림픽이 열린 해다. 선생은 올림픽 열기에 들뜬

---

*　박완서, 『한 말씀만 하소서』(세계사), 14.
**　위의 책, 14-15.

세상을 보면서, 더욱 견딜 수가 없었다. 그래서 자신에게 이런 끔찍한 고통을 안겨준 신을 더욱 증오했다.

그저 만만한 건 신이었다. 온종일 신(神)을 죽였다. 죽이고 또 죽이고 일백 번 고쳐 죽여도 죽일 여지가 남아 있는 신. 증오의 마지막 극치인 살의(殺意), 내 살의를 위해서도 당신은 있어야 돼.*

내가 새물결교회를 담임목회할 당시, 2012년 11월 29일부터 3일 동안 다드림교회 김병년 목사님을 강사로 모시고 부흥회를 열었다. 집회 기간 내내 김 목사님의 간증을 들으면서 얼마나 울었는지.

김 목사님은 2005년 8월 셋째 아이를 낳은 직후 사모님이 뇌경색으로 쓰러졌다. 오랜 세월 동안 대학생선교단체의 간사로 봉사하다가, 간사 직을 내려놓고 지역교회를 개척한 지 한 달 만이었다. 김 목사님은 당시의 심정을 이렇게 표현했다. "하나님, 제 인생의 꿈이 여기까지입니까?"

눈이 시뻘개지도록 분노의 눈물을 흘렸다. 울다 지치면 남은 힘을 다 모아 하나님께 삿대질을 했다. "일 좀 똑바로 하세요!" 마흔 중년 나이에 서른다섯 살 아내가 쓰러졌다. 이제 인생 40년 동안 가꿔온 꿈을 접어야 할 것 같아 보였다. 내 어머니 역시, 교회를 개척하고 제대로 꿈을 펼치기도 전에 꿈

---

* 위의 책, 47-48.

이 꺾여 버린 아들을 보며 탄식하셨다.

"겨우 해볼 만하니까 우째 이런 일이…."*

그렇다고 마냥 불평을 늘어놓으며 낙심하고 있을 수만은 없었다. 하나님께 아내를 살려달라고, 깨어나게 해달라고 매달렸다. 하지만 아내는 아무런 차도가 없었다. 그걸 보고, 그의 장모님은 빈정이 상해 목사 사위가 아내도 못 일으키는 형편없는 믿음을 가졌다고 역정을 냈다.

그는 어떻게든 아내를 기도로 일으켜보겠다는 일념으로 마침내 40일 작정 철야기도를 시작했다. 그때가 2008년 5월이었다. 혼수상태로 누워 있는 아내를 업고 저녁마다 예배당에 가서, 아내를 강단 한쪽에 뉘어놓고 본인은 그 옆에 엎드려 기도했다. 그러던 어느 날, 그날도 평소와 마찬가지로 아내를 전기장판 위에 눕혀놓고 본인은 손 하나 뻗을 만한 거리에서 엎드려 기도를 시작했다. 그러다가 깜빡 잠이 들었다. 잠결에 느낌이 이상해 손을 뻗어 아내의 다리를 만져보니 물컹했다. 화들짝 놀라 자리에서 벌떡 일어나 살펴보니 그만 전기장판에 불이나 다리가 타버린 것이었다. 당장 병원으로 달려갔지만 돌아온 의사의 말은 아내의 다리 한쪽을 절단해야 한다는 것이었다. 그 순간 김 목사님은 이렇게 반응했다고 술회한다.

의사가 단도직입적으로 다리를 절단해야 한다는 진단을 내렸다. 병원 안 성

---

*　김병년, 『바람 불어도 좋아』(IVP), 26.

당에 앉아 손가락을 치켜들고 악을 쓰고 울며 대들었다.

"하나님, 나 좀 그만 때려. 내가 뭘 잘못했는데. 나, 하라는 대로 다 했잖아."*

인생을 살다보면 예기치 못한, 감당하기 어려운 고난을 만날 때가 있다. 어느 때는 도저히 기도를 할 수 없을 만큼, 아니 기도하고 싶은 마음이 싹 사라질 정도로 감내하기 어려운 고난의 수렁에 던져질 때가 있다. 이때도 우리는 기도를 해야 하는가?

분명한 것은, 도저히 기도할 수 없을 것 같은 상황에서도, 우리는 계속 하나님께 뭐라고 이야기를 건네야 한다는 것이다. 비록 그것이 불평, 원성, 항의, 심지어 욕지거리라 할지라도 말이다.

고난의 수렁에 빠졌을 때, 절망의 천둥이 쩌렁쩌렁 울려 퍼질 때, 죽음의 압착기가 몸을 짓누를 때, 그때 가장 무서운 것은 고난과 그 문제 자체가 아니라, 실은 우리가 하나님께 "입을 다물어버리는 것"이다.

하나님 앞에서 입을 다무는 것, 하나님께 더 이상 말하지 않기로 결심하고 입을 봉쇄해버리는 것, 이것은 하나님을 "비존재"로 만들어버리는 것이다. 그리고 하나님을 비존재로 만드는 것, 이것이야말로 "무신성(론)"이 아니고 무엇이겠는가.

유대인 철학자 마르틴 부버는 이 세상에 존재하는 관계는 "나와 너" 혹은 "나와 그것"으로 나뉜다고 갈파했었다. 우리는 하나님과 "나와 너"의 관계 즉 인격 대 인격의 관계를 맺든지, 또는 "나와 그것" 즉

---

*   위의 책, 37.

인격 대 사물의 관계를 맺는다. 우리가 하나님을 알라딘의 램프에 등장하는 거인으로, 도깨비들이 들고 다니는 요술 방망이로, 혹은 지폐 한 장 넣어주면 원하는 상품을 제공하는 자판기 정도로 여기고 살아갈 때 하나님은 우리에게 겨우 "그것"으로 존재할 뿐이다. 하지만 이것도 우리가 하나님께 여전히 무언가 계속 말을 건네고 있을 때의 이야기다.

만일 우리가 하나님께 더 이상 말을 하지 않기로, 즉 더 이상 기도하지 않기로 다짐하고 입술을 봉쇄하는 순간, 우리와 하나님의 관계는 "I—Nothing"으로 놀변한다. 곧 "나(I)" 외에는 아무것도 없게 된다. 그리고 이것이 바로 무신성(론)이다.

따지고 보면 아우슈비츠의 끔찍한 시간을 거친 유대인들이 그랬다. 유대인 신학자 L. 루벤스타인은 『아우슈비츠 이후』에서, 어떻게 홀로코스트라는 끔찍한 고통이 자신과 다른 유대인들을 일차적으로는 회당 예배와 절연하게 했으며, 그 후에는 하나님마저 떠나게 했는지를 서술한다. 하나님과의 절교는 기도시간에 기도하는 대신 차라리 침묵하는 것을 통해서 이뤄졌다.

안전한 곳에서든 아니면 피해자로서든, 끔찍한 시절을 통과해온 우리에게 홀로코스트는 신성하고 불경한 모든 것을 마주하는 방식에 영향을 미쳤다. 매우 결정적이었던 이 사건이 영향을 끼치지 않은 사건이라고는 단 한 가지도 없었다. 우리 중 일부는 기억과 고통, 운명과 소망을 공유함으로써 한데 묶인 사람들과 신성한 시간과 절기를 함께 보내기 위해 회당에 가기도 했다.

하지만 막상 회당 안으로 들어간 후에는 솔직히 말문이 막혀 어떤 말도 할
수 없었다.*

루벤스타인은 유대인들의 이런 침묵이 훗날 그들로 하여금 성경
적 하나님 개념을 포기하고 자연주의의 하나님을 섬기는 방향으로 이
끌고 갔다고 말한다. 즉 그들은 이교도가 되었다. 끔찍한 고통 앞에서
불평과 항의 대신 침묵을 선택하는 것이 위험한 까닭이 여기 있다. 따
라서 하나님이 우리의 기도를 거절하셨다고 느껴질 때, 우리의 기도
를 멸시하셨다고 느껴질 때, 우리가 하나님께 드린 것보다 더 형편없
는 것을 우리에게 돌려주셨다고 느껴질 때, 우리가 하나님으로부터
부당한 대접을 받는다고 느껴질 때, 그때 침묵하기보다는 차라리 따
지고 항의하라.

"하나님, 저한테 어떻게 이러실 수 있습니까? 정말 너무하신 것 아
닙니까?"

구약성경 시편은 이스라엘의 기도와 찬송을 모아놓은 것이다. 시
편에는 하나님의 선하심과 아름다우심에 대한 환희에 찬 송영이 얼마
나 많던가. 그러나 시편에는 감사를 드리고 헌신을 결단하는 찬송과
기도만 있는 것이 아니다. 오히려 시편에는 하나님께 드리는 항의와
불평도 다수 포함되어 있다. 그리고 이 모든 시편이 다 성령의 감동을
따라 기록된 성경의 일부다.

---

*   토마스 G. 롱, 『고통과 씨름하다』(장혜영 역, 새물결플러스), 70.

내 날이 연기같이 소멸하며 내 뼈가 숯같이 탔음이니이다.

내가 음식 먹기도 잊었으므로 내 마음이 풀같이 시들고 말라버렸사오며

나의 탄식 소리로 말미암아 나의 살이 뼈에 붙었나이다.

나는 광야의 올빼미 같고 황폐한 곳의 부엉이같이 되었사오며

내가 밤을 새우니 지붕 위의 외로운 참새 같으니이다.

내 원수들이 종일 나를 비방하며 내게 대항하여 미칠 듯이 날뛰는 자들이

나를 가리켜 맹세하나이다.

나는 재를 양식같이 먹으며 나는 눈물 섞인 물을 마셨나이다.

주의 분노의 진노로 말미암음이라. 주께서 나를 들어서 던지셨나이다.

내 날이 기울어지는 그림자 같고 내가 풀의 시들어짐 같으니이다. 시 102:3-11

사실상, 알고 보면 하나님께 격렬하게 따지고 대드는 것도 다 한 때다. 어느 누구도 하나님을 완전히 떠나지 않는 한, 그리고 하나님이 그를 생명책에서 영원히 지워버리지 않는 한(그런 일은 결코 일어나지 않는다), 5년이고 10년이고 심지어 20년이고 계속해서 하나님께 따지고 덤빌 수 있는 사람은 없다. 그건 불가능하다. 왜냐하면 우리가 하나님께 적의를 품고 있는 바로 그때에도 하나님은 우리를 위하여 여전히 신실하게, 그리고 은밀하게 일하고 계시기 때문이다.

예일 대학교에서 가르쳤던 니콜라스 월터스토프는 미국의 저명한 기독교철학자다. 그는 기독교계뿐 아니라 세속 철학계에서도 상당한 명성을 얻은 사람이다. 그의 아들 에릭은 1985년 오스트리아에서 등반 사고로 목숨을 잃었다. 아들이 죽었다는 비보를 접한 순간을 회상

하며 그는 당시의 심정을 이렇게 적었다.

> 이 세상에 구멍이 하나 뚫렸다. 그가 있었던 그 자리에는 이제 아무것도 없다. 한때 이 세상에 존재했던 다른 것과 비교할 수 없는 추억, 희망, 지식과 사랑이 사라졌다. 오직 빈자리만이 남아 있을 뿐이다. 한때 이 세상 속에서 움직이던, 이 세상에서 단 하나뿐이던, 이 세상을 향한 관점 하나가 떨어져 나갔다. 오직 허공만이 남아 있을 뿐이다.[*]

아들의 장례식을 치르던 날 그는 이렇게 적었다.

> 그 따스한 유월에 나는 내 자신을 묻었다. 소리가 나는 줄에 매달아 뜨겁고 메마른 구멍 속에 인부들이 내려놓은 것은 바로 나였다.…우리가 들어올릴 수도 없는 무거운 관 뚜껑 속에 갇힌 것은 바로 나였다. 우리가 삽으로 흙을 퍼서 덮은 것은 바로 나였다. 시편을 읽어준 후 남기고 떠나온 것은 바로 나였다.[**]

사랑하는 아들 에릭이 불의의 사고로 죽은 후 월터스토프는 상실감을 견딜 수 없어 일 년간 지독하게 방황한다. 그는 의심하고 질문하며 따지고 항의한다.

---

[*] 니콜라스 월터스토프, 『나는 사랑하는 사람을 잃었습니다』(박혜경 역, 좋은씨앗), 56.
[**] 위의 책, 69.

저는 막다른 골목에 다다랐습니다. 오, 하나님, 당신이 저를 여기로 데리고 오셨습니다.…정오에 어둠이 내렸습니다. "에릭이 죽었습니다"라는 말이 떨어짐과 동시에 빛은 희미해졌습니다. 이 어둠 속에서 하나님은 어디에 계신가요? 빛이 있을 때, 저는 당신을 훔쳐보는 법을 배웠습니다. 하지만 이 캄캄한 어둠 속에서 저는 당신을 찾을 수가 없습니다.*

그는 일 년간 극심한 회의를 겪으면서 성경을 근본에서부터 다시 묵상하게 된다. 어느 날 그는 그리스도인들이 하나님의 형상을 닮는다는 것은 하나님의 고통을 닮는다는 의미를 내포하고 있다는 깨달음을 얻는다. 하나님은 고통 받는 분이시다. 그것은 그분이 사랑의 존재시기 때문이다. 오직 사랑하는 자만이 고통을 받는다. 그는 자신이 하나님의 형상을 닮기 위해서는 그분의 고통에 참여해야 한다는 것을 깨닫는다. 그리고 하나님의 고통을 통과한 자만이 그리스도와 더불어 부활할 수 있다는 사실을 묵상한다. 그는 이러한 여정을 통해 이전보다 한결 더 성숙한 믿음의 소유자가 되었다.

이 글의 초두에서 언급했던 박완서 선생도 마찬가지였다. 선생은 사랑하는 외아들을 잃고서 겪은 정신적 참상을 일 년에 걸쳐 『생활성서』에 연재한 후 그걸 한데 묶어 책으로 내면서 이렇게 말했다.

하느님은 제아무리 독한 저주에도 애타는 질문에도 대답이 없었고, 그리하

여 저는 제 자신 속에서 해답을 구하지 않으면 안 되었고, 그러기 위해선 아무한테나 응석부리고 싶은 감정을 억제하고 이성을 회복하지 않으면 안 되었으니까요. 제 경우 고통은 극복되지 않았습니다. 그 대신 고통과 더불어 살 수 있게는 되었습니다.

우리 집 안방 아랫목 제일 높은 자리엔 가톨릭 신자라면 누구나 가지고 있을 만한 작은 십자고상(十字苦像)이 걸려 있습니다. 세례받을 때 선물받은 거여서 비슷한 게 이 방 저 방에 더 있습니다만 제가 가장 자주 대하고 따라서 가장 원망을 많이 받고 언젠가는 내팽개쳐지는 행패까지 당한 이 못 박힌 그리스도의 얼굴에서 표정을 읽은 건 최근의 일입니다.

"오냐, 실컷 욕하고 죽이고 또 죽이려므나, 네가 그럴 수 있으라고 나 여기 있지 않으냐." 이렇게 말하고 있는 것처럼 그분의 표정은 생생하고 슬프고 너그러워 보였습니다.*

고난은 사람을 성숙하게 만든다. 니콜라스 월터스토프나 박완서 선생이나 모두 끔찍한 눈물의 골짜기를 통과하면서 인간의 고통에 동참하시는 하나님을 발견하고 그 곁으로 한 발자국 더 가까이 다가갈 수 있었다. 김병년 목사는 "두 번의 큰 아픔 속에서 하나님의 존재가 더욱 깊이, 더욱 빈번하게 드러나기 시작했다. 길을 가다가, 잠을 자다가, 울다가, 웃다가, 욕을 하다가, 끙끙대다가, 심지어 짜증을 내는 중에도…나는 아픔과 상실, 즐거움과 고통이 뒤엉킨 일상을 살아가면

서 더 깊이 하나님의 임재를 느끼고, 존재한다는 것의 의미를 새롭게 발견한다"라고 고백한다.*

비행기 사고로 형을 잃은 상담가 래리 크랩은 "살인적인 고통을 견뎌낼 때 신학은 더욱 풍요로워진다"고 말했다. 어디 신학뿐이겠는가? 우리의 신앙과 기도도 마찬가지 과정을 통해 연단된다.

월터스토프나 박완서 선생, 김병년 목사가 자신들의 체험을 바탕으로 남긴 글들은, 비슷한 고통을 겪고 있는 수많은 사람들에게 큰 위로를 주고 있다. 그들은 상처 입은 치유자가 된 것이다. 물론 그렇다고 해서 그들의 상처가 아주 사라지지는 않는다. 마치 부활하신 예수님의 손과 발에도 못 자국이 선명하게 남아 있었듯이, 고난의 풀무를 통과한 그리스도인들에게도—시간이 아무리 많이 지난다 해도—여전히 고통의 흔적은 남을 수밖에 없다. 다만 그들은 이를 통해 자신의 몸 안에 "그리스도의 흔적"을 지니게 되는 특권을 누린다.

하나님이 왜 당신의 백성에게 그런 "흔적"을 허락하셨는지는 역사의 종말에 가서야 드러날 것이다. 지금은 모든 것이 마치 청동거울을 보듯이 희미하고 불확실하다. 단지 우리는 믿음으로 그 "뿌연 거울" 너머를 바라볼 뿐이다. 그리고 여전히 소망을 잃지 않고 계속 기도할 뿐이다.

---

* 김병년, 『바람이 불어도 좋아』, 40.

인내는 쓰고 열매는 달콤하다

불신이여, 가라! 나의 구세주가 가까이 계시니

나의 구원이 분명 나타날 것이라.

나의 믿음은 나를 애써 전진하게 하며, 그분이 완성하시리라.

내 안에 그리스도께서 함께 계시니

나는 폭풍우가 몰아쳐도 웃을 수 있네.

내가 만나는 모든 것은 내게 유익이 되리니

쓴 것은 달게, 약은 음식이 되리라.

현재는 고통스러워도 머잖아 끝나리니

그때에 정복자의 노래는 얼마나 흥겨울까.   존 뉴턴

"오, 이런 이런…", 도저히 믿기지 않는 소식을 듣고 나는 잠시 할 말을 잊었다.

2012년 9월 9일 주일 아침이었다. 여느 주일과 마찬가지로 오전 예배 설교를 위해 교회 사무실에 앉아 설교문을 훑어보던 나는 J 권사님이 주신 전화를 받았다. 수화기 너머의 목소리가 가늘게 떨리고 있었다.

"목사님, 우리 엄마가 예수를 믿겠대요."

오 세상에, J 권사님 어머니가 예수를 믿겠다니? 그 순간 나는 내 귀를 의심했다. 불가능한 일이 눈앞에서 벌어진 것이다. 그럴 만도 했다. J 권사님의 모친은 일평생 예수님을 부정했던 분이다. 아니, 그냥 부정한 정도가 아니라 적극적으로 경멸하고 증오했던 분이다. 예수님만 싫어한 게 아니라 예수 믿는 사람들도 얼마나 싫어하고 무시했는지 모른다. 인물 좋고, 머리 좋고, 경제적으로 아쉬운 것 없는 분이 그 모든 것을 앞세워 예수 믿는 사람을 대놓고 업신여겼다. (차마 여기서 일일이 다 표현할 수 없는 게 유감이다.)

피는 물보다 진하다 했는가? J 권사님은 그런 엄마가 불쌍해서 수십 년을 매일 새벽마다 기도했다.

"우리 엄마 예수 믿고 구원받게 해주세요."

그런데도 시간이 갈수록 기독교 신앙에 대해서 더욱 노골적으로 반감을 표하는 엄마를 보면서 마침내 이렇게 단언했다.

"우리 엄마는 창세전에 지옥가기로 예정된 사람임이 분명해."

너무 지치고 낙심이 된 나머지 권사님은 더 이상 모친의 구원을 위해 기도하지 않았다. J 권사님이 60세가 넘었을 때 일이다. 가까이서 지켜본 사람이라면, 그 마음이 충분히 이해가 갈 만한 상황이었다.

그런데 J 권사님의 어머니가 뜬금없이 예수님을 믿겠다니 어찌된 영문인가? 나는 머릿속이 복잡해졌다. 권사님은 간밤에 무슨 일이 있었는지를 자세히 설명하기 시작했다. 지난 주간에 권사님의 어머니가 몸이 아파 병원에 입원했는데 갑자기 혼수상태에 빠졌다고 한다. 그런데 토요일 저녁에 혼수상태에서 밤새 이런 소리를 고래고래 질러대 병원을 떠들썩하게 만들었다고 했다.

"예수님, 잘못했어요. 제가 몰라서 그랬어요. 용서해주세요."

무려 7시간이 넘도록 이런 소리만 반복했다고 한다. (아마 일종의 임사체험이었던 듯하다.) 그러더니 아침 일찍 깨어나자마자 내놓은 첫 일성이 "목사님 모셔다가 세례 받고 싶다"는 것이었단다. 권사님은 간밤에 있었던 자초지종을 설명하면서, 내게 오전 예배 후에 잠시 병원에 들러서 모친에게 세례를 줄 수 있는지를 물었다. 나는 잠시도 망설임 없이 그러자고 답했다.

세례식 준비를 해서 오후 2시쯤 병원에 도착해 병실 문을 살며시 열고 발을 들여놓으니 권사님 어머니가 어찌나 반가워하던지. 참 낯선 풍경이었다. 평상시는 목사를 길바닥 지렁이처럼 대하던 분이었다. 그런 분이 목사를 보자마자 환한 미소를 지으며 좋아서 어쩔 줄 모른다. 그리고는 "목사님, 제가 어젯밤에 예수님이 계신 곳에 다녀왔어요. 예수님이 제 몸 아픈 것도 다 고쳐주시고, 제 죄도 다 용서하셨어요"라고 고백하며 하염없이 우는 것이었다. 나는 한참을 말을 잃고 눈물을 그렁거리며 이제 막 하나님 나라 백성으로 새롭게 태어난 95세 할머니의 간증을 행복에 겨워 들었다. 그리고 마침내 K 여사님께 성부와 성자와 성령의 이름으로 세례를 베풀었다. 그토록 고대하던 장면을 곁에서 지켜보던 J 권사님의 눈에서 눈물이 펑펑 쏟아졌다. 그녀의 수십 년에 걸친 새벽기도가 마침내 응답되는 순간이었다.

● ○

20세기가 낳은 유명 색소폰 연주자 존 콜트레인은 한때 마약에 취해 살다가 생명을 잃을 뻔했다. 그 후 그는 가까스로 마약과 술을 끊고 하나님을 믿게 되었다. 그의 인생 최고의 연주는 모두 그가 회심한 이후에 이루어졌다. 한번은 콜트레인이 온 정열을 쏟아 32분간에 걸쳐 "사랑"(A Love Supreme)을 연주한 후에 무대에서 내려와 딱 한마디만을 남겼다고 한다.

Nunc Dimitis(눈크 디미티스)!

이 말은 예수님이 세상에 오신 직후 시므온이 한 기도를 라틴어로 옮겨놓은 것의 첫 두 단어다.

주재여, 이제는 말씀하신 대로 종을 평안히 놓아주시는도다. 내 눈이 주의 구원을 보았사오니. 눅 2:29-30

누가복음 2장에는 시므온과 안나라는 두 노인이 등장한다. 시므온과 안나는 늘 성전에 올라와 이스라엘의 속량을 위해 기도하던 사람들이었다. 당시 이스라엘은 기원전 586년에 바빌론에 포로로 잡혀간 것부터 시작하여 페르시아(539), 그리스(331), 로마(63)에 이르기까지 근 600년을 식민지 신세를 못 벗어나고 있었다. 모든 유대인들의 소망은 국가적 "포로 상태"에서 해방되는 것이었다. 하지만 아무리 눈을 씻고 둘러봐도 해방이 찾아올 기미는 보이지 않았다. 그런 때에도 경건한 시므온은 성령의 감동을 따라 "그리스도(메시아)를 보기 전에는 죽지 않을 것이라"는 약속을 받았다. 그가 마침내 아기 예수님을 목격했을 때 한 첫 일성이 바로 "주재여, 이제는 종을 평안히 놓아주시는군요"였던 것이다. 그리고 84세의 과부인 안나도 마찬가지였다.

그들은 일평생 인내가 무엇인지를 온몸으로 시연해보였던 사람들이었다. 오, 인내를 입술로 논하기는 얼마나 쉬운가, 하지만 실제 삶에서 인내를 실천하기는 얼마나 고통스러운가! 하지만 시므온과 안나는 달랐다. 그들은 인내가 무엇인지를 생애 전체를 통해 증언했다. 그리고 하나님은 그들에게 메시아를 만나는 "구원과 해방"으로 보상하셨다.

위에 소개한 J 권사님의 경우도 마찬가지다. 하나님은 당신의 딸이 수십 년 동안 드린 기도를 결코 외면하지 않으셨다. 그녀는 자신의 인내에 대한 하나님의 충분한 보상을 받았다. 한때 그녀가 모친의 구원을 위한 기도를 쉬었을 때도, 그러나 그때도 하나님은 일하고 계셨다. 그리고 마침내 그 가정에도 구원이 임했다(참조. 눅 19:9). 이처럼 하나님의 인내는 사람의 그것보다 훨씬 더 위대하며 크고 깊다.

예수님께서는 누가복음 18:1-8에서 인내의 중요성을 가르쳐주셨다. 오만하기 짝이 없는 불의한 재판관도 끈질긴 과부 앞에서는 항복할 수밖에 없다. 그녀의 끈기와 인내가 재판관의 교만과 무관심보다 더 강하고 질기기 때문이다. 하물며 선하신 하나님께서 당신의 백성들의 요청을 거절할 리 만무하다. 그런 일은 있을 수 없다. 따라서 하나님의 백성은 기도할 때 결코 낙심하지 말아야 한다. 왜냐하면 하나님께서 반드시 들어주실 때가 오기 때문이다.

그럼에도 하나님께서 우리의 기도응답을 지연시키시는 세 가지 이유가 있다. 첫째, 하나님께서 우주와 세계를 질서 있고 조화롭게 경영하시기 때문이다. 만일 하나님께서 모든 사람의 기도를 그때마다 즉시로 들어주신다면 세상은 당장 혼란에 빠질 것이다. 이 사람은 이걸 구하고, 저 사람은 저걸 구할 테니 말이다. 아마 하나님께서 모든 그리스도인들이 구하는 돈을 당장 대령하기 위해서는 온 세상의 은행을 다 털어도 부족할 것이다. 따라서 하나님께서는 우리의 기도를 그런 식으로 응답하지 않으신다. 그분은 세상을 합리적으로 통치하시는 분이기 때문이다. 둘째, 모든 일에는 다 때가 있기 때문이다. 셋째, 우리를 더욱 성숙하고 온전한 사람으로 만들기 위해 인내를 가르치고자 함이기 때문이다. 우리는 눈앞의 필요들에 관심이 있지만, 하나님은 우리 자신에게 더욱 관심이 있으시다. 그래서 우리를 거룩한 존재로 빚으시기 위해 종종 인내라는 푯말이 붙은 유격훈련장에 우리를 집어넣으신다. 그러나 때가 이르면 하나님은 반드시 당신의 백성의 기도에 선하게 반응하신다. 우리는 그 사실을 신뢰하며 계속해서 인내로 깨어 기도해야 한다. 예수님께서 만물을 새롭게 하시기 위해 이 땅에 다시 오실 때 찾고자 하시는 것은 바로 이와 같은 인내가 수반된 믿음이다.

그러므로 하나님의 백성들이여! 기도하십시오, 그리고 인내하십시오, 또한 더욱 인내하십시오, 그리고 또다시 기도하십시오.

24

포레스트 검프처럼

한 인디언 추장이 아이들을 모아 놓고 검은 개와 흰 개를 보여주며 둘 중 어느 놈이 싸움을 더 잘하겠냐고 물어봤다. 아이들이 갑론을박을 벌이자 추장이 이렇게 말했다고 한다.

"정답은 밥을 많이 먹는 놈이 이긴단다."

기도를 잘하는 비결은 무엇일까? 어떻게 하면 더 깊은 기도의 세계로 들어가, 기도가 주는 유익을 맛보며, 더욱 중요하게는 기도의 기쁨을 맛볼 수 있을까? 그 답은 기도를 많이 하는 것이다.

운동을 해본 사람은 알겠지만 운동을 잘하는 비결은 열심히 하는 것 외에 답이 없다. 멋진 몸매를 만들고 싶은 사람은 매일 꾸준히 헬스장을 다니면 된다. 운동을 띄엄띄엄 한다든지 중간에 쉬어버리면 탄탄하고 멋진 몸매를 만들기가 불가능하다. 지겹고 무료하게 느껴져도 꾹 참고 매일 열심히 바벨을 들어 올리는 것만이 건강한 몸매를 가꿀 수 있는 첩경이다. 기도도 마찬가지다. 기도를 잘하는 비결은 매일 꾸준히 하는 것이다. 따라서 기도는 토끼처럼 하는 것이 아니라 거북이처럼 하는 것이다. 즉 기도는 급히 필요할 때만 전력을 기울이는 것이 아니라 일상의 삶에서 꾸준히 하는 것이다.

학생들이 공부를 잘하는 첫 걸음은 학교를 꾸준히 다니는 것이다. 출석은 학생의 기본 덕목 중에서도 가장 기본적인 항목이다. 동일하게, 기도의 학교에 입학한 그리스도인은 기도 출석 체크를 잘해야 한다. 기도 수업 내용이 재밌고 재미없고를 떠나, 기도의 진도가 잘 나가고 안 나가고를 떠나, 일단 꾸준히 기도의 학교에 출석하는 것이 무엇보다 중요하다.

그런 면에서 예수님의 기도생활은 우리에게 큰 교훈과 도전을 준다. 우리가 성경을 읽으면서 가장 놀라는 것 하나는 다름 아닌 예수님이 친히 기도하셨다는 것이다. 이것은 정말 충격적인 장면이다. 왜냐하면 예수님은 하나님이셨음에도 불구하고 기도하셨기 때문이다. 우리는 흔히 하나님은 기도할 필요가 없다고 생각한다. 그저 하나님은 기도를 받으시기만 하면 된다고 생각한다. 하나님의 전공은 기도를 하는 것이 아니라 기도를 듣는 것이다. 이것이 우리의 주된 생각이다. 하지만 예수님은 하나님이셨음에도 불구하고 기도를 하셨다. 이는 지극히 당연한 일이다. 기도란 본시 삼위일체 하나님 사이의 사랑의 교제에 뿌리를 두고 있다. 영원 전부터 성부, 성자, 성령께서는 사랑의 대화를 나누셨다. 비록 예수님이 사람이 되어 이 땅에 오셨다 해도, 성자께서는 영원 전부터 성부 하나님과 누리던 사랑의 교제를 중단할 마음이 없으셨다. 이것이 예수님이 하나님이셨음에도 불구하고 기도를 하신 이유다.

하지만 또한 예수님은 사람으로 이 땅에 오셨다. 곧 예수님은 우리 인간들과 똑같은 성정을 입은 자로서 이 땅에 오셨다. 그래서 예수님의 몸은 시간과 공간의 제약을 받는 몸이다. 그 결과 예수님이 하루 동안 다닐 수 있는 거리는 세한되이 있으며, 만날 수 있는 사람도 한정되어 있다. 조금만 일해도 피곤이 찾아오며 곁에서 들볶아대는 사람들을 만나면 감정노동을 해야 한다. 그것이 예수님의 참된 실존이었다. 그럼에도 복음서는 예수님이 쉬지 않고 기도하셨다고 증언한다. 그분은 그 바쁘고 피곤한 와중에도 이른 새벽에 일어나 기도했는가 하면 밤늦은 시간까지 기도했다. 또 기도의 중요성을 반복해서 가르쳤으며, 중요한 결정을 앞두고는 항상 기도함으로써 기도의 모범을 친히 보여주셨다. 마귀에게 시험을 받던 광야에서 시작하여 마귀에게 탄핵을 당해 죽임을 당하던 십자가에 이르기까지, 그분의 인생 전체가 기도의 삶이었다. 그분은 성자 하나님으로서도 성부 하나님과의 친교에 부족함이 없으셨지만, 동시에 인간 예수로서도 하늘 아빠와의 친교에 최선을 다하셨다.

특별히 예수님은 십가가의 죽음을 목전에 두고 겟세마네 동산에서 마치 땀이 피가 되어 흐르는 듯한 고뇌에 찬 기도를 드리신다. 예수님이 "하나님의 뜻이냐, 나의 뜻이냐"를 놓고 기도의 사투를 벌이는 동안 참으로 유감스럽게도 제자들은 그 옆에서 깊은 잠에 빠져 있었다. 예수님은 그런 제자들에게 자신을 위해서, 그리고 자신과 함께 깨어 기도하자라고 간곡히 부탁하신다. 그렇지만 제자들은 예수님의 부탁을 한 귀로 듣고 한 귀로 흘려버린다. 그들에게는 예수님의 권면보다는 자신들의 육체의 필요(잠)가 더 급했던 것이다. 마침내 예수님은 제자들을 보면서 이렇게 탄식하신다.

"한 시간도 깨어 기도를 못하겠느냐?"

하나님의 왕국과 사탄의 왕국 사이에 이제 막 우주의 패권을 놓고 벌어질 대혈전을 앞둔 절체절명의 상황에서, 그러나 제자들은 아랑곳하지 않고 깊은 잠에 빠져들었다. 그들에게는 하나님의 필요보다 자신들의 욕망이 더 중요했다. 그들은 기도가 아닌 잠을 원했다. 그리고 2천 년 전 제자들의 이런 모습은 바로 우리 자신의 모습이기도 하다.

오늘날 우리는 깊은 잠에 빠져 기도에 태만한 자신의 모습을 보며 회개하지 않을 수 없다. 우리가 진정으로 예수님을 구세주로 믿는 사람이라면, 지금 당장 우리는 예수님의 기도의 모범을 따라, 그리고 "깨어 한 시간을 기도해라"는 그분의 간곡한 권면을 따라 기도의 학교에 출석하기 시작해야 한다.

교회사에 등장했던 위대한 믿음의 사람들은 한결같이 기도의 사람이었다. 하나님의 손에 붙들려 쓰임 받은 사람들 중 기도를 게을리 했던 사람은 단 한 사람도 없다. 찰스 시므온은 새벽 4시부터 아침 8시까지 네 시간을 기도했다. 존 플레처는 종종 온 밤을 지새워 기도했으며 항시 간절하게 기도했다. 그는 "자기 방의 벽을 기도의 숨결로 얼룩지게 했다." 조셉 얼라인은 매일 아침 8시까지 기도하기 위해 새벽 4시에 일어났다. 그는 자기가 일어나기도 전에 신문배달부가 신문을 돌리는 소리를 들으면 "아, 부끄러운지고! 내 주께서 저 사람의 정성보다 못한 대접을 받으시다니!"라고 외치며 탄식하곤 했다. 페이슨은 하도 오랫동안 무릎을 꿇고 기도하는 바람에 그가 엎드려 기도하던 마루에 홈이 파일 정도였다.

종교개혁가 루터는 이렇게 말했다. "매일 아침 두 시간을 기도하지 못하면 그날은 마귀가 승리한다. 나는 일이 너무 많아 매일 세 시간씩 기도하지 않고는 배겨날 수 없다." 존 웨슬리는 매일 새벽 4시에 기도를 시작했다. 웨슬리의 전기 작가는 이렇게 썼다. "웨슬리는 기도를 다른 어떤 일보다도 중요하게 생각했다. 웨슬리가 기도를 마친 후 얼굴에 광채가 나는 것처럼 평온한 얼굴을 하고서 골방에서 나오는 것을 보았다."*

그렇지만 우리는 이런 이야기를 들을 때 머리가 띵 하고 가슴이 답답해지는 느낌이 먼저 찾아올 것이다. 위에 언급한 사람들의 기도 생활은 너무나 특별해서 평범한 우리와는 전혀 상관이 없는 것 같기 때문이다. 또한 생존을 위해 매일 치열한 전투를 치르며 살아가는 우리가 기도를 위해서 몇 시간씩 따로 떼어낸다는 것은 불가능에 가깝게 느껴질 수 있다. 하지만 그럼에도 다음과 같은 아도니람 저드슨(미국 최초의 선교사, 버마에서 사역)의 말을 새겨들을 필요가 있다.

할 수 있는 대로 일을 잘 조정해서 매일 여유 있게 두세 시간을 하나님께 기도하고 하나님과 교제하기 위해서 그렇게 하라. 단순히 경건의 연습을 위해서만이 아니라 은밀히 하나님께 기도하고 하나님과 교제하기 위해서 그렇게 하라. 이따금씩 어떤 날은 일과 회사에서 손을 떼고 한적한 곳에 가서 영혼을 들어 하나님께 바치도록 하라. 한밤중에 일어나 밤의 고요와 어둠 가운데서 이 신성한 일에 시간을 냄으로써 하루를 시작하라. 동트기 시작하는 시간에도 이 신성한 일을 하라. 오전 9시, 12시, 오후 3시, 6시, 밤 9시에도 그같이 하라. 굳게 결심하고 밀고 나가라. 이 기도생활을 유지하기 위해서 실제로 할 수 있는 것들은 모두 희생하도록 하라. 시간이 짧다는 것을 생각하고, 일과 회사에 휘둘려 당신의 하나님을 빼앗기지 않도록 하라.

---

* E. M. 바운즈, 『기도의 능력』(이현우 역, 좋은씨앗), 61-63.

기도는 기도할 시간이 있느냐 없느냐의 문제가 아니라, 기도할 의지가 있느냐 없느냐의 문제다. 우리에게 기도할 의지만 있다면 시간과 방법은 부차적인 문제다. 우리는 하나님과 교제하기 위해 다양한 실천 방법을 모색해볼 필요가 있다. 가령 길을 걸으면서 기도한다든지, 운전을 하면서 기도한다든지(개인적으로 내가 가장 즐겨하는 방법이기도하다), 지하철이나 버스 같은 대중교통을 이용하는 시간에도 얼마든지 혼자 기도할 수 있다. 우리가 쓸데없이 핸드폰을 켜놓고 SNS에 너무 몰두하지만 않으면 말이다. 그렇다. 우리가 하나님께 기도로 나아가기 위해서는 현대 과학기술의 총아들을 다소 멀리해야 할 이유가 충분하다. 우리는 최신 디지털 기기들이 뿜어내는 온갖 소음에 귀가 멀어, 정작 저 우주 너머로부터 오는 하나님의 거룩한 신호를 놓치고 살지는 않는가!

더욱 중요한 것은 매일 시간과 장소를 정해놓고 하나님께 나아가는 것이다. 우리에게는 기도 시간을 알려주는 영적 자명종과 기도의 골방이 필요하다. 우리가 시간을 정해놓고 하나님께 기도하면, 하나님께서도 우리를 위하여 따로 시간을 구별해놓으신다.

오래전 내가 들었던 간증 하나가 생각난다. 의사 원종수 선생은 고등학교 2학년 때까지만 해도 전교 꼴찌를 다투는 학생이었다. 하지만 그는 아무리 공부를 못해도 새벽기도만은 거르지 않았다. 지독하게 가난했던 그는 새벽기도를 마친 후 교회 근처 공원에 가서 수돗물로 허기를 달래곤 했다. 어느 날 새벽기도를 마치고 수돗물로 아침을 대신한 채 공원 벤치에 누웠다가 깜빡 잠이 들었다. 그런데 꿈에 예수님이 나타나서 "종수야, 네가 이렇게 새벽기도를 열심히 하는 것을 보니 참 기특하구나. 내가 네게 상을 주고 싶은데 가장 갖고 싶은 것을 하나만 말해보렴"이라고 하시는 것이었다. 가난이 몹시 힘들고 지겨웠던 그는 순간적으로 "돈을 주세요"라고 말하려다가, 문득 주일학교에서 배운 솔로몬의 이야기가 떠올라 "지혜를 주세요"라고 했다.

꿈에서 깬 그는 학교에 갔다. 그런데 그날부터 이상한 일이 벌어졌다. 어떤 책이든 한 번 읽기만 하면 머릿속에 완벽하게 암기가 되는 것이었다. 그때부터 성적이 초고속으로 올라가기 시작했다. 전교 꼴찌를 다투던 학생이 불과 일 년 만에 최우등 학생의 반열에 올라섰다. 결국 그는 서울대학교 의과대학에 진학을 했고, 대학을 마칠 무렵에는 전국수석으로 의사고시를 합격했다. 그는 의사가 된 다음에도 그 옛날 새벽기도회에서 받은 은혜를 잊지 못해 무슨 일이 있어도 새벽기도만은 거르질 않았다. 훗날 미국 디트로이트로 이민을 간 다음에도 혼자 새벽기도회를 다녔다. 디트로이트의 겨울은 차갑고 매섭다. 밤새 폭설이 내리는 날이면 새벽에 운전을 해서 교회까지 가는 일이 만만치 않다. 그래도 그는 새벽기도회를 거르지 않았다. 그는 그 이유를 이렇게 고백했다.

디트로이트의 차가운 눈보라를 헤치고 혼자 새벽기도를 다닌다는 것은 쉬운 일이 아닙니다. 그래도 제가 새벽기도를 그만두지 못하는 이유가 있습니다. 교회에 도착해 예배당 문을 열고 들어가면, 한기가 가득한 예배당에 갑자기 따스한 온기가 가득 밀려오면서 하나님께서 이렇게 말씀해주십니다.

"종수야, 어서 와라. 나도 네가 보고 싶어서 진작부터 와서 널 기다리고 있었단다." 하나님께서 저를 그렇게 기다렸다가 맞이해주시는데 제가 어떻게 새벽기도를 안 할 수 있겠습니까!

물론 꼭 새벽기도만이 하나님과 교제하는 유일한 길은 아니다. 행여 새벽기도가 영적인 신분을 상징하는 표징이 된다거나, 새벽기도를 다닌답시고 다른 사람을 깔보거나 정죄하는 것은 차라리 새벽기도를 안 하느니만 못하다. (의외로 교회에 이런 사람들이 많다.) 사람마다 타고난 체질이 다르고 처한 형편이 다르기 때문에 일률적으로 새벽기도를 강요해서는 안 된다. 농경문화 시대의 산물인 새벽기도를 이른바 24시간 사회인 21세기 산업사회에서 문자 그대로 실천하는 것은 여간 어려운 일이 아니다. 다만 꼭 새벽 시간이 아니어도, 오전이나 오후 혹은 저녁 시간 중 자신에게 가장 좋은 시간을 구별하여 하나님께 기도로 바치는 것은 중요하고 필요한 일이다. 다시 한번 기억하자. 우리가 하나님께 시간을 구별해드리면, 하나님도 우리를 위하여 따로 시간을 할애하여 만나주신다.

톰 행크스가 주연했던 영화 「포레스트 검프」를 모르는 사람은 많지 않을 것이다. 검프는 태어날 때부터 지능지수가 떨어지는 데다가 선천적인 다리 기형이어서 주위 친구들로부터 놀림과 괴롭힘의 대상이었다. 한번은 못된 친구들이 검프를 괴롭히려고 쫓아오자 검프가 결사적으로 도망을 친다. 돌팔매질을 당하지 않기 위해 이를 악물고 도망을 치던 어린 검프의 다리를 지탱하고 있던 의료기기들이 떨어져

나가면서, 갑자기 그가 잘 달리기 시작한다. 장애의 굴레에서 벗어난 것이다. 그 이후로 검프의 삶은 온통 달리는 인생이 되었다. 미식축구장에서도, 베트남에서도, 미국의 주요 도시들에서도 그는 계속 달린다. 그리고 마침내 그의 뒤를 따라 수많은 사람들이 달리기 시작한다.

우리의 기도생활이 이와 비슷하지 않은가 싶다. 우리는, 영화 속 검프처럼, 기도하자니 무엇을 기도해야 할지 잘 모르겠는 아둔한 지성의 소유자이며, 기도의 트랙을 뛰자니 제대로 서 있기도 힘든 그런 영적 불구자들이다. 하지만 그렇다고 기죽거나 포기하지 말자. 일단 뛰기 시작해보자. 뛰는 게 힘들면 처음엔 가볍게 걸어보자. 한발 한발 앞으로 내디뎌보자. 좀 더 자신감이 붙으면 그때부턴 속도를 내어 앞으로 달려보자. 공원을 가로지르며, 강변을 따라, 도시를 관통하여 뛰어보자. 혹시 누가 아는가? 세상에서 가장 잘 달리는 기도의 사람이 될지, 그리고 당신의 뒤를 따라 수많은 사람들이 기도의 경주를 시작하게 될지 말이다. 그러니 기도가 힘들다는 그럴싸한 핑계거리를 찾기 위해 잔머리를 굴리기 이전에, 일단 먼저 기도부터 시작해보자.

25

기도가 거절된 이후의 삶

더 빨리 흐르라고

강물의 등을 떠밀지 마라.

강물은 나름대로 최선을 다하고 있는 것이다.　　장 루슬로 내가 중학교 2학년을 마치고 3학년에 올라갈 때 일이다. 3학년 진급을 앞둔 겨울방학 내내 나는 오직 한 가지 기도제목에만 매달렸다. K, H, O 세 사람만큼은 절대 담임선생으로 안 만나게 해달라는 것이 나의 기도제목이었다. 물리과목을 가르쳤던 K 선생은 매질을 심하게 하기로 악명이 높았고, 역사과목이 전공이었던 H 선생은 수업시간마다 지독한 음담패설로 시작해 음담패설로 마치는 것으로 유명했다. 기술 및 공업과목을 가르쳤던 O 선생은 기독교인이라면 무조건 이빨부터 가는 사람이었다. 평소 교회 다닌다는 이유 하나만으로 O 선생에게 욕지거리를 듣거나 모멸을 당한 학생들이 한둘이 아니었다. 그는 기독교인들만 보면, 그가 동료 교사든 학생이든 상관없이 첫마디가 "너도 (기독교) 환자냐?"였다. 그래서 나는 마음 편하게 고등학교 입시 준비에 전념하려면 이 세 사람은 일단 피하는 게 상책이란 판단에 겨울 방학 내내 그런 기도를 드린 것이었다. 특히 목사 아들인 내 입장에서는 셋 중에서도 O 선생이 최악이었다. 따라서 O 선생만큼은 반드시 피해야 했다.

겨울방학이 끝나고 3학년 반 배정 및 담임선생님 발표가 났다. 맙소사? 나는 3학년 17반에 배정되었고 그 반의 담임은 O 선생이었다. 이럴 수가? 하나님도 참 무심하시지, 어떻게 겨울 내내 애타게 드린 기도를 이토록 무참히 짓밟으실 수 있단 말인가.

그런데 내가 O 선생을 담임으로 만난 것만큼이나 O 선생님도 나를 제자로 맞이한 것이 불편했을 게 틀림없다. 신설 중학교의 1회 입학생이었던 나는 1학년 때부터 전교학생회장을 역임하며 계속 반장을 했던지라 선생님들 중에서 나를 모르는 사람은 없었다. 바꿔 말하면, 내가 목사 아들이라는 사실을 모르는 선생은 없었다. 더군다나 나는 3학년에 올라가서도 학급임원과 전교학생회부회장에 당선되었으니, 늘 나와 얼굴을 마주하며 학급 일을 의논하고 지시해야 할 담임선생님 입장에서는 더 이상 기독교인이란 이유로 대놓고 나를 괴롭히거나 들볶을 수도 없는 노릇 아닌가. 그러니 상대가 불편하기는 피차 매한가지였다.

학기가 시작되고 나서 나는 한 가지 야무진 결심을 했다. 최소한 내가 교회 다닌다는 이유 때문에 담임선생에게 꼬투리 잡힐 일은 절대 없도록 하자는 것이었다. 오히려 내가 교회 다니는 학생이기 때문에, 우리 선생님이 봤을 때 "교회 다니는 사람이 참 괜찮구나"란 인상을 심어주자고 단단히 마음먹었다.

그래서 다른 학생들보다 아침에 항상 1시간 먼저 등교하여 교무실에 가서 그날 아침조회 사항을 수첩에 옮겨 적은 다음 학급 교실 앞 칠판에 필사해놓는 한편, 만반의 수업준비를 갖춰놨다. 수업이 끝난 후에는 매일 남아서 분단별로 돌아가는 학급 청소를 같이 해주고 청소 검사까지 마친 다음 친구들은 돌려보내고 그 결과를 담임께 보고했다. 이쯤 되자 담임선생님이 자기 과목 수업 시간이 아닌 다음에는 교실에 들어올 일이 거의 없어졌다. 그저 교무실 책상에 앉아 나한테 보고만 받으면 끝이었다. 나로서는 최선을 다했다. 그러자 어느 때부터인가 선생님이 다른 선생님들 앞에서 나를 대놓고 칭찬하기 시작했다. 그냥 눈으로 봐도 나를 아주 좋아한다는 것을 느낄 수 있었다.

당시 우리 반 복도 바로 앞에는 학생용 남녀 화장실이 있었는데 그 냄새가 이루 말도 못하게 역겨웠다. 한창 혈기 넘치는 청소년들 수백 명이 달랑 두 개의 화장실을 이용해 쉬는 시간마다 용변을 처리하니 그 냄새가 얼마나 심했겠는가. 생각다 못한 나는 아무에게도 말 안 하고 손에 고무장갑을 낀 채 세제를 풀어가며 매일 아침저녁으로 모든 변기를 일일이 닦아냈다. 그렇게 화장실 청소를 2개월 이상 했다. 누가 시킨 것도 아니지만 자원하는 마음으로 기꺼이 했다. 어쩌면 내 마음속 깊은 곳에는, O 선생님께 예수 믿는 사람이 얼마나 괜찮은 사람인지를 보여주고 싶은 마음이 조금은 있었는지도 모르겠다. 그리고 그런 나의 전략이 효과가 있었는지 O 선생님은 학기 초를 제외하고는, 최소한 내 앞에서는 더 이상 기독교를 폄훼하거나 교회 다닌다는 이유로 사람들에게 몹쓸 말을 내뱉는 것을 삼가기 시작했다. 내 입장에서는 이 정도만 해도 대성공이었다.

그렇게 3학년 생활이 흘러갔다. 무슨 일이 있어도 O 선생만큼은 절대 안 만나게 해달라고 기도했다가 막상 그가 담임이 되었을 때의 당혹스러움과 낭패감은 어느덧 자취를 감추고, 나는 담임 선생님의 비호와 사랑을 한껏 누리며 즐겁게 학교생활을 만끽하고 있었다. 그리고 학교생활이 즐거울수록 학급 일에 더욱 최선을 다했다.

그런데 전혀 예기치 못한 일이 일어났다. 9월에서 10월로 넘어가던 가을의 어느 날이었다. 담임선생님이 나를 부르더니 내 귀에 대고 이렇게 속삭였다.

"요한아, 나 지난주부터 교회 나가기 시작했다."

"이게 다 네 덕분이다."

와우, 정말 놀라운 일이 일어난 것이다.

그러고 보니 어쩌면 하나님께서는 나를 통해 O 선생님을 당신의 왕국 안으로 불러들이기 위해서, 겨울방학 내내 내가 드린 기도를 거절하셨는지도 모르겠다. 아니, 나는 하나님께서 불과 일 년도 못 되어 강성무신론자인 O 선생님을 구원하실 계획이 있는지도 모르고, 어떡하든 O 선생님만은 안 만나게 해달라고 기도했으니 이 얼마나 우매한 기도를 드렸던 것인가.

어쨌거나 그 일 이후로 나는 종종 간절한 바람과 소원을 담은 기도가 거절된 것처럼 여겨질 때에도, 그러나 실망하거나 원망하기보다는 혹시 내가 모르는 더 좋은 하나님의 뜻이 있을 수 있다는 생각에, 현재 내가 해야 할 그 일에 최선을 다하려고 노력한다. 하나님의 진짜 뜻은 우리가 드린 기도가 문자적으로 응답되는 것에 있는 것이 아니라, 응답 여부와 상관없이 우리가 언제나 하나님을 신뢰하는 가운데 주어진 환경과 맡겨진 일에 최선을 다하는 데 있다고 믿기 때문이다. 나는 신실한 삶이 열정적인 기도보다 더 크고 깊다고 믿는다.

2001년 7월 중순경, 당시 군종목사였던 나는 30사단 90여단에서의 근무를 마치고 1113야전공병단으로의 전출 및 전입을 진행하던 중이었다.

30사단에서의 군목 생활은 극히 만족스러웠다. 92여단에 근무하는 동안 뜻하지 않게 성령의 불을 체험했고, 그 이후 내 사역에는 확연하게 하나님의 능력이 함께했다. 92여단을 떠나 90여단에서 군종목사직을 수행할 때는 성령의 불이 어찌나 강하게 임하는지 온 교회가 불바다가 된 듯했다. 기계화부대라는 특성상 훈련과 장비 정비작업이 많아 늘 피곤한데도 불구하고 수많은 병사들이 새벽기도회에 나와 우렁찬 기도로 하루를 시작했고, 주일과 저녁 예배에는 기쁨이 넘쳤다. 그런 30사단에서의 3년간의 군목 생활을 마감하고 안양에 위치한 공병부대로 전출을 가게 된 것이다.

한편 내가 전출을 간다고 하니 115기계화보병대대 간부들이 환송 축구를 하자 하여, 즐겁게 받아들였다가 그만 경기 도중에 허리를 크게 다치는 불상사가 일어났다. 이때의 사고로 나는 일 년 내내 극심한 통증에 시달려야 했다. 어찌나 허리가 아픈지, 겨우 30초도 제대로 서 있을 수가 없었다. 용하다는 병원, 한의원, 스포츠마사지 등을 여기저기 전전해봤지만 전혀 차도가 없었다.

그 와중에 하필 새로 전출 간 1113야공단 교회는, 내 첫인상을 빌자면 예배당이라기보다는 마치 무슨 개집 같은 낡은 몰골을 하고 있었다. 그걸 보는 순간 마음이 아팠다. "그래도 명색이 하나님께 예배드리는 장소인데 좀 더 예쁘고 단정하게 꾸며놓으면 얼마나 좋을까" 싶었다. 그래서 새로운 부대에 전출 간 지 불과 2주일 만에 예배당 리모델링 공사를 시작했다. 문제는 두 가지였다. 하나는 돈이었다. 준비된 돈이 없었기 때문에 한꺼번에 공사를 하지 못하고 돈이 모일 때마다 띄엄띄엄 진행할 수밖에 없었다. 더 큰 문제는 내 허리였다. 그냥 서 있기도 어려운 상태에서 하루 종일 공사 현장에 들러붙어 공사 진행 사항을 체크하는 일은 실로 고역이었다. 그렇다고 공사 현장을 비우면 내가 워래 의도했던 것과 달리 일이 진행되기 일쑤니 차마 그럴 수도 없었다. 결국 지팡이를 짚은 채로 통증을 참느라 눈물을 삼켜가며 공사를 감독했다.

그 와중에도 새벽기도 인도를 (거의) 한 번도 거르지 않았다. 오히려 새벽기도 때마다 매일 적게는 수십 명, 많을 때는 백여 명 가까이 안수기도를 해주었다. 내가 손만 갖다 대면 성령께서 별의별 병을 고치셨고, 그 덕분에 건강을 되찾은 사람들이 감사헌금을 해주어서 부족한 공사비가 충당되었다. 한번은 중학교 2학년생 아이가 엄마 등에 업혀 찾아왔는데 류마티스 관절염이 너무 심해 제 힘으로는 거동을 못했다. 그동안 서울대학교병원에서 치료를 받았는데 시간이 갈수록 상태가 악화되었다고 했다. 이제 겨우 15살밖에 안 된 아이가 얼마나 힘들고 고통스러울까 생각하니 눈물이 나왔다. 그래서 간절히 안수기도를 해주었다. 기적이 일어났다. 그다음 날부터 아이가 혼자서 걷고 뛰기 시작한 것이다. 서울대학교병원에 가서 검사해보니 관절 대부분이 정상으로 돌아왔다고 했다. 담당 의사도 이게 대체 무슨 조화인가 싶어 몹시 궁금해했다 한다. 아이 엄마는 내게 전화를 걸어 며칠 사이에 일어난 기적을 소상히 설명해주며, 자기 아이가 어제부터 수영을 다닌다고 자랑했다.

하지만 그러면 뭐하는가? 정작 내 허리 통증은 조금도 좋아질 기미가 안 보이니 말이다. 다른 사람 몸에는 가볍게 손만 얹고 기도해도 별의별 병을 다 고쳐주시면서, 그러나 하나님은 정작 내 허리에는 일체 관심도 없으셨다.

나는 새벽기도 때마다 강단에 엎드려 눈물을 주룩주룩 쏟아가며 "살려달라"고 기도했다. 허리 통증이 극심하다 보니 다른 기도제목은 생각도 안 났다. 심지어 예배당 공사에 필요한 돈을 채워달라는 기도조차도 일절 안 했다. 그냥 처음부터 끝까지 "아파 죽겠으니 살려달라"고만 기도했다. 그렇게 일 년 동안 줄창 "살려달라"고만 기도했다.

시간이 속절없이 흘렀다. 전면적인 예배당 리모델링 공사는 얼추 끝나가고 있었다. 한 번에 돈을 쌓아두고 시작한 일이 아니라 그때그때 돈이 적립되면 바닥, 벽면, 강단, 주방, 친교실, 지붕, 천정 등을 차례대로 손보는 형식이었기 때문에 시간이 많이 걸렸던 것이다. 그래도 이제 그 끝이 보이기 시작했다. 하지만 예배당은 눈에 띄게 좋아졌는데, 내 허리는 여전히 고물단지였다.

마침내 예배당 리모델링 공사가 완전히 마무리되었다. 나도 큰 시름 하나를 내려놓았다. 이제 내일부터는 적어도 지팡이 짚고 아픈 허리를 겨우 지탱해가며 공사 현장을 누빌 일은 사라진 것이다. 그것만 해도 감사했다. 그런데 이상한 일이 일어났다. 그다음 날 새벽기도를 가기 위해 잠자리에서 일어났는데 이상하게 허리가 하나도 안 아팠다. 평소에는 새벽에 눈을 뜨는 순간부터 견딜 수 없는 통증 때문에 간신히 일어나 이를 악물고 하루를 시작했는데, 이날만큼은 허리가 멀쩡했다.

할렐루야! 허리가 완치된 것이었다. 지난 일 년간 허리를 고쳐달라고 그토록 간절히 기도할 때는 아무런 차도가 없더니, 예배당 공사를 마치자마자 거짓말같이 허리가 깨끗해졌다. 그 순간 마음에 깨달음이 왔다. "아, 하나님이 나보고 교만해지지 말라고, 일 년 내내 오로지 '살려달라'는 기도만 드리게끔 하셨구나" 싶었다. 정말 그랬다. 그 일 년 동안 내가 나를 위해 드린 기도는 아파 죽겠으니 "살려달라"는 말뿐이었다. 만일 허리가 안 아팠으면, 그 일 년 동안 교육관을 새로 짓고 예배당을 전면 리모델링하고, 신도 수는 배로 늘었으며, 새벽마다 각양 기적이 나타났고, 매일같이 안수기도해달라고 찾아오는 사람들이 줄을 섰으니 교만해지기 얼마나 좋은 조건인가. 그렇지만 일단 내 몸이 아파 죽게 생기다 보니 그저 내가 할 수 있는 기도란 게 "살려주세요"가 전부였던 것이다.

2010년 10월에 교회 청년들과 함께 축구를 하다가 오른쪽 종아리 근육이 파열되는 부상을 당한 적이 있다. 통증이 어찌나 심한지 몇 발자국도 내 힘으로 걸을 수가 없었다. 가까스로 택시를 잡아타고 병원에 가서 MRI를 찍었다. 방사선과 실장님이 MRI를 살펴보더니 다리 근육이 많이 찢어져서 깁스를 해야 한다고 했다. 그리고는 "목사님, 기왕 오셨는데 제가 공짜로 찍어드릴 테니 허리도 한번 체크해보시죠" 하는 것이었다. 그래서 얼떨결에 허리 사진을 찍게 되었다. 실장님이 출력된 사진을 한동안 뚫어지게 쳐다보더니 "목사님, 허리 안 아프세요? 이 정도면 정상적인 생활이 불가능한 상태인데요" 하는 것이었다. 그래서 "왜요?" 물었더니, 돌아온 답이 "디스크 3, 4, 5번이 하나도 없어서요" 였다. 나는 그때 처음 알았다. 내가 허리 디스크 환자라는 것을 말이다. 그런데도 나는 2002년에 예배당 공사가 마무리된 다음날 이래로 지금껏 전혀 허리에 통증을 못 느낀 채 잘 살고 있다. 의학적 소견으로는 환자지만, 하나님의 은혜로 별 어려움 없이 잘 산다.

내가 이따금씩 참석하는 기도모임이 있다. 굳이 말하자면 은사를 따라 함께 기도하는 모임이다. 다른 사람들은 매 주일 한 번씩 모여 기도하지만 나는 한 달에 한 번 혹은 두 달에 한 번 꼴로밖에 참석을 못한다. 몇 년 전 내가 이 모임을 소개받고 참석을 시작했을 때다. 그 기도회에 참석하는 사람들은 내가 목사인지, 출판사 대표인지, 뭐하는 사람인지 전혀 모를 때다. 하루는 기도회를 인도하는 분이 나를 위해 기도를 해주면서 이렇게 말문을 열었다.

> 많은 지렁이가 보입니다. 이 지렁이가 지금껏 하나님께 얼마나 많은 눈물의 기도를 쌓았는지, 그리고 하나님께 얼마나 신실하게 충성했는지 모릅니다.…하나님께서 이 지렁이를 통해 한국교회에 새로운 생각과 사상을 불어넣으실 겁니다.…(생략)

엥? 지렁이라니? 용도 아니고, 코브라도 아니고 고작 지렁이라니? 아마 주변에 앉아 있던 사람들은 "무슨 저런 환상이 다 있나" 싶어 별의별 생각을 다 했을 것이다.

하지만 나는 달랐다. 나는 "지렁이"라는 단어가 등장하는 순간, 하나님께서 지금 나에게 말씀하시는구나라는 것을 확신했다. 왜냐하면 내가 날마다 엎드려 기도할 때 드리는 첫마디가 "하나님, 저는 벌레요(시 22:6), 지렁이 같은 놈입니다(사 41:14). 저 좀 불쌍히 여겨주십시오"이기 때문이다. 곧 "지렁이"란 단어는 오직 나만 아는, 내 기도의 전용 관용어다.

그렇다. 나는 내 자신이 지렁이 같다고 생각한다. 볼품없고, 매력 없고, 힘없는 지렁이, 그게 바로 나다.

나는 1999년 6월 8일에 불을 체험하기 이전에도 수많은 기도의 능력과 기적을 체험했었다. 1999년 6월 8일 이후에는 더 말할 나위가 없다. 이 책에 실린 사례들은 그중 극히 일부에 불과하다. 내가 기도했을 때 하나님께서 수많은 사람들을 오랫동안 괴롭히던 별의별 불치병을 고치셨다. 내가 기도할 때 하나님께서 깜깜한 밤길을 헤매는 사람들을 밝은 대로로 인도하셨고, 절벽에 대롱대롱 매달려 있는 사람들에게 구원의 손길을 내미셨으며, 사람들을 위로하고 격려하셨다.

하지만 정작 나는 뭔가? 내가 기도했을 때 하나님께서는 지금껏 수많은 공황장애 및 우울증 환자를 고쳐주셨지만 정작 나는 수년간 만성불면증의 고통에 시달리고 있다. 내가 기도했을 때 하나님은 수많은 사업가들의 길을 선하게 인도하시고 물질의 복을 부어주셨지만 정작 나는 출판사를 운영하면서 하루 평균 14-15시간을 죽어라 일해도 다음 달 생존을 보장할 수 없는 피곤한 삶을 산다. 내가 다른 사람들을 위해 겨우 몇십 초만 기도해도 척척 들어주시는 하나님께서는 정작 내 문제는 몇 년을 엎드려 눈물로 기도해도 기별조차 없다. 나는 고달프고, 곤핍하고, 아픈 삶을 산다.

그래서 나는 늘 엎드려 눈물로 기도한다. "주님, 저는 벌레요, 지렁이입니다. 제발 불쌍히 여겨주십시오. 그리고 살려주십시오."

지금 예감으로서는, 아마 앞으로도 계속 이렇게밖에 기도를 못할 것 같다. 어쩌면 죽을 때까지도 "주님, 저는 지렁이 같은 불쌍한 존재입니다"라고밖에 달리 기도를 못할지 모른다. 내 인생은 그저 지렁이에 불과하다. 그러니 나는 기도하지 않고는 도저히 살 수가 없다. 지렁이 주제에 기도조차 안 한다면 이 험한 세상을 어찌 내 힘만으로 살겠는가. 또한 그래서 나의 기도는 지렁이의 기도다. 그냥 입으로 하는 기도가 아니라 온몸으로 최선을 다해 꿈틀대며 드리는 기도다.

이 책을 마치며 마지막으로 본회퍼 목사님이 처형을 목전에 두고 감옥에서 지은 시 한 편을 독자들과 함께 나누고자 한다.

나는 누구인가?

나는 누구인가? 그들이 종종 말하기를
나는 감방에서 걸어 나올 때
마치 지주가 자기 저택에서 나오듯
침착하고, 쾌활하고, 당당하다고 한다.
나는 누구인가? 그들이 종종 말하기를
나는 간수에게 말을 건넬 때
마치 명령하는 권한이 있는 듯
자유롭고, 친근하고, 분명하다고 한다.

나는 누구인가? 그들이 또한 말하기를

나는 불행한 날들을 견디면서

마치 승리하는 데 익숙한 듯

평온하고, 미소 지으며, 당당하다고 한다.

그러면 나는 정말 다른 이들이 말하는 그런 존재인가?

아니면 나 자신이 아는 그런 존재일 뿐인가?

새장에 갇힌 새처럼, 불안하고 뭔가를 갈망하며 병든,

손들이 내 목을 조르고 있는 듯 숨가쁜,

빛들과 꽃들과 새소리에 굶주린,

친절한 말과 이웃에 목마른,

압제와 사소한 모욕에 분노로 치를 떠는,

위대한 사건들을 간절히 고대하는,

무한히 멀리 있는 친구들로 인해 힘없이 슬퍼하는,

기도하고, 생각하고, 만드는 데 지치고 허무해진,

무기력하게 그 모든 것과 이별할 채비를 갖춘 그런 존재?

나는 누구인가? 나는 이것인가, 저것인가?

오늘은 이 사람이고 내일은 저 사람인가?

나는 동시에 둘 다인가? 타인 앞에서는 위선자,

내 앞에서는 한심스러울 만큼 슬픔에 잠긴 약골인가?

아니면 이미 성취된 승리로부터 혼돈 가운데로 도망치는,

내 속에 여전히 살아 있는 패잔병 같은 그 무엇인가?

지렁이의 기도

나는 누구인가?

그들은 나를 조롱하고 이 고독한 질문을 비웃는다.

내가 그 누구든지, 오 하나님, 당신은 아나이다.

내가 당신 것인 줄을.

지렁이의 기도
삼위일체 하나님과 함께하는 신실한 여정

Copyright ⓒ 김요한 2017

1쇄 발행 2017년 10월 31일
6쇄 발행 2022년 3월 31일

지은이   김요한
펴낸이   김요한
펴낸곳   새물결플러스

편　집   왕희광 정인철 노재현 한바울 정혜인 이형일 나유영 노동래
디자인   박인미 황진주 김은경
마케팅   박성민 이원혁
총　무   김명화 이성순
영　상   최정호 곽상원
아카데미 차상희

홈페이지 www.holywaveplus.com
이메일   hwpbooks@hwpbooks.com
출판등록 2008년 8월 21일 제2008-24호
주　소   (우) 04118 서울시 마포구 마포대로19길 33
전　화   02) 2652-3161
팩　스   02) 2652-3191

ISBN 979-11-6129-040-9 03230

책값은 뒤표지에 있습니다.